藏书家

主编／宫晓卫
执行主编／韦力

第15辑

齊魯書社

图书在版编目(CIP)数据

藏书家·第15辑/齐鲁书社编. —济南: 齐鲁书社,
2009.1
ISBN 978-7-5333-2130-7

Ⅰ.藏… Ⅱ.齐… Ⅲ.藏书—文集 Ⅳ.G253-53

中国版本图书馆 CIP 数据核字(2008)第 190488 号

藏 书 家·第15辑
齐鲁书社 编

出版发行 齊魯書社
社　　址 济南经九路胜利大街39号
邮　　编 250001
网　　址 www.qlss.com.cn
电子邮箱 qlss@sdpress.com.cn
印　　刷 山东新华印刷厂
开　　本 650×960 /16
印　　张 12.625
插　　页 2
字　　数 176千
版　　次 2009年1月第1版
印　　次 2009年1月第1次印刷
标准书号 ISBN 978—7—5333—2130—7
定　　价: **17.00元**

目 录

治学忆往

1 杜泽逊 我与《四库存目标注》

书林一叶

10 黄 裳 来燕榭藏书簿记

雪泥鸿爪

15 周启晋 五世书香(三)
——今觉庵与居贞草堂

22 虞坤林 名楼“拜经”说吴骞

28 陈先行 兰笑楼与合众图书馆

33 李欣宇 书巢衔泥
——记冯从吾朱批《批点史记节略》

38 李际宁 发现《赵城金藏》的前前后后(上)

45 李小文 《赵凤昌藏札》入藏国图始末

55 徐有富 关于《方湖日记》

58 倪墨炎 鲁迅署名核谈

62 龚明德 七十年前的《工作》

69 谢其章 我本无心做“张迷”

79 黄 恽 袁殊和《中国内幕》

书界人物

85 陶　嵘　记徐积馀先生

90 姚伯岳　书丛老蠹鱼
——记沈津先生

版本谈故

101 陈根远　《景教碑》往事

105 李宜杰　元刊孤本传佳话

109 郑伟章　毛晋在崇祯三年藏书刻书考(下)

118 涂宗涛　清康熙间刻善本《唐贤三昧集》
——苹楼藏书琐谈之十

122 王永波　近代蜀人诗文集知见录

130 虎　闱　世界留住名画痕

133 谭彦翘　我所藏石印善本胜录

141 阿　滢　文集自印亦风流
——谈谈我收藏的自印本

147 王　岩　关于"限定本"

155 李阳泉　高仿《赵城金藏·金刚经》诞生记

版本讲座

160 林　夕　抄本的鉴赏和收藏
——古书版本知识

海外书情

171 沈　迦　蒲坂藏书的前世今生

188 拓晓堂　藏书之美
——参观美国图书馆四记

198 **编后记**

我与《四库存目标注》

杜泽逊

拙撰《四库存目标注》已于2007年由上海古籍出版社正式出版。这部大书从创意到出版,前后共历十五个寒暑,其间以一己之力,独力经营,个人工作之艰辛甘苦,师友之期望鼎助,还有颇多的细节琐事,皆一言难尽,只可一一追忆。

我于1981年从滕县一中考入山东大学中文系,显然由于这个系以“旧学”著称,加上一点儿家庭的影响,我很快迷上了中国古代文学和古代汉语。1985年大学毕业,我又如愿以偿地考入本校古籍整理研究所研究生班,师从董治安、王绍曾等先生。1987年毕业留所从事科研工作,我被指定为王绍曾先生的助手,1988年撰写的硕士论文《〈四库全书总目〉辨伪学发微》,即由王先生指导。为了写这篇论文,我把《四库全书总目》二百卷一字不落的通读一遍,做了许多卡片。这是我研究“四库学”的开端。

我留所工作的第一件大事是参加王先生主持的《清史稿艺文志拾遗》。这部书是为《清史稿·艺文志》及武作成《补编》拾遗补阙的。《艺文志》及《补编》著录清人著述约二万种,而《拾遗》竟得五万四千馀种。这样的收获在上世纪八十年代的资料条件下是十分难能可贵的。当时的取材来源是山东大学图书馆比较丰富的各式各样的书目。这些书目是近人胶州张鉴祥(镜夫)先生“千目庐”的旧藏。我在无数遍查阅这些书目的过程中,了解了它们的特点和用途。王先生还开了书单,命我为这些书目写提要,还逐篇批改,写成的不下百篇。我因此熟悉了三百年间我国藏书家的递藏源流,我认为这对学习版本目录学至关重要。

1992年1月，我奉王先生之命到北京中华书局送《清史稿艺文志拾遗》的部分书稿，随后到琉璃厂逛旧书店，无意中发现一部《钦定四库全书附存目录》(简称《四库存目》)清刻巾箱本。在这之前我还不知道《存目》有单行本。书中有朱墨批注各书的版本。从书中夹有一页"民国卅四年一月十四日星期日"的日历，并且从日历背面用来批注《四库》漏收之书来看，批注者是民国后期的学者。书中还夹有开明书店稿纸一条，或许这位学者在上海。顾廷龙先生曾怀疑是陈乃乾先生手笔，我去北图查过陈氏手辑的莫棠《铜井文房书跋》，觉得有差别。至于书中钤有"莫棠楚生"一印，亦不敢信其为真，因为莫棠的印章都很精细，这一方粗疏多了。不过书中的批注却刚劲遒美，手笔不凡。我花了八十五元买下此书，大约超过了当年我的月薪。我回家与《四库提要》比对，发现占批语绝大多数的朱批，全部取自《提要》，只有占批语少数的墨批是批注者从别处获得的版本信息。不管怎么样，这是我计划作《四库存目标注》的直接原因。

我和内人把《存目》逐条抄在硬皮本上，每条之间空四行，以便添注版本，共抄了十一个本子。不过当时《清史稿艺文志拾遗》还没完成，所以《存目标注》还不能着手。我认为这项工作要用数十年才可能基本完成，《存目》的书有近七千种，一一标注其传世版本，谈何容易？

许多事都不能按个人的意愿去发展。1992年5月，国务院召开第三次全国古籍整理出版规划会议。26日分组讨论，周绍良先生指出："现在的问题是急需出些原始资料，如《四库全书总目·存目类》有很多重要的书，晚明和清初的很多书收在《存目》类中，如果编一部《四库全书存目丛书》，补齐《四库全书》，将是一件非常好的事。"(《第三次全国古籍整理出版规划会议简报》第四期)28日分组讨论，胡道静先生又指出："《存目》开列的书有六千多种，比《四库全书》多了一倍。这些书曾放在翰林院，但在八国联军时被焚烧了。

《存目》中的不少书，只是由于不合当时封建统治者的正统观念，而未被收入《四库全书》，其实《存目》中的书有价值的也不少，如李卓吾的哲学著作等等。为此，今天也要作个清理，既弄清《存目》中的书存与亡，也是为搞好全国古籍总目做准备。”(同上第七期)两位前辈的发言后来又刊登于《古籍整理出版情况简报》。就是说，关于《四库存目》版本调查的必要性和重要意义，已广为人知，不再是什么秘密了。这当然使我又高兴又忧虑。高兴的是我的判断得到印证。忧虑的是可能出现多人从事这项工作，造成“撞车”，更有善于组织队伍搞学术突击的，不一二年即可出书，那就进退两难了。

我向董治安先生请教处置办法，董先生为我支了个招：写一篇说明《存目标注》意义的文章，分寄古籍界学者征求意见。我就仿孙诒让《温州经籍志叙例》，用文言文写了《四库存目标注叙例》，分寄傅璇琮、赵守俨、章培恒、黄永年、周勋初、安平秋等先生。傅、赵两先生很快回信鼓励，时任国务院古籍整理出版规划领导小组秘书长的傅先生还把《叙例》登在《古籍整理出版情况简报》1992 年 11 月 20 日第 246 期上。为什么《叙例》用文言文？当时我是无名小卒，别人不摸底细，看了文言文的《叙例》，自然要高估三分，不敢前来撞车。这种想法是幼稚的，但也显示了我的决心。

基于上述原因，我就在晚间试作《标注》，探索经验。1992 年 11 月 5 日，我曾到北京办事，拜访住在北苑的顾廷龙先生，把《标注》第一册拿给顾先生看。先生阅后告诉我：“事成则功德无量。”又说他也有《四库存目》批注本，留在上海，等回上海带来给我参考。顾先生当时还出示《郘亭知见传本书目》一部，上有先生过录的朱学勤、陆树声批注，为前所未闻。

1992 年 12 月，东方文化研究会历史文化分会会长北大教授刘俊文先生、中华书局历史编辑室主任张忱石先生等共同向国务院古籍规划小组提出《四库全书存目丛书》编纂出版计划，23 日获规划小组组长匡亚明先生批覆，同意该计划，定为国务院古籍整理出版规划项目。1993 年 1 月成立丛书编纂出版工作委员会，刘俊文先

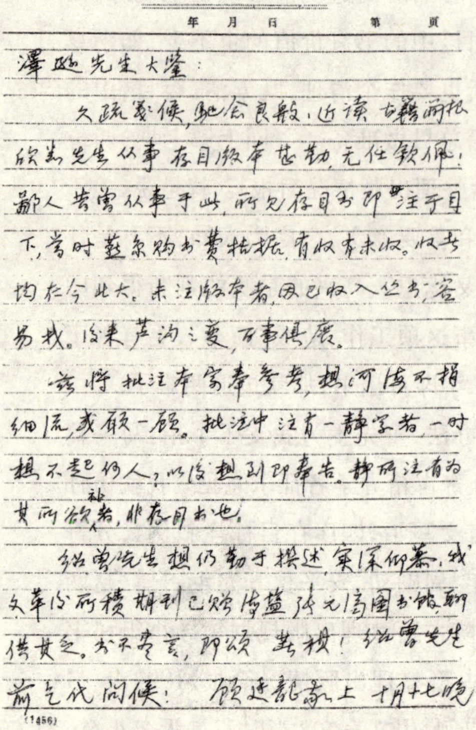
年　月　日　　第　页

泽逊先生大鉴：

久疏笺候，驰念良殷。近读古籍简报，欣悉先生从事存目版本甚勤，无任钦佩！鄙人昔曾从事于此，所见存目书即注于目下，当时燕京购书费拮据，有收有未收。收者均在今北大。未注版本者，因已收入丛书，容易找。后来芦沟之变，百事俱废。

兹将批注本寄奉参考，想河海不捐细流，或愿一顾。批注中注有一静字者，一时想不起何人，以后想到即奉告。静所注者为其所欲补者，非存目书也。

绍曾先生想仍勤于撰述，实深仰慕。我文革后所积期刊已赠海盐张元济图书馆，聊供其乏。书不尽言，即颂　著祺！绍曾先生前乞代问候！　顾廷龙敬上　十月十七晚

(1456)

生任主任。不久，傅璇琮先生推荐我加入工委会。4 月 20 日《古籍简报》又发表我的文章《四库存目标注·易类书后》。10 月 17 日顾廷龙先生从北京寄来《四库存目》批注本四册，并附函一封云："近读《古籍简报》，欣悉先生从事《存目》版本甚勤，无任钦佩！鄙人昔曾从事于此，所见《存目》书即注于目下。当时燕京购书费拮据，有收有未收。收者均在今北大。未注版本者，因已收入丛书，容易找。后来芦沟之变，百事俱废。兹将批注本寄奉参考，想河海不捐细流，或愿一顾。"老辈虚怀若谷，岂可企及！我便把顾先生的批注过录下来。顾先生批注《存目》在抗战前，似又早于那位不知名的批注者。这样，我知道的批注《存目》版本的就有了两家。也在 1993 年，我的《四库存目标注》被评为当时国家教委八五人文社会科学基金项目。后来得知评委正是我曾征求意见的安、黄、章、周诸先生。

1994 年 5 月，《四库全书存目丛书》编纂委员会正式成立，东方文化研究会会长季羡林先生任总编纂。我参加了会议，但到 10 月 19 日才正式住到北大，从事编纂工作，初任编目室副主任、常务编委、工委会委员，后改任总编室主任。从此在北大住了三年多。

在入住北大之前，《标注》根据各家书目完成了经部、史部的初稿，子、集二部还未着手。可是《存目丛书》根据专家建议先编的是子部。于是我又快速地把子部标注出来，以供《存目丛书》选择底本之用。当时获益于两部书目，一是《中国丛书综录》，一是《中国古籍

善本书目征求意见稿》。其馀书目则有二三百种,随时查考添注。我还专门到中科院、上图等大馆查书,不过个人力量十分有限。我们陆续把未查到下落的《存目》书编成“征访书目”,寄到一百多家图书馆,发现了一些存本,扩大了调查成果。随着编纂工作全面展开,各地拍摄的胶卷陆续集中到编委会,查卷、还原、初审、拼版、二审、三审等工作有条不紊地进行,我的任务是胶卷还原成纸本(有的图书馆没有拍摄机器,直接复印)后,逐种查验是否《存目》所载之书,卷数完缺,版本与以往著录符合与否。在这一过程中,我阅读了大量序跋,并作了与版本鉴定有关的摘录,对原书的行款、版式、刻

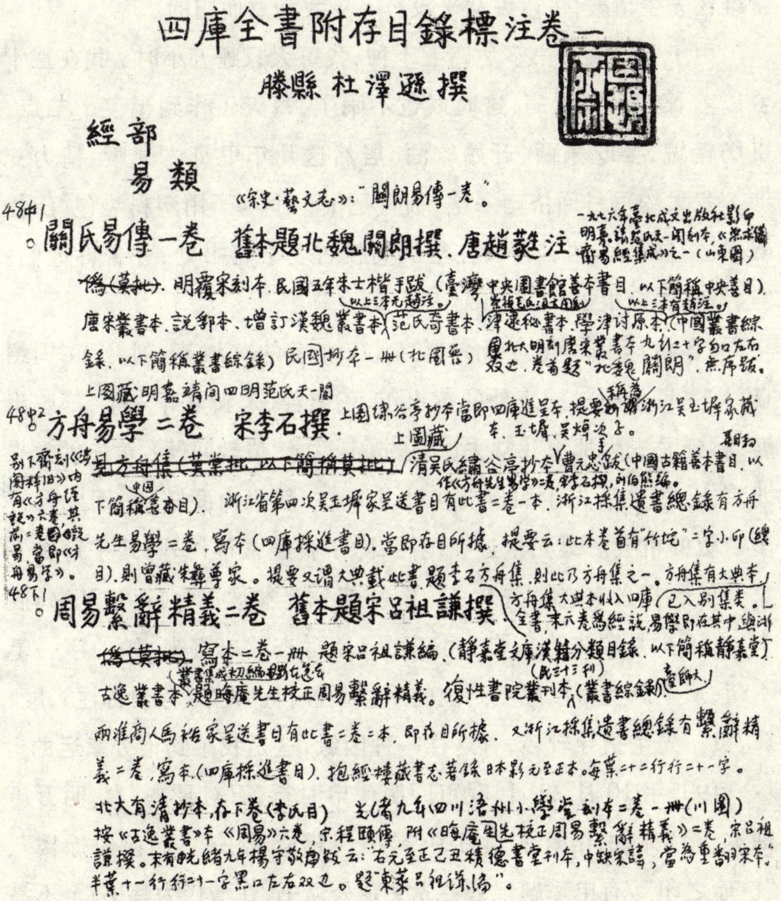
四庫全書附存目錄標注卷一
滕縣 杜澤遜 撰
經部
易類
《宋史·藝文志》:"關朗易傳一卷"。
48中1 ○關氏易傳一卷　舊本題北魏關朗撰、唐趙蕤注
明覆宋刻本,民國五年朱士楷手跋(臺灣中央圖書館善本書目,以下簡稱中央善目)。唐宋叢書本、說郛本、增訂漢魏叢書本、范氏奇書本、津逮秘書本、學津討原本(中國叢書綜錄,以下簡稱叢書綜錄)民國抄本一冊(北圖善)
48中2 ○方舟易學二卷　宋李石撰
清吳氏繡谷亭抄本,曹元忠手跋(中國古籍善本書目,以下簡稱善本目)。浙江省第四次吳玉墀家呈送書目有此書二卷一本。浙江採集遺書總錄有方舟先生易學二卷,寫本(四庫採進書目)。當即存目所據。提要云:此本卷首有"竹垞"二字小印(總目),則曾藏朱彝尊家。提要又謂大典載此書,題李石方舟集,則此乃方舟集之一。方舟集有大典本。
48下1 ○周易繫辭精義二卷　舊本題宋呂祖謙撰
寫本二卷一冊,題宋呂祖謙編(靜嘉堂文庫漢籍分類目錄,以下簡稱靜嘉堂)。古逸叢書本,題晦菴先生校正周易繫辭精義。復性書院叢刊本(叢書綜錄)。兩淮商人馬裕家呈送書目有此書二卷二本,即存目所據。又浙江採集遺書總錄有繫辭精義二卷,寫本(四庫採進書目)。抱經樓藏書志著錄日本影元至正本。每葉二十二行行二十一字。
北大有清抄本,存下卷(李氏目)　光緒九年四川瀘州小學堂刻本二卷一冊(川圖)
按《古逸叢書》本《周易》六卷,宋程頤傳,附《晦菴先生校正周易繫辭精義》二卷,宋呂祖謙撰。末有光緒九年楊守敬手跋云:"右元至正己丑積德書堂刊本,中缺宋諱,當為重翻宋本"。半葉十一行行二十一字黑口左右雙边。題"東萊呂祖謙編"。

工、牌记、校阅评选署款，以及收藏者手跋、印鉴等等，作了详细记录。其间对于诸家著录在书名、卷数、版本等方面的失当之处进行了许多订正，也发现了《四库提要》许多错误疏漏，随时进行了纠正。基于鉴定版本的需要，我还在国图、中科院、北大、清华、人大、北师大、中国历史博物馆、军事科学院图书馆、北京市委图书馆、中央党校图书馆等处查验了大量原件，以及同一书的不同版本，一一作了详细记录。我的十一个本子越来越满了，我知道这些记录难以回查，所以大都是用工工整整的繁体字记录。空间不够用，我写得密密麻麻，不够用就粘上浮签。有的名家手跋，草书文字认不全，或者印章认不全，就复印成小条粘附册内。然后找机会向人请教。我曾几次向山大蒋维崧先生请教，可以说从来没有不令我满意而归的。

由于要审阅的书多达四五千种，我每天只睡五小时。我在三十岁以前长期闹肠胃病，这时候也不闹了，每天工作到半夜十二点，饥肠辘辘，要吃东西，开始饮酒，居然这几年里身体健康、精力充沛。我大约每月回济南一次，临行把十一个本子用塑料袋包好，托刘玉才、顾歆艺两君存放在全国高校古委会秘书处，并告诉他们：“这是我的命根子！”

《存目丛书》多次召开专家会议，在京的冀淑英、刘乃和、周绍良、周一良、侯仁之、京外的黄永年、王绍曾、来新夏等先生，都曾出席，顾廷龙先生那里我常去，送送拟定目录，请教问题。黄先生常来北京，会议之后先生照例要多住几日，一般也由我陪侍，因此有许多请教的机会。冀先生近在国图，除了我经常拜访外，几乎每次专家会议她都必定应邀前来。国图的部分善本被选为《存目丛书》底本，有不少是冀先生亲自查验书品，填写查核单寄来，她的字一笔不苟，从笔画上可以感觉到她的手微微颤抖。关于《存目标注》，顾、冀、黄三先生指导较多，有这样一种因缘，这是我感到十分幸运的。

1995年10月29日，我审阅明代申时行《召对录》一卷，明万历刻本，南京图书馆藏本。书中钤“冯氏辨斋藏书”、“慈溪畊馀楼”、“申璋之印”。有申璋题记云：“先文定公遗书，在清代为禁书，至不易得。顾君廷龙，旧姻也，于春间在北平书肆见先公《召对录》一卷，毛边纸，惜后阙二页，驰书告余，以法币十二圆得之，旋赠于怀弟珍藏。不几时，潘君承弼又得是卷，纸张不同，完好无阙。潘君为世交，知书乃余家先代宝物，承以见赠。用书之简端，藉志欣幸。时丙子夏六月大暑节，十二世孙璋敬识。”按丙子为民国二十五年(1936)，顾先生时在燕京大学图书馆。我把这条申璋手跋复印寄给北苑的顾先生。先生于11月2日用毛笔写了两页回信，内云：“承示申君一跋，此事恍然如目前。申先生与潘先生在苏州一银行共事。申君好收藏，尝得吴大澂画人物轴，龙编《窓斋年谱》时，曾得一照片景印。窓斋能画山水人物花卉，写字则初作玉筯体，后学杨沂孙，再作金文。吴氏通信作金文者，我见致陈簠斋、潘租荫、王廉生、李眉生诸人。”

1997年10月底，《存目丛书》完成并出版完毕。收书四千五百零八种，精装一千二百册。10月31日在北大光华楼召开总结大会，与会者二百馀人，我受工委会、编委会委托作总结(发言稿发表于《文史哲》1998年3期)。黄永年先生在发言中充分肯定《存目丛书》是古籍整理的一大功绩，同时特别指出：“还有一个成果，就是杜泽逊同志所撰《四库存目标注》，是目录学上的一大贡献。”黄先生指着台下的我说：“希望快点出来！”事后黄先生说：“《标注》要全是不可能的，可以先出来，以后再增订。”根据黄先生这一建议，我写了一页样稿，是繁体字横写的，模仿上海古籍出版社的《增订四库简明目录标注》，以便今后配套。拿给黄先生看，同意。拿给顾先生看，顾先生不同意，主张用竖排，认为“古书不能横排，只能竖排”。于是我回济南后很快订制了竖格纸，改用繁体字竖排，这就是今天问世的面貌了。我在11月2日陪王绍曾先生回济，结束了北大生活。回济后致函各地师友。11月29日冀淑英先生回函云：“……三数年来，参与《四库全书存目丛书》工作，诸承关照，深感盛意。大作《四库存目标注》，其工甚巨，其功之伟，亦可预见，谨预祝成功。”后来通信，冀先生对竖排亦表赞成：“大作《四库存目标注》准备繁体字竖排，甚佳，亦与古籍传统习惯相协调。甚望早观其成。”对《标注》，

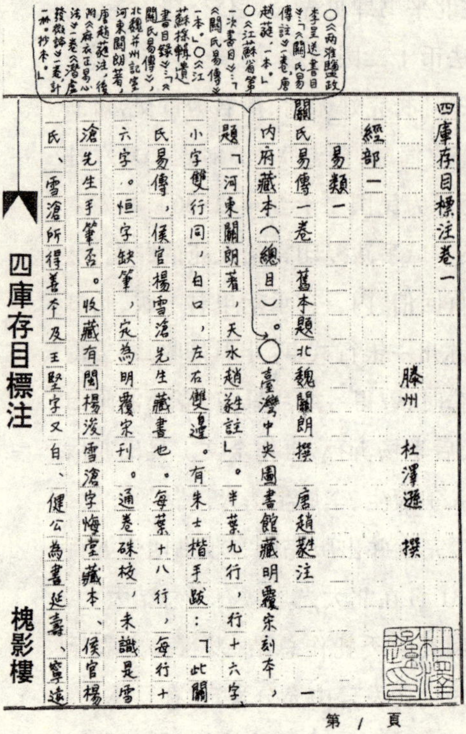
四庫存目標注卷一
滕州 杜澤遜 撰
經部一
易類一
關氏易傳一卷 舊本題北魏關朗撰 唐趙蕤注
內府藏本（總目）。○臺灣中央圖書館藏明覆宋刻本，題「河東關朗著，天水趙蕤註」。半葉九行，行十六字，小字雙行同，白口，左右雙邊。有朱士楷手跋：「此關氏易傳，係侯官楊雪滄先生藏書也。每葉十八行，每行十六字。恒字缺筆，定為明覆宋刊。通卷硃校，未識是雪滄先生手筆否。」收藏有閩楊浚雪滄字悔堂藏本、侯官楊氏、雪滄所得善本及王堅字又白、健公為書延壽、寧遠
○《兩淮鹽政李呈送書目》：「《關氏易傳註》二卷，唐趙蕤，一本。」○《江蘇省第一次書目》：「《關氏易傳》一本。」○《江蘇採輯遺書目錄》：「《關氏易傳》，北魏并州記室河東關朗著，唐趙蕤注，後附《麻衣正易心法》二卷《潛虛發微論》二卷，計二冊，抄本。」
第 1 頁

冀先生给予的指导与鼓励，是永远值得怀念的。

从1997年底到1998年初，我补查了若干新成果，然后开始写定工作。前面所说的十一个本子是清稿的依据，算是第一稿。从第一稿到写定稿，还有相当的距离。《存目标注》首先要根据《四库提要》、《四库采进书目》查清进呈本的情况，这是标注传世版本的前提。在这个过程中，我发现吴慰祖先生校订的《四库采进书目》对《涵芬楼秘笈》内所收《进呈书目》进行了大量改动，改动的依据是《四库全书总目》。众所周知，《四库总目》多有错误，吴氏遇到《进呈书目》与《四库总目》不同时，大都对《进呈书目》进行了修改，这就造成了大量误改。我在目验原书的基础上，在订正《四库总目》的同时，也订正了吴慰祖大量的错误。

在清理进呈本情况之后，才逐一标注各书传本。一部书的传世版本，有自身的刊刻源流，例如明代胡震亨刊刻的《秘册汇函》，后来失火，把书板给了毛晋，毛晋扩大规模，刻成著名的《津逮秘书》。毛氏的版心有“汲古阁”字样，版心白口，书名在鱼尾上。胡氏版则无“汲古阁”字样，版心黑口，书名在鱼尾下。《中国丛书综录》在《津逮秘书》条只说崇祯毛氏汲古阁刻本，未作任何说明。《中国古籍善本书目》亦同。但《四库全书总目·津逮秘书》条就指出来了。至于张海鹏《学津讨原》，大都从《津逮秘书》本出。这样，《秘册汇函》、《津逮秘书》、《学津讨原》就有了特殊关系，如果一部书同时被收入这

三个丛书，那么这三个本子之间应是具有亲缘关系的一个系统，其中《秘册》本与《津逮》本可能为同版。这当然要查验原书。假如我们没有这样的认识，那就会盲目罗列异本，而不知其递嬗流变，那版本学的价值就会大大降低。

对于不同的版本，它们之间有重要与不重要之别，大抵《存目丛书》选择的是较早的本子，这些本子我有版本特征的详细记录，在《标注》中就比较详细。后来各本则相对简略。有些本子没有一一目验，只能根据书目来标注。所以《标注》只是知见书目，有见的，就记录详一些。知而未见的，则著录简一些。这也是传统做法。只是我见到的本子总在五千种以上，数量较大，所以提供的关于版本学、藏书史的内容就比较丰富。

清稿过程中，为解决疑难问题，我与全国各地的师友写信，得到他们的大力支持。我把他们来信提供的信息和意见摘入《标注》中，一一注出他们的名字。这些信件足有好几捆，在一般人只会发电子邮件和手机短信的今天，这几捆手写的、有着特殊内容的学术信札，相信可以成为图书馆或博物馆的收藏品。由于清稿工作伴随着大量的教学和其他工作，时断时续，所以到2005年10月才完成。从创始之初，已经历了十三年零九个月。

在清稿大半完成的阶段，内人程远芬着手编制索引。她有一定的经验，因为《清史稿艺文志拾遗》上百万字的四角号码索引就出自她手。根据我们的理想，《四库存目标注》共编制了四种索引：一、《撰校评阅序跋者索引》；二、《书名索引》；三、《刻工写工及刻钞者名号索引》；四、《藏书家及藏书印鉴索引》。这四种索引服务于：版本学、目录学、藏书史、四库学、辑佚学。关于前四者不用解释，关于服务于辑佚，主要是大量序跋，往往不见于作者的文集，借助索引，可以知道不少线索。2007年六十卷、三百多万字的《四库存目标注》共八册正式问世，其中正文六册，索引二册，内封是顾廷龙先生生前题写的书签，他老人家曾答应写序，却于1998年8月22日溘然长逝了。在先生去世十周年的日子里，就以此文寄托我的哀思吧。

来燕榭藏书簿记

黄 裳

栖香阁词二卷梁谿顾氏文婉著

道光四年十二月山阳李氏闻妙香室校刊。半叶十一行,行十九字。上下黑口,左右双边。写刻。前有道光五年七月既望序,不属撰人,李芝龄女弟所制也。卷末有道光五年八月无锡孙燮跋。文婉为梁汾姊,同邑考授州佐侯晋室,子麟勋康熙己未进士,官吏部主事。文婉诗百七首,已刻入《梁谿诗钞》中。词稿为孙燮得于世姻侯氏家,癸未夏江西学使李芝龄为刻之。此本为侯官林子有物。前有叶恩臣小印二方。子有藏词,身后斥售待尽。余以其乡人之介,得观馀烬于其家,选得十数种,此为白眉。卷中有寄梁汾弟词不少。卷尾有自制曲桃丝、翠凌波二调。他制皆闺中倡和之作。不必大家,然自是清初女词人一作手也。所制以《满江红·楚黄署中闻警》一词为最。清初词选中,似都未及之。

人物志三卷魏散骑常侍刘邵撰
凉儒林祭酒刘昞注

明刻蓝印本。八行,十六字。白口,单边。白棉纸蓝印本。字画精整。当刻于嘉靖前后。前有阮逸序,次大题人物志有序,下列邵、昞撰注衔名二行,次目录。卷尾有文宽夫记,又广平宋庠记邵昞事迹,最后左冯翊王三省后序。按诸家所藏明本，不下三四，行款与此俱同。或云嘉靖己丑刻，或云隆庆六年梁梦龙中州刻本，又有万历五年李芮刻本。诸本皆有王三省跋。按三省有《潼谷集》十卷，《千顷堂目》入万历二年甲戌科。余别藏天一阁物《宦辙联句》，前有嘉靖四年王三省序。明刻诸本皆从三省所刻而出，可无疑矣。此本有安印世济白文方印，诵芬朱文方印，又荃荪、云轮阁二印，又小绿天、孙氏二印。包背装三册。庚寅九秋孙氏书散，余与黄跋《救民急务录》同得，实孙氏所藏最精品也。箧藏明刻蓝印本，亦只有此本。

白下集扬州罗聘两峰氏稿

黑格。九行，廿字。通七番。收诗二十题三十一首。皆乾隆四十六年辛丑秋冬两峰客金陵所作。取校《香叶草堂诗存》，颇多刊落。卷前有金氏竹簃白文方印、嬾云草堂藏本朱文方印两印。两峰《诗存》刊成于嘉庆初元，板片归先生孙小砚世守。道光十四年金竹簃为重印行世，前增一序云，扬州罗两峰先生，楷祖妣之从兄也。此册之归金氏，为有渊源矣。丙戌秋晚得之昆明，不知以何因缘，流落滇南？甚异事也。原稿淡墨楷写，枯瘦如画迹上题字，可珍重已。

素园石谱四卷云间林有麟仁甫辑

万历刻。八行，十八字。白口，单边。前有友弟黄经题于艾纳庵之小引，次万历癸丑孟冬日云间林有麟自序，次凡例，目录。板心下有刊工名，曰云间周有光刻。收藏有华亭钱又鹤之章白方，芝寿朱文钱形印，又鹤白方。此为棉纸最初印本，神采奕奕。故宫旧曾有石印本，神采俱丧。不见原刻，不知其妙也。近人喜言明刻板画，多重新安诸黄，不知晚明处处都有名工。此册所刻，能传画笔之妙，粗犷纤丽，兼而有之。以视武林项南洲等所刻之纯以工丽胜者，转多姿媚。郑西谛等著板画史，都弃此不论，是无目也。石麟收此于松江，重装置来青阁中，余见而挟归。时壬辰冬日。

白厓先生集四卷四明包梧子木著

嘉靖刻。八行，十八字。白口，左右双边。板心上题元亨利贞字样。每卷前有目录。大题下阴文元字集字样，前有嘉靖丙辰仲秋吉旦赐进士出身中奉大夫山东布政使司右布政使前陕西道监察御史南充王廷序，次嘉靖丙辰季秋吉旦赐进士出身中顺大夫知山东济南府事前南京刑部郎中馆甥项守礼序。此本为项守礼刻于济南者。大册精刻，棉楮初印。济南为北地刊书中心，余箧中有嘉靖中历下刊书不少，如《稼轩长短句》，芙蓉泉书屋本《诗外传》、《杜律单注》等，皆可觇一时刊工风格，大抵健劲清疏，与中吴雕板有别。此本流传不出北地。卷前有李氏中麓草堂图籍记双行朱文大印，殆书刊成后，即为李氏所得，最可珍重。李开先词山曲海，散如尘沙，遗藏至今仅见有此。清初入真定梁氏，有蕉林一印，曰苍岩山人书屋记朱文长印。清中叶为刘燕庭所得，有朱文单行长印，曰东武刘氏味经书屋藏书印。清末入滂喜斋，有伯寅藏书朱文方印。书实未南归，伯寅身后，即流入厂肆。乙未冬日，余收旧本数十种于吴兴俞氏，多潘氏及振绮汪氏书，此则白眉也。子木，鄞人，嘉靖壬午领乡荐，辛丑待选铨部，通判苏州。时中贵领织造事，怙势傲睨。梧廷参时，长揖不屈，诸额外取索，亦裁革殆尽。为逮入诏狱，谪无为州同知。稍迁成都府通判，漳州府同知。未几罢归卒。其就逮诏狱，寄别亲友书，颇有情致，无戚戚容。方之陶元亮自为诔，亦近似之。明代中贵骄横，廷杖残酷，士夫心情，都可于此中见之。

罗汉十八相

万历刻本。扁方大册。凡十八图。背各有铭赞，皆隶书大字，六行六字。板心上篆书书名五字，下记叶数及刻工姓名。首一图已残失，末页题赞后属海阳汪圣脩书。此新安诸黄所制，人物衣褶，细若游丝，神采飞动。棉纸初印，白描绝诣，可叹观止。刊工有：黄应瑞刻，黄应泰刻，思桥，应道，思乔，伯符应瑞字，应绅等。辛卯八月，上海奚氏铸古盦书散，论斤而入纸铺，余倩秀州书社书友勉致数种，以重直易此册及何梦华藏旧抄《续复古篇》卷一一册而归。后纸铺不允更选，馀书遂扫数入还魂纸炉矣。后北行，于济南故家见《东方三大》一巨册，与此正同，刻者徽州汪志高。前有万历甲寅朱延禧序，又《东方三大赋》，又谢在杭、杨櫍两序。所图为东海、泰山、孔丘事，凡百八十番。后数年，又于京师碧蕖馆，见春图数册，亦同此式，册各十馀幅，亦绝精。此皆异书。因牵连及之。

杜律单注鹊湖陈明辑 钱塘杨祐校

嘉靖刻。八行，廿二字。白口，单边。板心下有景姚堂三字。前有洪武壬戌秋八月既望古剡单复自序。每卷后有缮字督刊人姓名两行，督刊者省祭官邢仁。每卷前校人姓名，尚有海虞施雨、东阳蒋瑜。结体瘦劲疏朗。为嘉靖中济南刊本别格。陈明曾刊《韩诗外传》于芙蓉泉书屋，知此亦先后所刻，而刀法相去悬绝。景姚堂当是官署堂名，此则官刻之物，因有督刊姓氏也。棉纸，五册，犹是明代包背原装。每册前签条尚存，有继白堂印朱文方印，明人旧记。卷耑则有济南王士禛印，白文套边大长方印，知是渔洋山人故物。

霏雪录雒阳刘绩孟熙著

成化刻。半叶十行，行十六字。大黑口。四周双边。棉纸印本，通一百六十一番。后有成化甲辰春仲月吉后学会稽胡谧书后，弘治纪元孟冬望日巢陵张文昭大字跋。张跋云，斯录吾同寅胡副宪廷慎虽尝刻诸梓，虑多遗阙舛讹，尚未传布，既迁东广大参，遂获善本，重加订正，畀予补刻成书。是此本为成化原刻重订以行者。印颇漫涣，兼多缺番，然传世绝稀，未见著录。黄荛翁所储亦旧抄，余曾于济南见之，海源阁故物，荛翁殆亦未见此刻也。甲午秋日漫游吴下，于文学山房见此书三册，佚其一册。后一月，估人又于故家得其原配寄我，遂为完书，喜不可言。

玉厓诗集十卷卷五之七佚

嘉靖刻。十行廿字。白口单边。前有嘉靖丙午四月既望长洲文徵明叙，次玉厓生诔，玉厓老人自撰。其人名姚章，上海人，撰此时年八十一，字有中。终身儒素，无仕宦之迹。卷末有嘉靖乙巳仲冬既望髯镜山人沈希皋跋。刊刻精雅，类吴元恭《尔雅》。卷末双行牌记云，武陵顾氏清泉馆刊。有中自记，晚年图归桑梓，我友陆宫詹俨山、顾御院世安久有养老之约。世安曰，玉厓我师也，馆谷之费，吾任之。有中早岁曾为顾光禄省轩延致家塾，世安其弟子也。清泉馆即顾氏斋名。老人诗以歌行为最佳，多记农家疾苦，慨然言之。明人诗中，类此殆少。此三册书，白棉纸毛订，尚是明时原装。书根题字，天一阁旧式也，雅饬无比。四十馀年前，阁书被盗来沪，来青阁曾得其底帐，此册在焉，缺失并同。有感峰楼藏朱文方印，石麒云为沈韵初印，不知信否？

五世书香(三)

——今觉庵与居贞草堂

周启晋

几十年前,在大学里,我是读生物遗传学的,所以对肉体和精神的相辅相成之理还算略知一二。人过了中年,激素分泌水平下降,细胞老化,记忆也自然会变的越来越差。可奇怪的是,许多在中青年时代的激荡里仿佛早已忘却的往事,于今反倒变得格外清晰起来。尤其是一些孩童时的小事。

那时我们住在城西,离城根儿不太远。几十年过去了,在今日北京金融街摩天大厦的包围下,不知道为了什么还留着一个很特殊的小庙——和周围相比显得那么落寞和萧然,可能是被保护的"古迹"吧。那是一座"吕祖庙",离故宅也就半截胡同远。故宅的门前总是停着一、两辆三轮车,每到假日,先祖母就会带我乘坐三轮车上中山公园,望着公园里合抱的森森古柏,儿时的我会联想起《格林童话》里的树怪。以后的青年时代,也曾多次和好友漫步于那林间……。

现在家中老一辈的"良"字辈在世的人已不多了。一次和家叔景良先生闲谈中,谈及往事,据景良叔讲,先高祖玉山公(周馥)在前清虽位列督抚,但其去世时所馀财产并不丰厚。此后因周氏各房(即"学"字辈各支系)投资于先曾祖学熙公创办的企业,用今日的话讲就是"原始股",后来企业发展,股价飚升,由此才成就了民国初年的"至德周氏"豪门。从而也造就了至今让收藏界津津乐道的至德周氏的第三代——大放光明的"明"字辈①。

先高祖玉山公育有六子,长子学海公房中最为著名者有长子达(原名明达)字梅泉一字美权的今觉庵，三子暹(原名明扬)字叔弢的自庄严堪和四子进(原名明进)字季木的居贞草堂。

周美权自幼聪慧过人，童时已以茂才列上舍，工制举，尤酷嗜六书九数之学，十分刻苦，他在一首诗的小序中回忆道："每夜静，辄闻门前有呼卖硬面饽饽者，其声幽咽以长，当篝灯夜课，时闻此声，则知二更将尽，即掩卷罢读。"后美权公随父定居扬州，常去书肆翻阅，自诩"破铜烂铁，人弃我取，乐在其中"。1908年因住室火灾，先世藏书尽毁，其有诗曰："共居东西屋两头，丛残尽被六丁收；卅年却忆汤盱子[②]，冷肆摊书伴我游。"

纵观美权公的一生主要成就，其一是在数学方面，他是中国早期著名数学家。1900年，美权公在扬州与包墨芬、余雨东等创立知新算社，积极主张吸收国外先进数学。同年，受该社委托，东渡日本调查学习，回国后撰写《调查日本算学记》一书，于1903年石印出版。上世纪二十年代初，他又与任鸿隽、胡明复等发起创办中国科学社，与南通张謇同被推选为名誉会长。三十年代初，又将自藏的各国数学书籍捐赠给该社"明复图书馆"。该社特辟"美权数学图书室"(此即上海交通大学图书馆前身)。1935年中国数学会成立，周美权当选理事，其平生著作仅已知存世的有《调查日本算学记》、《三角和较数解》、《周美权算学十种》等几十种。

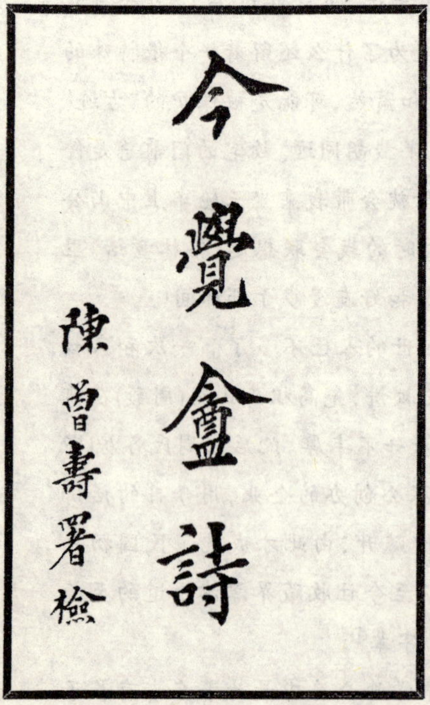

美权公另一传颂的称号则是中国集邮史上的邮王。其中最著名的藏品为1927年他以纹银二千五百两购进的"红印花小字当壹元"四方联新票孤品。当时

也包括所谓的“华邮四宝”。在此就不一一叙述了。但其与陈复祥共同筹办的邮刊《邮乘》,为中国最早的集邮刊物,对推动中国的集邮活动,发扬了巨大的作用,至今视为邮史珍本。其所著《红印花加盖暂作邮票》堪称“红印花”的开山之作。

美权公亦善诗,他在《今觉庵诗》自序中写道“余生多好,而无所成,晚清之际,余家盛科第,父师督举业甚严,而余又旁骛于六书九数,课馀辄私习,于词章之学未瑕及也。三十三遭逢国变,避地上海,从东南诸老游,始稍稍学为诗,四十以后始成诗稿”。存世有《今觉庵诗》四卷,续集一卷。

这部聚珍板印的诗集不公开发售,只流传于亲友间,故不多见。陈祖壬在诗序中评曰“郑海藏先生(郑孝胥)为诗负海内重名,于后进少许可,顾独盛称于至德周子梅泉。其胜处往往能综玉溪临川两家之长,郁伊侘傺,不可聊之,深悲隐痛,挹之而弥永,殆所谓其哀在骨者”。然而在美权公的诗集中却没有一首谈到集邮,唯“二”者是他在1944年赋诗赠陈志川先生的手迹,载于《国粹邮刊》三卷八期:其一曰:“一寸山河一寸金,只馀片叶在邮林;落花三十三年梦,不见黄龙直到今。”其二曰:“未见龙飞第四春,轻帆细雨最愁人;宫门颓倒生秋草,却守千年纸上尘。”委婉的表达了他爱国爱邮之心。1949年美权公病逝于上海。

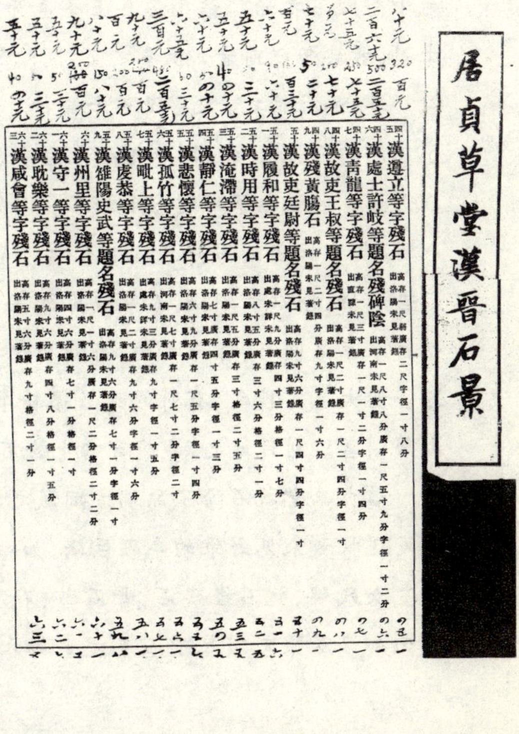
居貞草堂漢晋石景
四十五 漢遵立等字殘石
四十六 漢處士許岐等題名殘碑陰
四十七 漢青龍等字殘石
四十八 漢故吏王叔等題名殘石
四十九 漢殘黃腸石
五十 漢故吏廷尉等題名殘石
五十一 漢履和等字殘石
五十二 漢時用等字殘石
五十三 漢淹滯等字殘石
五十四 漢靜仁等字殘石
五十五 漢悲懷等字殘石
五十六 漢孤竹等字殘石
五十七 漢哏上等字殘石
五十八 漢虔恭等字殘石
五十九 漢雒陽史武等題名殘石
六十 漢州里等字殘石
六十一 漢守一等字殘石
六十二 漢耽樂等字殘石
六十三 漢咸會等字殘石

在先父绍良的遗书中,还有一本很有趣的书——即先季木四伯祖所著之《居贞草堂汉晋石景》,于扉叶上存其手批

“拓本价目　购石原价及现值价　庚午六日重订”一行。而于《石影》目录中各项均注明“原价”、“现价”及“拓本价目”,查庚午系民国十九年(1930年),此种大收藏家手订的“账本”,除了从一方面反映了民国时期金石类藏品的价格外,其本身在今日也成极存趣味的珍本。

先伯周珏良曾存周季木先生传略言之甚详。周季木为海内著名金石学家,精于文物鉴定。富收藏,所蓄三代彝器、汉晋石刻以及印玺封泥极富。又长于书法,为世所重。先生生于1893年,卒于1937年,享年仅四十五岁。当时扬州名士大方先生(方尔谦,字地山,大方是他的别号)曾作联送之:“所得汉碑堪作屋;要收秦印比封泥。”这很能说明他一生在文物搜集上的主要成就。

他的藏品(已于他身后由家属全部捐给故宫博物院)的主要部分是汉、魏、晋三朝的石刻,这是他一生精力集中的地方。关于藏石的缘起和经过,在他于1929年编订出版的《居贞草堂汉晋石景》自序里有一段叙述:“予嗜金石昉于癸丑(1913年)之冬,初只收打本,一二年后渐好原器。乙卯(1915年)岁暮得姚氏石五,其一汉刻也。是为予斋藏石之始。诘年黄县王圣屯为予致其邑人丁翰甫家金石数十事,皆典午以前者。秋冬之交,闻端陶斋(即端方)藏石精好者都流入厂肆,亟往收之。又得汉石十馀种。于是私念汉晋刻石传世至稀,宇内所存不及七百,其十之八九为乡邑所宝,载之志乘,非私人可以力致。散藏各家不过八十馀石。以陶斋之强有力,一生所聚多至八百,其中汉晋刻石亦只二十有六。今予一岁所得已足与颉颃,倘专吾所好,期以十年,或不难倍其所有。自是收集遂以晋为断。凡碑估往来京洛间者,皆与之约,有新出土必先以示予。复遣人至燕豫齐鲁诸大邑穷搜之,有所闻见必辗转求得而后快。……日居月诸,私藏顿富。列目计之,竟获百四十馀石,殊非予始意所及料也。”

居贞草堂藏石除了原端方旧藏之外,还有不少由季木先生首先发现收藏未见著录的丰硕巨碣,如:朝侯小子残碑,汉石经残石,魏皇女残碑,魏石经残石,晋石尠、石定两墓志,晋当利里社残碑。雕刻如汉居巢刘君墓中石羊大小共六枚和以年代关系附在最后,然而稀见的南朝刻石“大明六年宋沙门慧坦为石佛记残石”等。《石影》出版于1929年，那时他住在当时的北平，藏石继续有所增加。其中最重要的有“汉西乡侯兄张君残碑”左下角一大块，共有四十馀字；汉“服取”等字残石，共有三十馀字。他还得到另一只汉羊，和以前所得的六只皆同出一坑，喜出望外。当时他经济并不充裕，但兴致仍不浅。所续收的汉魏晋石刻残石从十几字到几字、一二字以及半字的共有一百多块，这些都是未包括在《石影》之内的。合在一起，他一生藏石大小总近二百三四十种，真“堪作屋”了。

他藏石之中有很多可以为研究历史提供资料。如所藏黄肠石十一种可以考证汉人葬礼用黄肠石的制度。《石影》第三十八号残石里有张角的名字，并且有“天子第一功”等字样，想是镇压农民起义的将领的墓碑。西乡侯兄张君墓碑，经杨树达、余嘉锡考订是后汉张敬的碑。张敬在桓帝时官尚书，因为除梁冀有功，和尚书令尹勋等同日封侯。碑上的记载对考证碑主的事迹提供了新资料。晋当利里社残碑为晋代“社”的基础组织提供珍贵的研究资料。石尠、石定两墓志对研究晋史也提供了资料。

他不但藏石突过前人，而且精于鉴别。突出的例子就是对魏正始三体石经虞书“益稷”篇的考证。在民国辛酉(1921年)左右他得到魏石经《尚书》“君奭”篇残石一大块，曾以“魏石经室”作斋名。后来又于骨董铺中得到几块残石，其中一块上面从左到右横列隶书“说女”两字。经过仔细观察，他发现女字左上方有一尖头直划，想到可能是篆书女字的左下一笔的残迹。从这个设想，仔细推算，从石经的行款排列上断定是《尚书》“益稷”篇“汝(女)听”和“庶顽谗说”两句的残文。当时三体石经的诸大块残石都未出土，他能于暗中摸索得此结论，可见考证金石的功力。有此发现后，他曾刻一印章曰：“秋浦周季木藏魏正始石经尚书益稷篇残字之记”，并于辛酉年(1921年)阴历五月二十五日作诗纪念：“讵知断瓦残砖里，检点居然出瑾瑜。从此逢人欣悦与，周书而外有虞书。古籀无存篆又残，阿谁解当石经看。倘教垂画都磨去，此日窗前识也难。几为柱础几沉河，零落犹存石一螺。堪笑潘丁空好事,收来大宝竟蹉跎。郦注隋书细细研,当时石仅两经镌。虽然文与毛诗合,要是尚书益稷篇。”可以窥见当时他考证成功时愉悦的心情。

搜集秦汉玺印，不是季木先生主要精力所在，但因他鉴别力高,其中也不乏惊人的名品,如“君侯之玺”就是官印中所仅见(现存天津博物馆),又有“晋归义氏王”金印和陈介祺所藏古玺十方等,都是精品。他曾以藏印拓成《魏石经室古玺印影》八卷(未曾印行)。

他搜集封泥也很勤,所得亦不少。后来全部让给他的堂弟周志辅(明泰),由志辅编成《续封泥考略》六卷,《再续封泥考略》四卷,于民国十七年(1928 年)在北京印行。

季木先生搜集文物,有独特的眼光,往往自辟蹊径,不屑追随别人。搜集古陶文始于陈介祺,曾得四千品。同时收藏家还有吴大澂、潘祖荫、王懿荣、丁艮善等人,曾做了些考证研讨的工夫,以后就少人注意。他独注意搜求,也得四千品,保存了一大批研究六国文字的重要材料,使之不至淹没。后来顾起潜(廷龙)先生的著作中就使用了不少其中材料。在抗日战争中,他已下世,由我表伯孙师白(名浔,季木的女婿)和其弟孙师匡(名鼎)编辑成《季木藏陶》一书于 1943 年精印出版,至今仍是研究六国古文字的重要资料。

季木先生集古的兴趣广泛。除了石刻、铜印、封泥、陶片而外,在三十年代他还收了一批铜器,共十九品,多海丰吴氏子苾旧藏,曾编成《至德周氏居贞草堂藏器》,由商锡永(承祚)先生辑入《十二家吉金图录》中,印行传世。早年还搜集过古钱,旋即散去。方地山先生曾说他对此若稍加注意也可成大家的。

他对于金石传拓也非常注意。最注意应用潍县陈簠斋的方法,藏石藏器的拓本都请名工如马君子云用浓墨乌金拓,精采夺人。他曾得簠斋手稿,其中有论金石传拓的部分,影印传世,名《簠斋传古别录》。

他在搜藏金石之馀,有时也注意打本。曾收得宋拓麓山寺碑,张石舟(穆)题校旧拓本北海相景君铭,旧拓宋爨龙颜碑等。并有《校碑随笔补》稿本。又尝收得敦煌写本六朝隋唐写经数十卷，多书法精美者，其中并在背面抄有曲子词，很有资料价值。但是这些对他来讲都是“馀事”，所以随收随散，不甚注意，往往连藏目也不写一个，这也可见他的秉性之通达脱俗了。

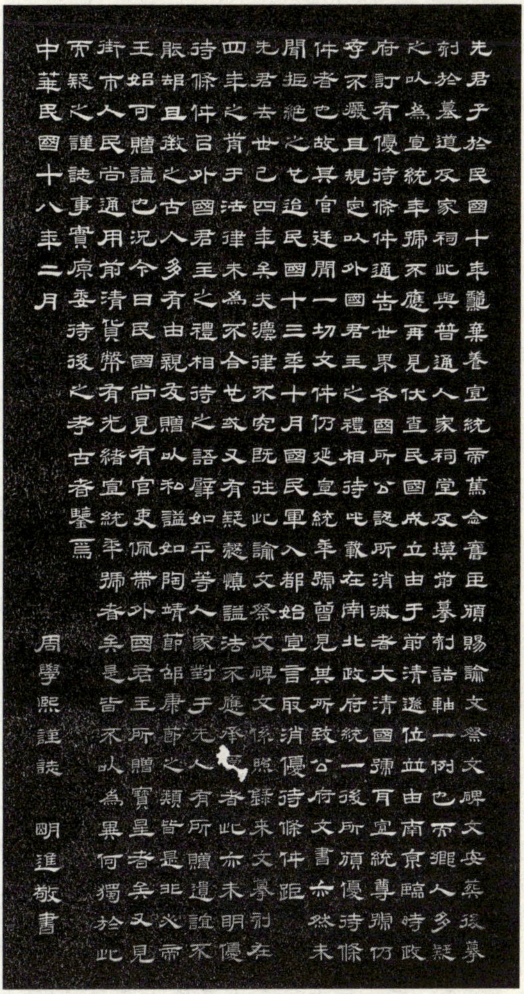
先君子於民國十年驟棄養宣統帝篤念舊臣頒賜諭文祭文碑文安葬後摹
刻於墓道及家祠此與普通人家祠堂及墳前摹刻誥軸一例也而濁人多疑
之以為宣統年號不應再見伏查民國成立由于前清遜位並由南京臨時政
府訂有優待條件通告世界各國所公認所消滅者大清國號有宣統尊號仍
存不廢且規定以外國君主之禮相待之載在南北政府統一後所頒優待條
件者也故其宮廷間一切文件仍延宣統年號曾見其所致公府文書亦然未
聞拒絕之也追民國十三年十月國民軍入都始宣言取消優待條件距
先君去世已四年矣夫濃律不究既往此諭文祭文碑文係照錄來文摹刻在
四年之前于法律未為不合也或又有疑懿慎諡法不應承[illegible]者此亦未明優
待條件已外國君主之禮相待之語譬如平等人家對于先人有所贈遺誼不
賑胡且徵之古人多有由親友贈以私謚如陶靖節邵康節之類皆是非必帝
王始可贈謚也況今日民國尚見有官吏佩帶外國君主所贈寶星者矣又見
街市人民尚通用前清貨幣有光緒宣統年號者矣是皆不以為異何獨於此
而疑之謹誌事實原委待後之孝古者鑒焉
中華民國十八年二月
周學熙謹誌　明進敬書

季木公另一不为人知的成就便是他在书法上的造诣，作为金石学家，他很自然的着重于篆隶，特别是他的隶书，遒劲多姿，天骨开张，结体深稳，完全是一派“小子碑”的味道，可谓百年少见，惜为金石盛名所掩。他的好友柯燕舲先生曾说过邓石如是篆隶中一大家，但季木之隶书“往往出完白外”。然而在其前生自视不足，不肯多写，又中年早卒，所以传世作品极稀见，今余手中所存者仅其手书上碑之拓本一件，可能也是孤本了，其写作时间距今已匆匆过去了近八十年，仅以此作品的第一次发表祭奠先辈的在天之灵。

注：

①近代至德周氏排辈为：礼、乐、光、宗、学、明、良、启、俊、贤。

②汤盱子为当时扬州文枢堂书肆主人因年老近视而称之。

名楼“拜经”说吴骞

虞坤林

随着明末清初一场战乱，到康熙年间政局逐步开始稳定，尤其江浙一带出版事业的发展及清政府对《四库全书》的编纂，促使了士大夫对书籍的追求和收藏的欲望高涨。海宁地处江南繁华之地的中心——杭嘉湖平原，经济比较发达，由于交通便利人民不断交往，从而带来了文化事业的发展。自清以来，海宁有一定数量藏书的藏书楼就有七十多家，如黄湾马氏道古楼、袁花查氏得树楼、硖石蒋氏来青阁、盐官陈氏春晖堂等等，而新仓吴氏“拜经楼”又名列于这些藏书楼的前茅。

拜经楼主吴骞(1733—1813)，字槎客，一字葵里，号兔床、益郎、小桐溪旅人、漫叟，海宁新仓人。一生酷爱藏书，每逢善本，常不计其价，倾囊而购。得书五万馀卷，筑拜经楼储之。当时苏州黄荛圃以“百宋一廛”之名夸称江南，吴骞遂题“千元十驾”以相敌，被时人称美。友人黄荛圃曾赠诗于吴骞曰：“‘千元’‘百宋’竞相夸，引得吴人道是娃。我为嗜奇荒产业，君因勤学耗年华。良朋隔世亡双璧，异地同心有几家？真个苏杭闻见广，艺林佳话遍天涯。”吴骞藏书的特点在于训诂、校勘。其子寿旸为其编纂《拜经楼藏书题跋记》可以窥见吴骞对书籍研究的认真和精良。他每得一异本“非特装璜端整，且多于善本校勘，丹黄精审，非世俗藏书可比”。所以吴骞的藏书不在于“多”而在于精善而称誉江南。

诚于历代藏书家得而即散的结局，吴骞为了使自己的藏书不像过眼云烟，自订书楼制度“非同志不得登楼也”，告诫后代“遇至戚密友暂时借阅，亦须(兄弟)彼此关会，不可一人专主，致有遗失散亡之患”。子孙亦能善承家训，守护不散，绵连三世不绝，至道光末年，才在战火中散出，成为烟云。

“拜经楼”上数典籍

吴骞一生淡泊名利，而酷爱藏书，亦可谓藏书耗去了他毕生的心血。他在《愚谷文存》中曰“吾家先世颇乏藏书，予生平酷嗜典籍，几寝馈以之，自束发迄乎衰老”。在《兔床府君行述》中也有这样的记载“自壮岁以来，一无所好，惟酷嗜典籍，直以衣食视之汲汲焉。购买书籍常若不及，遇有善本，必以厚值”。

吴骞藏书的数量一直以来有二种说法：一、吴骞好友陈鳣、张衡云：“(吴骞)藏书十万馀卷。”二、《海宁州志稿》则认为“所得不下五万卷，筑拜经楼储焉”。现根据吴骞在乾隆六十年二月所作《拜经楼藏书目序》中有这样一段话：“今年春与儿辈逐加点检，先成草目以备寻览，约可三、四万卷，九千馀册，虽不为多，亦一生心力之所萃也。将来纵有续置，大约不过一万册左右”。其子寿照、寿旸所作《兔床府君行述》中记载(吴骞)“一生精力所萃，得书五万四千馀卷，宋元版书十种皆世所罕觏者，书目几与述古堂、传是楼相埒，筑拜经楼为藏书之所”。按照吴骞及其子说法，藏书数量在五万馀卷左右，当为确切无疑。

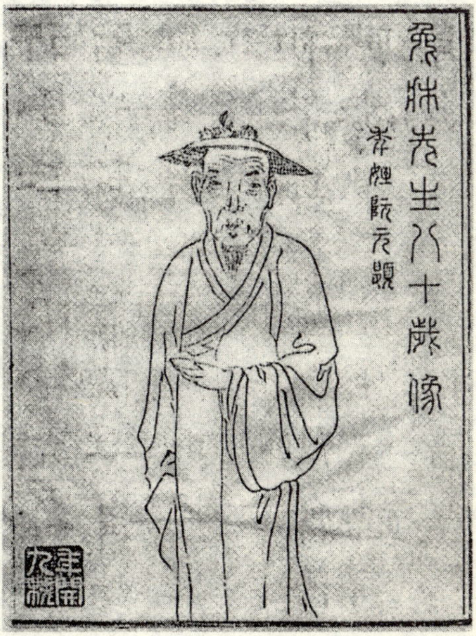

关于吴骞藏书的来源：一、遍游各地、广为购置。尤以收得自清以来江浙藏书名

家散出的藏书为多，如本邑道古楼马氏、得树楼查氏及钱牧斋、朱竹垞、曹秋岳、杭堇甫等，从而增加了吴骞藏书的质量。二、来自家产的分析。虽然吴骞祖上没有留下多少书籍，但他与其兄购置的书籍亦有一定的数量，他在《观复堂藏书总目》中说："吾家先世藏书颇少，逮予伯氏性喜书籍，购置浸广。"据载分析后吴骞得书一百四十四部三百八十一册，各种书画帖二十一种。三、对于一些稀有版本而难于得之者，就借而抄之，如《元丰九域志》、《吴礼部别集》、《周易经义》等，现上海图书馆藏有《拜经楼丛钞》二十二种二十五卷，山东博物馆藏有《拜经楼丛钞》六种八卷，北京图书馆藏有《拜经楼杂钞》四种四卷。四、来自朋友的馈赠，如鲍渌饮赠《元一统志》，卢抱经学士赠新刊《钟山札记》、《金元艺文志》等等。

吴骞不仅在收藏数量上有一定的规模，而且更注意藏书的质量，苏州黄荛圃以藏宋本而命其室"百宋一廛"名噪一时，而吴骞即自题其居"千元十驾"而命之，其命名虽各有说法，但确与黄荛圃并名以世，成为风雅书林之佳话，传诵百年不衰。吴骞藏书不在于藏而更着重于校，他曾说："生平得一异本，必传示知交，共相抄校，非私为己有者。"由于吴骞交游之广，与当时名流卢抱经、鲍渌饮、黄荛圃、钱辛楣、周松霭、钱绿窗、陈敬璋、陈鳣、张芑堂等相交甚密，经过他们的鉴赏和题跋，更增加了书的质量，尤其相互借阅、传校秘籍，一破以往藏家"只藏不校，秘不示人"的弊端，在文化繁荣的江南结成了一张经纬藏书信息交流网络，更增加了他的学识，使其藏书质量大幅度提高，在清代乾嘉年间的江南藏书大家行列中占了一席之地。

雕镂锓梓传"拜经"

吴骞不但注重书籍的收藏，还对一些稀有古籍用不同版本进行校勘，并刊刻于世，以利传布。他在《拜经楼分拨》一卷中特设一条："自刻诸书及诗文集各种其板叶开书目之后，日后两房公共照管，倘有放刷者，不妨广为传布，此亦孝子慈孙之责也，若忽略厌弃不知我一生之苦，任其散失，又何用此子孙耶？”从这条遗训中可以想见吴骞对子孙的厚望及对书籍传布的重视，立下这条遗训的第二年，吴骞即归道山。而其子孙不敢忘祖上遗训，一直保存其板叶。直至抗战开始，即1937年间因避难，而拜经楼毁于火，其藏板叶亦同归于尽。

考吴骞一生所刻书约三十馀种，八十馀卷。而其刊刻内容分为三个部分：一、对稀有版本的刊刻如《陶靖节诗》、《谢宣城诗集》、《许氏诗谱钞》、《罗昭谏谗书》等。二、地方文献刊刻如《静庵賸稿》、《拙政园诗集》、《玉窗遗稿》、《珠楼遗稿》、《哀兰绝句》、《梅花园存稿》等。三、自己著作的刊刻如《愚谷文存》、《拜经楼诗集》、《苏祠从祀议》、《南宋方炉题咏》等。吴骞除了注重书籍的刊刻外更注重刻书的质量。他每刻一书必取不同版本相互校对，从用墨到刻版无不亲临指导。当书成以后还将重新校读发现错误或漏遗，必予更正和补入，使书籍更趋完美。如在嘉庆元年他借用卢绍弓学士旧藏宋本《谢宣诚集》为底本，进行几种版本的校对，并于同年刊刻成书。在第二年得知黄荛圃藏有两宋本《宣诚集》俱佳，即又借观重新校对，发现刊本与两宋本有出入，而两宋本中多序跋一篇，即重新刻板补入其中。嘉庆十八年十月，吴骞已病入膏肓，但对正在刊刻中的《愚谷文存续编》中数篇文章仍细细校读，一一指出其中错字。

吴骞所刻书籍的时间集中在乾隆四十年以后至嘉庆十八年间。这批自刻书籍在其生前并未自己命名书目，仅收集《拜经楼诗话》、《桃溪客语》、《陶靖节集》、《谢宣诚集》、《诗谱补亡后订》、《国山碑考》六种，为《愚谷丛书》。直至光绪十一年会稽章氏根据拜经楼本选《诗谱补亡后订》等七种书重刊，首次题名为《拜经楼丛书七种》。光绪二十年，吴县朱氏校经堂又根据拜经楼刊本重选《陶靖节集》等十种，题名为《重校拜经楼丛书十种》。民国十一年(1922)上海博古斋又根据拜经楼刊本重选《拜经楼丛书三十种》，其中增添了吴寿旸所撰《拜经楼藏书题跋记》五卷，收集吴骞生前所撰各种题跋二百馀则。这三十种书基本上收集了吴骞生前所校刻诸书，一直为人所重，是研究吴骞生平事迹的重要文献。

“陶舫”一叶寄书魂

吴骞除了藏书、著述以外，还喜交游。曾置舟一叶，因得陶诗而名其舟曰“陶舫”。每年必载书画于船，往来于江浙之间，与当时各地名流鲍渌饮、张芑堂、杭董浦、卢抱经、丁小疋、黄荛圃等及同邑陈鳣、陈敬璋、周松霭等相交甚密，共同探讨版本、校勘之学；遇古器名画必邀相品赏、题咏，共享喜悦。宜兴张衢对他的交游有一段生动的描写：“(吴骞)性耽山水，独携一童奴，泛舟苕霅，或由吴门达于荆溪，舟中杂庋古书画鼎佳砚之属。客至则出以相娱，间遇胜流，与考证古今，辨析疑义，停骖辍棹，弥日不能去。”西泠八家之一奚冈曾为吴骞刻一印“十二桥南烟舍”，并在边款上题：“兔床上人有隐君子，尝载书一舟，往来吟泛于溪桥渔权间，人莫之识，或问其居处，遂鼓枻而歌曰：‘十二桥南烟舍，第三湾口渔翁，青箬绿蓑归去，桃花细雨东风’”。这些活动在吴骞的日记中有着详细的记载，如乾隆三十九年二月十五日在杭州“未刻雨，渌饮自绣溪至，移舟来，送予宋椠《九经白文》共读”。乾隆四十五年二月二十六日在杭州“同河庄(陈鳣)过晋斋竹崦，晤宋芝山明经……，时(宋芝山)所携饼研见示，乃端溪石……此研乃周子佩公子旧藏，……予与河庄各赋一诗”。乾隆四十九年十一月初九在太仓“访抱经学士于娄东书院，陆润之先生见访于书院，遂偕学士过其家，纵观典籍，其收甚富，自云：至润之已八世。……予平生所见当无逾于此矣”。嘉庆五年四月十七日至杭州“过万松书院，王兰泉司寇出汉铜雁足镫及赵忠毅公铁如意示，为作歌”。纵观上述可见吴骞出游之频，所见之广。据记载，他每年必驾陶舫出游三、四次，往返短者四、五天，长者一、二月，每次出游必有所得。在《拜经楼藏书目序》中，吴骞写其“每出游过通都大道，恒遍阅于市肆，日夕忘返，比归必载数簏以还”。直至嘉庆十七年，吴骞以八十高龄还往返于嘉禾一带：正月二十日“与同人集硖石公祠设祭”。四月十五日“至硖石，过蒋梦华园观项孔彭《尚友图》”。九月初四“偕小洲至灵隐，以续编诗稿入藏，交僧收堂”，初五“至荔子峄拜张苍水司马墓”。直至嘉庆十八年，吴骞因患肺病，步履艰难，方告别相伴半个世纪的陶舫，不久即归道山。

名印古籍竞争辉

历代藏书家都喜欢在自己收藏的书籍上盖上一方或数方藏书印章，以表达自己对书籍及后人的情感。吴骞也不例外，据不完全统计，他有藏书印章四十馀方。在这些印章中有表明藏书志向的“寒可无衣，饥可无食，至于书不可一日无，此昔人贻厥之名言，是可为拜经楼藏书之雅则”；有得到稀世秘籍宋本《咸淳临安志》后特制一方“临安志百卷人家”以示纪念；有表达他在藏书过程中历尽艰辛而刻的“露钞雪购”；及对朋友所赠之书的珍爱而制的“知不足斋主人所贻，吴骞子子孙孙永保”的名印。而在这些印章中大都出于当时篆刻名家之手如陈均受笙、陈鳣仲鱼、陈克恕目耕、张燕昌芑堂、奚冈铁生等。这些印章笔锋苍健古雅，钤在书上名印与古籍相映交辉，更使这些名钞精刻增添了不少风采，使人阅之心旷神怡。今我把所收集到的吴骞藏书印章录于以下，供同好参考：

“臣骞”“吴兔床书籍印”“宋本”“兔床手校”“拜经楼吴氏藏书印”“小桐溪上人家”“千元十驾人家藏本”“临安志百卷人家”“兔床”“兔床仙人”“小桐溪”“漫叟”“十二桥南烟舍”“碧桃八十一番华”“骞”“吴骞之印”“西簃”“吴骞纺字益郎”“兔床经眼”“拜经楼”“海昌吴葵里收藏记”“吴兔床真赏之章”“吴骞字槎客别字兔床”“兔床审定”“兔”“床”“双声馆”“吴兔床藏书”“兔床鉴定”“拜经”“夜明竹轩主人”“后富春轩”“寒可无衣，饥可无食，至于书不可一日失，此昔人贻厥之名言，是为拜经楼藏书之雅则”“兔床山人八十岁作”“吴氏兔床书画印”“露钞雪购”“墨旧小隐”“愚谷”“墨阳小隐”“家在小桐溪”“吴氏珍藏”。

兰笑楼与合众图书馆

陈先行

记忆中大概是在1999年秋季，我因患胃疾在家休养。一日，忽被馆领导紧急唤回单位，谓上海交通大学介绍著名美籍华裔科学家朱传榘先生访问上海图书馆，欲了解其祖上捐书等事宜，而馆中竟无知情者，遂令我予以接待。

朱先生是偕夫人荣氏一起来上海图书馆的。甫一见面，感觉长者威严，而夫人慈祥。由于先前打听未果，朱先生看上去对我的接待亦不存希望，似乎想敷衍一番即打道回府。但我把他留住了，因为当他说叶景葵是他的姑父时，我脱口而出："您是兰笑楼的后人。"他顿时眼睛一亮，兴奋不已。

兰笑楼主人朱钟琪，是传榘先生的祖父，字养田，晚号蜕庐，浙江杭州人。清季历任寿张、招远、兰山、清平、历城、泰安县令及青州知府等职，为官清明有政声，重气节。中日甲午战争时，尝变卖祖传地产支援北征军队。他博学通识，尤深南北史，有《南史节钞》等著述传世。曾于历城设泽古文社，于泰安创仰德书院，又于光绪三十二年(1906)奉命建立山东高等农业学堂(山东农业大学前身)，培养人才甚众。民国三年(1914)清史馆开馆，为纂修兼总纂之一，撰《拟修清史目例》，惜两年后病殁，未竟其业。

兰笑楼藏有古籍凡千馀种数万册，大都为钟琪先生研治学问所用之书，而非作为文物收藏，故除个别为明末刻本外，极大多数为清中期以后刻本。虽然如此，钟琪先生十分珍爱，动乱中几经迁徙，保护完好，并编有书目若干种。其中编纂颇用功夫的是今藏上海图书馆善本书库的三十九册《兰笑楼藏书目录》稿本，该稿分《丛刻目》、《分类目》、《重编总目》三部分。

《丛刻目》凡著录二百九十七种图书，分经部丛刻、史部丛刻、子部丛刻、集部丛刻及四部汇刻五类，只有四部汇刻一类是真正意义上的丛书，其他皆为某一部类的丛编。

《分类目》凡著录八百六十三种图书，按经、史、子、集、丛(书)五部分类，每部先列分类表。令人注意的是，此目在子部中设“周秦诸子类”；在“天文算法家”下设“中法之属”、“西法之属”、“兼用中西法之属”。这样的分类是根据所藏图书的实际情况设立的，而从目录学上说，颇具创意，如“周秦诸子类”，后来顾廷龙先生主编的《中国丛书综录》的子目分类目录即有所仿效。

《重编总目》所著录的书与前两部分大多重复，但也可能有个别新收之书。其中有“附北京箱目”一册，叶景葵先生题云：“共六十箱，当系随带北京之书，易箦后检点抄目备查。内或有新购之书未抄入手抄书目内者，应再逐细核对。故此册应与抄目并存。壬午中秋，景葵记。”

叶景葵(1874—1949)，字揆初，别署存晦居士，又号卷庵，亦杭州人氏。早年客钟琪先生幕，深获赏识，钟琪以长女铭延适之。二十二岁起从山西巡抚赵尔巽任事，因代草《通筹本计》十条而名闻一时。八国联军入侵北京后，举国忧愤。景葵先生在维新运动影响之下，于三十三岁后辞官就商，走上了“实业救国”的道路。1905 年，在上海创办浙江兴业银行，苦心经营凡四十馀年。1912 年，由张之洞、盛宣怀经营的汉冶萍铁厂濒于瘫痪，景葵先生被汉冶萍公司股东会推举为经理，筹借公款，使铁厂恢复生产。1913 年，苏浙两省因商办苏浙铁路收归国有，发起要求政府归还股款的运动。次年景葵先生又被推举为浙江铁路股款清算处主任，奔走南北，多方交涉，前后历时二十七年，始获解决。景葵先生器识宏伟，学用并茂，经世而外，能诗善文，对草药针灸及种植畜牧等也有研究。五十岁后致力古籍善本蒐集，精于鉴别，尤笃好稿本校本，以先贤精神所寄，不忍视其流散故也。著述颇丰，顾廷龙先生曾将其《卷庵书跋》、《卷庵札记》、《卷庵文存》、《卷庵诗存》及《卷庵联存》等汇辑为《叶景葵杂著》行世，此外又有《刍牧要诀》、《太康物产表》等。

1937年芦沟桥事变起，沿海各省相继沦陷，东南地区文献大量流失。叶景葵、张元济遂联络上海文化界知名人士陈陶遗、陈叔通、李拔可等，藉创办图书馆以抢救保存濒临毁灭的文献典籍。1939年，上海私立合众图书馆成立，景葵先生率先自捐财产十万与所有藏书(其中有顾祖禹《读史方舆纪要》稿本等一大批珍贵古籍)，并于租界中心地段(今长乐路富民路口)置地二亩建馆。先是租屋筹备，聘请顾廷龙先生担任总干事。在1941年馆舍落成前后，张元济、蒋抑卮、李拔可、陈叔通、叶恭绰、胡朴安、顾颉刚、潘景郑、胡惠春等相继捐赠图书及有关历史文献，居然形成二十五万册藏书规模。在叶景葵、张元济两先生先后主持下，经顾廷龙先生悉心打理，使“合众”成为东南最具特色的以收藏历史文献为专门的图书馆，并于1953年捐献公家，1955年改名为上海历史文献图书馆，1958年与原上海图书馆、上海科技图书馆、上海报刊图书馆合并为新的上海图书馆。

兰笑楼向合众图书馆捐书是在1942年。捐书者为钟琪先生子曜，即传桀先生之父，字旭初，一字熙令，晚年用熙令名。生于光绪六年(1880)，卒于1960年。幼承庭训，聪慧过人，十岁即有善弈之名，暮年犹能背诵《四书》、《五经》。十八岁(1897年)娶昆明人萧应椿次女国英为妻(应椿三女适周叔弢)。二十四岁(1903年)东渡日本留学，先入成城学校(后改为振武学校)，后入法政大学(与汪精卫同学)。二十六岁(1905年)加入同盟会。二十八岁(1907年)起从政，历任奉天将军府内文案、湖北督辕内文案、直隶自治局提调、津浦铁路驻济副提调、财政部佥事、财政部公估局局长、直鲁豫京兆四省官硝厂厂长、盐务署总务处处长、盐务署参事、财政部总务厅厅长、陆军中将衔陆军少将、津浦铁路局局长等职。历经革命战争、山东独立、共和宣布、复辟战争、直皖战争、日俄战争、青岛日德战役、南北战争。立身如其父，皎洁光明。六十三岁时(1942年)，日本侵略者任汪精卫为南京伪政府主席,强其为交通次长,坚辞不就。晚年撰有回忆录,多世间未有悉者,惜未播行。

关于熙令先生当年向合众图书馆捐赠兰笑楼部分藏书情况以及其他未捐旧藏的最终去向,叶景葵、顾廷龙先生均未留下详细的文字资料(顾廷龙先生已于1998年去世)。根据上海图书馆现存三种兰笑楼藏书目录分析,景葵先生曾做过相互间的比勘,但未完成。而廷龙先生是“合众”受赠图书的经手人,办事极为细心,在1942年7月所编《兰笑楼剩书目》上,有廷龙先生题识“凡有红识者均已赠本馆”一条,据此可知熙令先生当时捐赠与“合众”之书共有百十一种一千七百五十八册(由于历史原因,现已无从查找当时捐赠时的原始资料,只能根据此目录留下的线索)。其中如《海岱史略》等,为原“合众”所无,而至今上海图书馆也仅存此一部。意者当时捐赠旨在补“合众”所缺,故未将兰笑楼藏书悉数捐赠。

在兰笑楼所捐书中,尚有钟琪先生四种稿本,是了解其从政、交游、治学的第一手资料,兹简介如下:

一、《朱蜕庐先生日记》,共四册。起自丁酉(光绪二十三年),止于辛丑(光绪二十七年)。前四年日记极为简单,每日一二句话,记迎送客人及接发信件。辛丑年日记仅存二至六月,但内容稍详,每将来往信件原文抄录。

二、《蜕庐剩稿》,一册。共有序文两篇,书启十三篇,依次为:(一)庞雨生《证治集解》序;(二)与叶作舟书;(三)与丁咸亭孝廉;(四)与王梦湘(名以慜,湖南武陵人);(五)与张省钦;(六)与宝似兰星桥香士昆季;(七)寄某校书;(八)寄某校书;(九)与赵铁珊(名尔震,尔巽兄);(十)云间农寄白华书;(十一)匡生自题《萍踪偶聚图》序;(十二)与项蔚如书(名文彦);(十三)谢赵小鲁贺四十生辰并赠牡丹启;(十四)与萧应椿书;(十五)谢徐次舟赠婢启(名赓陛)。

三、《蜕庐读书丛录九种》,三十九册。这九种前人著作是钟琪先生在平时读书时悉心校勘整理抄录的,是为编辑之作,分别为:(一)钦定七经纲领;(二)阮刻十三经注疏叙录、通志堂经典释文叙录；(三)日知录钞；(四)南史节钞；(五)困学纪闻钞；(六)朱子语类钞；(七)呻吟语钞；(八)读诗经传说汇纂钞；(九)明吴氏文章辨体目例、姚氏古文辞类纂序目、李氏天岳山馆文钞目例。叶景葵先生题跋云："右蜕庐《读书丛录》共九种，其第四种《南史节钞》已铅印行世，余就原稿排比完全，归合众图书馆保存。壬午中秋景葵记。"

四、《蜕庐钟韵》，一册。前半部分是赵尔萃所刻，后半部分为赵尔萃所抄，由钟琪先生编辑。诗钟是一种文字游戏之作，类似做对联，但有一定规则，即取意义绝不相同的两个词，或分咏，或嵌字，要求凑合自然，对仗工整。此书有叶景葵题跋云："光绪丁酉，先外舅朱蜕翁摄清平县事，余送妇归宁，适赵小鲁(尔萃)师任夏津县，境壤相接，时往来为诗钟之会，余亦与焉。次年，小鲁师即选佳者付刊，名曰《蜕庐钟韵》。顷检兰笑楼残书，尚存此册，如拾坠欢。此中人现存者只友石(名吴鹗，元和人)、旭初(朱曜，养田长子)与余三人而已。又得小鲁师手抄本一册，系己亥年在泰安所作，未曾付刊，其时蜕翁署泰安县，小鲁师卜居徂徕山下，故续为此会，此中人现在惟余硕果仅存矣，因附于丁酉刻本之后。至王梦湘丈昔曾见之，今已不传，赵菁衫先生常为冠军，惜无从购觅耳。壬午中秋节景葵敬记。"

传桀先生是在二战期间赴美国留学的 (1940 年被明尼苏达大学录取)，那时我国正遭日寇蹂躏。熙令先生曾有诗赠别传桀云："破浪乘风作壮遊，目穷千里送行舟。择交宜懔伏波诫，立志期符定远猷。世乱疏财知免戾，学成有守善贻谋。望云莫作思亲念，矍铄挥巾老更遒。"其怜爱与期许之情溢于言表。半个世纪后，功成名就的传桀先生满怀桑梓之情报效祖国，于科技、教育等方面贡献良多。当了解到顾廷龙先生恪守叶景葵先生遗志，毕生尽萃图书之业，他提出要出资为廷龙先生铸立铜像，以示不忘其功德。此举虽未能如愿，却令人肃然起敬。余生也晚，不获接闻景葵、熙令先生謦欬，然受廷龙先生教诲多年，亦有志踵接前贤之遗业。今距"合众"创办垂七十年，缅怀先人，感念恩泽，撰此小文，以作纪念。

书巢衔泥

——记冯从吾朱批《批点史记节略》

李欣宇

《批点史记节略》一函十册，明万历己卯(1579 年)刊本，白绵纸，金镶玉装，四周双边，白口，单黑鱼尾。书高 28 厘米，宽 18 厘米，内框高 24 厘米，版宽 14 厘米，写刻上版。版分两栏，下栏正文，十行二十字，小字双行同。上栏为批点栏，小字二十行，行七字。魏郡穆文熙敬甫编辑，赵国璧伯完阅正，长洲知县刘怀恕校梓。全书十二卷，各公私书目少有著录，惜缺五、六两卷。

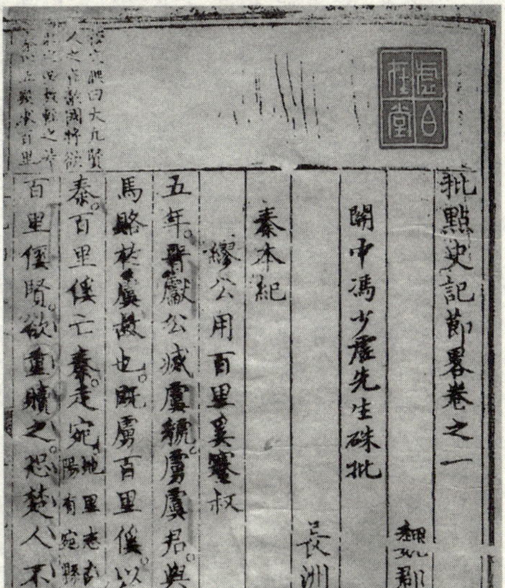
批點史記節畧卷之一
魏郡穆文熙敬甫編輯
關中馮少虛先生硃批
趙國璧伯完閱正
長洲知縣劉懷恕校梓
秦本紀
繆公用百里奚蹇叔
五年晉獻公滅虞虢虜虞君與其大夫百里傒以璧
馬賂於虞故也既虜百里傒以爲秦繆公夫人媵於
秦百里傒亡秦走宛楚鄙人執之繆公聞
百里傒賢欲重贖之恐楚人不與乃使人謂楚曰吾

是书序前钤“关中少虚”白文印信，为明末关中学者冯从吾先生之印。正文卷一有前人墨笔题记曰：“关中冯少虚先生硃批”。上钤“虚白在堂”白文铜印一方，下钤“右任”朱文印记，乃民国元老、关中名士于右任先生常用印。书内满纸朱墨圈点批注，书体清秀，流传有绪，书品稍欠，后人施以金镶玉法重装，使得书寿延长,可称善举。

冯从吾(1556—1627),字仲好,号少虚(一同墟),陕西长安人,万历十七年进士,官至监察御史,万历二十年(1592)被罢官回乡,万历三十七年(1609)创办关中书院,讲课授学,学员数千,名重一时。少虚先生人品刚正朴实,加之学问深厚,又曾位显官高,被世人尊为关中大儒。辞官后潜心研究宋明理学,发扬关学,又有《关学编》一书行世,更是誉满关中。几年前偶得一部《濂洛风雅》,同治间正谊书院刊本。觉得里面诗写的很雅致,也有哲理,便强背了一首周敦颐的诗想日后卖弄,“久厌尘氛乐静元,俸微独乏买山钱;徘徊真境不能去,且寄云房一榻眠”。现在研读,才知道濂、洛是众多理学流派中周敦颐的濂学,和程颢、程颐兄弟的洛学。一般人都感觉理学枯燥乏味,但理学家的诗却幽美清雅,耐人寻味。不想少虚先生也曾精心研读濂洛之学,并采各家之长,推动关学发展。也不知《濂洛风雅》一书在万历时有无刊本传世,少虚先生若读过也应该是倍加推崇的吧。

理学是宋元明清时期中国的重要哲学思潮,北宋时眉县张载先生创立了以强调厚朴、学以致用、努力实践的理学大派。因张载讲学于关中,弟子亦多关中人,故时称为关学。此学派在后世千馀年的中国思想史上也占据了很重要的席位。冥冥中天定,这种实用厚朴的学问也适合老实厚道的陕西人来学习。陕西人本分诚恳,执着无华,也秉性刚直,不善拐弯。不然冯少虚先生也不至因进谏、不懂怀柔而得罪上司被罢了官。想想也是,一方水土养一方人,自宋以后,陕西人在朝中当官者就为数不多。封建官场,进身之阶需要阿谀奉承,巴结权贵。立身之道必须见风使舵。同僚之间要会玩弄权术,拉拢人心。这官道上的每一门好像都不是陕西人的强项。难道是关学理学的正统学术思想在抵制着官场上的圆滑和灰暗,不得而知。明末有人对冯从吾作评:“出则真御史,直声震天下;退则名大儒,书怀一瓣香。”有官做不得,不得已回乡讲学,这也是时人对少虚先生的退隐做一厢情愿的安抚之词罢了。

现在西安南门里的书院门街，是经营书法字画和文房四宝的文化一条街，还有点老建筑的痕迹，游人如织，关中书院的旧址依然存在，少虚先生的雕像也矗立在书院的门口。而每日来往于书院的学生和街边的行人，还有多少人能知道关学？能懂得关学？

还是说说书内的朱文批注吧，自书拿回家中便没好好读过，总是盘算着查查各地的馆藏情况，关注一下类似书品的拍卖成绩，感觉有点俗。固然存世量和市场价格能衡量一套书的好坏珍贵，但历经关学大师冯从吾、民国时的行政院长兼书法名家于右任先生、还有那位“虚白堂”主人以及我们后人辛苦递藏的书中，总应能找出些学问中的警醒和精神上的寄托吧。春节几天，除了应酬，便是细翻这套书，读读也好，至少可以找点心得。让我列出两段来分析分析，体味体味批注里有多少关学思想，或书中内容和经验对少虚先生日后的治学方略和为人之道有多少影响。

《陈平世家》内《陈平论楚汉优劣》原文：“汉王问陈平曰，天下纷纷，何时定乎。陈平曰，项王为人，恭敬爱人，士之廉节好礼者，多归之。至于行功爵邑，重之，士亦以此不附。今大王慢而少礼，士廉节者不来，然大王能饶人以爵邑，士之顽钝嗜利无耻者亦多归汉。诚各去其两短，袭其两长，天下指麾则定矣。”

冯少虚先生朱批：“楚有范增即廉节好礼士也，汉有陈平即嗜利无耻者。然廉节者竟无成功，嗜利者反能定汉，岂然法。所谓廉者可辱，贪者可使哉。”此段批点之语实为精彩，项羽虽勇猛，老实仗义，但头脑简单，激动自傲，不容人。手下谋士范增、钟离眛等人皆为良才，均是吴中才俊，廉洁礼贤之士。当年韩信、张良、陈平等人也追随楚王，最后这样一群贤良的谋士和将领都死的死、散的散，另投明主了。汉王刘邦个人本领不高，但能容人，像陈平这样曾经吃项羽饭替刘邦干活，不择手段离间楚王君臣关系，骗人、受贿、挤兑同行等行为的人，刘邦对其是因人而用，用其所长。“岂然法”三字最妙，意同“这岂是必然的法则吗？”廉节好礼者多忠义，可以随意被君王猜疑轻辱，他们也不会对君王失礼更甚翻脸，只能尽忠殉节或一走了之。嗜利无耻者多可为人所用，分地封爵，势必效力君主，尽一切所能帮主子谋事，肯定是能成大业。

有西方学者将项羽与拿破仑并称为东西方最具悲剧色彩的盖世英雄，足见其令人扼腕，影响至深。历史教训虽任后人评说，然深中肯綮者有几？少虚先生有此一批，想必是看透了晚明政权的腐败和权术。冯从吾知识渊博，品行周正，敢于直言，读此文自比范增，不遇圣君。大明万历时内忧外患，问题丛生，神宗皇帝虽有“万历新政”之中兴举动，无非是做给首辅大臣张居正看样子的，不久便没了声息。宦官当权，皇帝萎靡，面对长期潜伏的社会危机和异族窥视伺动，大厦将倾，仅靠冯从吾一己之呼难挽狂澜。所以被罢官后，冯从吾以为，若救大明江山之危机，应大兴论书讲学之风，即便皇亲也应倾听反映学者思想和理念的呼声，从中吸取社稷危亡的道理，从而保持明王朝的兴盛。后日方有关中书院之兴起，和数千听众热衷关学的场面。

《太史公曰……》原文：“太史公曰，陈丞相平，少时本好黄帝老子之术，方其割肉俎上之时，其意固已远矣。倾侧扰攘楚魏之间，卒归高帝，常出奇计，救纷纠之难，振国家之患。及吕后时，事多故矣。然平竟自脱，定宗庙以荣名，终称贤相，岂不善始善终哉。非智谋孰能当此者乎。”

冯少虚先生在此文朱批数处：“善藏其用”，“即具宰天下手段”，“六出奇计”，“一生得力全在智谋二字，不特善于立功，并善于藏身”。陈平好学黄老之术，深知韬晦之法，不甚张扬，善藏其用；年轻时均分肉俎，已见志向之远，即具宰天下手段；谋略高广，救汉王声东击西，解荥阳瞒天过海，反间计除范增，封韩信灭项羽，智擒韩信，计退匈奴，巧释樊哙，可谓六出奇计，方定汉家；政治眼光敏锐，善于权术表演，明白功高祸大，不断谋划进退，低调为人，有道是一生智谋，善于藏身。

少虚先生官拜监察御史和工部尚书，亦算官高，直言进谏，后遭罢官。时年三十六岁，正当壮年，刚猛有馀，曲折不足，与陈平黄老之术中的韬光养晦之法、精于藏身之道出入甚大。人每每官高位显时读书所费时间偏少，无官时深思苦读，殚精竭虑，往往收益良多，颇出心得。冯老先生回归故里，静读陈平事略，想己之宦海浮沉，竟不得法，估计此刻心情难好。

明天启时，宦官专权，大肆镇压东林党人，残害知识分子。冯从吾被宦官们定为东林首领。天启四年，魏忠贤派手下到陕西，捣毁关中书院。少虚先生痛心疾首，次年悲愤而终。

千金易得，奇书难求。最喜此部书经冯少虚先生六十馀处批校，朱迹粲然，手抚古本，仿佛在和明代的关中先贤进行无声的对话。也许我只能了解他们百分之一的思想，也许看完了整部《关学编》或《濂洛风雅》也仅仅记住了几句可以出去显摆的警言和诗句，也许以后研究地方文献，或写点读书散文之类的东西。每当和朋友路过关中书院的时候，就免不了炫耀一番，我有冯从吾的批校本，在一片羡慕的眼光中，自己却心慌得很，为什么读书？为什么藏书？我还能做些什么？

宦海薄情过眼尘，西归书院众如云；而今犹看残椠在，半忆京城半在秦。作为后学对冯少虚先生的敬意也好，或为纪念他为官三年多的皇都北京，和他讲学三十多年的三秦故园也罢。一套古书经四百馀年，风雨沧桑，几易其主，暂时光临我家，真心希望能和这些家乡的先贤们再靠近一些，去读解他们的思想，聆听他们的心声。

有身着青衣方帽、一脸肃穆的冯少虚先生；有笔法雄健、美目长髯的于右任院长；还有那位不知姓名的“虚白堂”主人。在这部书面前，大家都一样平等。因为我们都爱书，有了我们的薪火相传，书籍和思想就这样一代代的走了过来。

发现《赵城金藏》的前前后后(上)

李际宁

《赵城金藏》的文物价值及其传奇经历，早已传为士林佳话。然而围绕这部大藏经发现之初，在对大藏的版本和名称的确定上、对这部大藏经散佚经卷的收集、对这部藏经的曲曲折折的经历，依然值得我们回味。可以说，重新梳理发现《赵城金藏》的历史和经过，就好比是在梳理上世纪三十年代一段佛教大藏经学术史，挺有意思。

一、发现经过与影印《碛砂藏》有关

要说清楚这个问题，首先要对清代后期到民国初年中国佛教大藏经的状况有所了解。宋代以来，佛教大藏经或官刻或私刻，历代不绝。但是到了清代中后期，能够刷印的经板，只剩下《龙藏》一副。就是这一部，得到也极其不易，先是“经板储于武英殿，由内务府保管，不轻印刷”，后因“印刷不便，奏请移藏柏林寺，由僧录司及柏林寺住持，共负保管之责”，然而“内务府及僧录司疏于监视，板片凌乱，卷帙淆误”(《北平柏林寺龙藏经板纪要》常惺)，几乎无法提供印刷。

进入二十世纪后，情况依旧。关于这一时期大藏经的现状，我们可以引用另一位僧人密林持松的说法加以证实。他在《影印宋碛砂版大藏经序》中写道：“况今海内法宝，卷轴稍完者，仅有《龙藏》，而其值昂，其工钜，非尽人可备。他若《频伽藏》，则讹舛滋多。续藏则搜辑未齐，可以供参考，而不便诵习也。"其实，《龙藏》不仅印刷费工费力，印刷昂贵，更由于涉及部门很多，请印手续繁复，地方上的寺院其实很难得到。《频伽藏》是1913年由居住上海的犹太富翁哈同夫妇出资出版的活字本大藏经，无奈校勘粗疏，讹误较多，不堪使用。"续藏"是指1923年上海商务印书馆影印出版的《日本续藏经》，亦流传未广，使用不便。寺院和学术界都缺乏大藏经，这就是当时的现实。

1930年陕西大旱，时任"华北慈善团体联合会会长"的朱庆澜将军在陕西救灾考察，他对数年前已经发现的收藏在西安开元寺、卧龙寺的大藏经做了调查，发现了极为罕见的宋元板《碛砂藏》。遂与叶恭绰等人联系，发起组织"影印宋版藏经会"，筹款影印这部大藏经。

"影印宋版藏经会"的目标是编纂一部以宋元古本为底本的具有完整体系的佛教大藏经，编辑过程中却无奈地发现，即便以开元、卧龙两寺的收藏本配补，也难以凑齐一部完整大藏，尚有不少缺卷。于是"影印宋版藏经会"决定，用其他行款相同的大藏配补。1931年3月，理事会与拍摄方达成十五条合同条款，其第二条就要求拍摄方先拍摄西安收藏《碛砂藏》，而后以北平松坡图书馆藏《思溪藏》配补缺本；理事会方派员编号。

1931年10月，"影印宋版藏经会" 召开第二次常务理事会议，增补范成法师和黄赞熙为常务理事，加强影印组织工作。会议"议属范成理事携本会公函往西安，与杨虎城主席、李范一厅长、康寄遥居士说明派工赴西安摄影之困难"，希望允许将《碛砂藏》借到上海拍照。这是范成正式参与影印大藏经的工作。稍后，范成报告了康有为收藏一部《普宁藏》，行款与《碛砂藏》相同，可供配补。"影印宋版藏经会"遂增设"编订股"，推范成、蒋维乔为本股常务理事，办理编审经目、校订文字、并"先行编订藏经样本"等事务。由此，遂有范成后来在晋、陕地区调查古本大藏经一事。

二、范成在1931年至1932年间的活动

从调查《碛砂藏》配补本到发现《赵城金藏》,有关范成这一阶段活动的时间细节,各种说法颇有抵牾之处。范成在《宋藏遗珍》的序言中叙述道:1931年,他在陕西,一面摄影制版,一面探访晋陕各名山古刹,"二十一年(1932)夏,有老头陀性空者,朝拜五台,转向终南山潜修,途经西安寓所,承告赵城县广胜寺存古本藏经四橱,闻讯殊喜,雇车买骡,跋山涉水,行抵霍山"。1954年范成在《历代刻印大藏经略史》中也记录了这次发现经过,将时间改为"二十二年(1933)春,在西安见一老头陀,从山西五台山朝拜文殊师利菩萨而来,彼向范成说:'晋省赵城县太行山广胜寺有四大橱古版藏经,卷轴式装订。'范成闻此消息,欢喜无量,立时登程前往"(转引自宿白《〈赵城金藏〉与〈弘法藏〉》)。

事实上,1931年秋冬以后至1932年春夏之间,范成受"影印宋版藏经会"的派遣,在西安组织拍摄与协调配补藏经的工作。有关范成在这一时期的活动,蒋维乔撰《影印宋碛砂藏经始末记》(以下简称《始末记》)记述颇详。这时期范成主要做了两方面工作:一方面组织有关人员在西安拍摄《碛砂藏》,一方面根据已经拍摄的藏经,编定缺残目录,并寻找合适的配补本。

配补缺卷是当时编辑《影印宋碛砂藏经》的一项重要事务,范成的寻访,只是多条配补线索中的一部分。蒋维乔的《始末记》记载,1932年10月,"本会派王诚往南通西禅寺查旧经",又记,"皮怀白居士在成都觅得宋藏三卷寄到"。但是,分散的零卷,不足以解决数百卷的配补之需。"影印宋版藏经会"的编纂者,首先考虑的还是以北京松坡图书馆收藏的杨守敬从日本购回的行款相同、字体相似的《思溪藏》配补。其次,是范成等人提供的"康南海宅所藏《普宁》经本,格式大小与西安《碛砂》本同,纸色明暗,间有差别","康南海宅中元《普宁》版藏经,查有二百零七册,可补《碛砂》之缺"。由

此可知，配补工作在当时是一件很不容易的事，藏经会非常重视。关于配补《碛砂藏》，非是本文所要，且按下不说，只说范成的活动。

范成从1931年到1932年之间，利用在陕西西安工作之利，不断访问、调查配补大藏经的事，并逐渐扩大调查的范围，这才有后来所说的“向晋陕地区更大范围寻觅经典”(见《始末记》)。1932年9、10月间，闻鄠县魏家村凤舞寺有古经，范成等人遂“著破衣”，化装通过。当时西安郊外闹土匪，不如此行事，说不定有什么样的后果呢! 调查的结果，该寺所藏原是一部《永乐北藏》，行款不同，不太理想。11月，范成等人又向解州贾家村净林寺、华州小柿原观音寺、博爱县太行山月山寺、濬县大伾山天宁寺访经，均无所获。

笔者经过梳理有关史料，知道了1931年到1932年间影印宋版藏经会委托范成在西安工作的详细情况，特别了解到1932年9、10月间，范成还“著破衣”在鄠县一带调查，应该没有可能再把活动范围扩大到往晋南。范成到晋南的时间，当在1933年夏。“卡”在这个时间段，就与范成后来一系列活动的时间相吻合了。

三、范成首先发现《金藏》

1933年夏，范成到达赵城广胜寺。广胜寺分上寺与下寺两处。范成初到广胜寺，震惊其宏伟庄严，遂述其规模，“松柏参天，殿宇雄伟，佛像庄严。五彩壁画，艺术惊人，惜为不肖者刮卖，仅存壁尖残馀”。上寺“距其寺(下寺)四里山腰，遥见林木中高耸释迦牟尼佛舍利塔，装以绿色琉璃瓦，八角十三级层角造有天龙八部护法神像，飞舞活泼，行色各异，端悬钟铎，每风至，声闻数里，循声登石级而达上寺”。见寺里有元太祖像，范成又“遍读各碑，始知下寺建自元代至正年间”。

上寺住持明彻和尚介绍了广胜寺的历史，并向范成介绍了古本大藏经的收藏情况。原来，老头陀所说的古本大藏经，初藏下寺，后因下寺“无人看管，乡邻任意窃取，为城区护法家张奇玉所知，于民国十七年嘱明彻移置至上寺保存”。

范成到广胜寺后，主要做了三件事，其一，调查整理古经；其二，向周围村庄访求零散经卷；其三，协助徐森玉选编《宋藏遗珍》及有关事务。

范成在广胜寺调查整理古经用了多长时间，目前的资料颇不统一。据蒋维乔《始末记》记载，当时经卷“尘秽封积，范成为整理三十馀日，始有头绪”。而据范成自己的说法，“余逐一检查，越两月之久。时方炎暑，寺邻纷至纳凉，亲见我辈之劳瘁”。同文又说：“计在寺检查五阅月，方底于成。”大致说来，可能是因为不同阶段的工作，而有不同叙述，费时不同吧！

关于这部藏经的版本，范成只来得及做初步调查，未及详细研究。蒋唯心在《〈金藏〉雕印始末考》中叙述说：“前夏如皋范成上人访经到寺，又为搜索残卷，分别部居，粗得其所。”蒋唯心所谓“粗得其所”之意，我理解是“初步整理出一个头绪”，就版本而言，显然范成还没有弄明白。范成发现，这些经卷的前端大多附有释迦佛说法扉画一幅，并题有“赵城县广胜寺”字样，他在《宋藏遗珍》序言里写道：“详察纸色图样，显系后人于装潢时附加。”而“考其所刻字迹，凡印度撰述经律论等版本，多数相同，乃金大安时晋南之地太平兴国禅院等处人民施资所雕。其支那撰述一部分，则版式繁杂，多由官方收集各地经版而成。”

事实上，在晋南发现的这部古本大藏经的版本异常复杂，从三十年代至今，几十年过去，还有很多情况没有研究清楚，今人又如何能苛责当时的学者。1935年《宋藏遗珍》影印出版，由朱庆澜、蒋维乔、欧阳渐、袁同礼、叶公绰、徐乃昌、许文霨、周叔迦等学者共同在《海潮音》第十六卷第一号（1935年）刊登“发行宋藏遗珍缘起”，在介绍这部大藏经版本的时候，也时时被它的复杂性所困惑：“夫此藏名式之矜贵，实未见于前次之公私著录。今就各卷所附见者推论，如‘画’字卷有大金正隆二年跋文，‘本’字卷有天下兵马大元帅吴越国主钱俶开此论施题耑，‘疑’字卷有河中府猗氏县刁主题名，

‘家’字卷有太原府文水县刁主题名,‘碑’字卷有汾州录事司题名,‘尹’字卷有南宫县宋镇抚伦仓副、冠氏县安僧录、馆陶县、堂邑县、朝县、杨谷县、博州水城水寨等刁主题名。按《宋史》钱俶本名宏俶,以犯宣祖讳称俶。据此卷所题,是在太平兴国后开雕,其先于正隆近二百年。而‘本’字卷次,则在‘画’卷二百馀字之下,顾何以前雕者降阶列后,后雕者反躐等居前,岂当日豫布千文经目,钱俶仅认雕‘本’字卷之《摩诃止观》,依经次而然耶?《摩诃止观》,为天台智者大师所造,钱俶以浙人施雕浙著,颇近世情,不然,即故有钱俶旧物,而此藏收入,袭其卷耑之题文欤?至刊地可于雕主徵之,今雕主多为晋人,此藏必刊成于晋地,集缘近便,其势宜然。然若定为钱俶始刊,似又应隶于吴越,与晋地之说相杵,此则有可以解譬者。钱俶之名,今此藏仅一见耳,其论施不夥,未必雕版定在浙地,或初在浙地开雕,嗣后辇之返晋,如紫柏大师之五台方册藏版终归径山之故事,此说宁不可据?总之,此藏之为山西民间所完成,殆无疑义。其版龄距今多则九百五六十年,至少亦七百八十年以上也。北派刻风,字体朴劲,行款疏密相间,绰有古趣。衹以地处僻左,时际乱离,十方闻见既希,全藏流行遂蹇,而其摄收之弘博,甄选之精严,虽当残缺之馀,犹令人惊叹不已。”

以上笔者不厌其烦地引述这段长文,是想说明,以当时有限的条件和时间,希望在短时期内调查清楚这部广胜寺的古本大藏经是多么不容易。事实上,这些学者也的确没有弄清楚这部藏经的情况,没有办法给予一个准确的名称,连“常规”版式也难以确定,他们最后“定性”的结论,也只是说“此藏之为山西民间所完成”。

当年的秋冬季,范成为了寻求《碛砂藏》的配补本,在晋南一带展开了广泛的走访。也是应了一句老话:功夫不负有心人。范成在晋东南的青莲寺又有重大发现,先“访得《普宁藏》可补缺者,计一百三十一卷”,更发现了一批《开宝藏》。

1934年4月,范成在致太虚法师的信中,介绍了他的活动情况,他写道:“去夏抱定决心,向山西各古道场寻访,历四十馀县,十月之久,最后结果在两处发现若干无上法宝,请为我公述之:一、赵城县霍山广胜寺有五代时天下大元帅吴越王钱俶施资所刻藏经,装为手卷式,五千一百馀卷中,有三百馀卷,是海内孤本,逐一检出,广备流通。先印成《因明论理门十四过类疏》一卷,奉陈法座持诵。二、在晋城县大亘山青莲寺,见古代贝叶三片,叶面字迹纯系古体正楷梵文,与现代社会上所传叶式及文体完全不同。且护经之绣盖,确是隋唐间中国白绉以五色丝绒刺绣藤本花木,尤可考求隋唐间人之艺术之风格与趣向。又有隋唐各古德写经三十馀卷,经之首尾多数皆有书写人名与年月题跋。北宋开宝四年,开封官刻藏经宁熙二年印装手卷式三十四卷,每卷尾皆有年月记载。《开宝藏》,仅日本现存数卷,闻系蜀刻,彼奉为秘籍。弟此次所发见五代晋刻藏,开宝豫刻藏,与隋唐时古梵文贝叶经等,似尚为我国讲一切版本学者从未道及也。至《碛砂》缺佚者,并得一《普宁藏》百三十一卷,皆系元初所刻印,与《碛砂》式字体一脉相承,已圆满补足六千三百十卷之大观,将来流通于世,与东方文化前途,宁止小补?"范成在青莲寺的发现,也成为当代佛教大藏经历史上一段重要史料。

从文物角度讲,范成可称之为山西赵城县广胜寺大藏经的发现者。但是,当时范成对这部大藏经的结构、规模、主持刊雕者、助缘人、刊刻年代、地区等等,都没有弄清楚。从学术史讲,真正的功劳,还应该属于蒋唯心。

《赵凤昌藏札》入藏国图始末

李小文

一、《赵凤昌藏札》的得名与基本情况

《赵凤昌藏札》是原赵凤昌、赵叔雍父子收藏、整理、装帧的书札集册，经折装，上下木夹板，共计一百零九册，现藏于国家图书馆(原北京图书馆)名家手稿文库。这批藏札入藏图书馆后，加做了蓝色函套，分装三十六函保存。内中主要收藏各家致赵氏父子的书札，以及赵凤昌做张之洞文案时收藏的各家致张之洞书信及晚清至民国初年的电报稿、奏折稿等，计二千七百二十九通(件)。

赵凤昌(1856—1938)字竹君，号松雪道人，又号惜阴、惜阴主人，室名惜阴堂。江苏武进人(今常州)，1856年出生在一个没落的望族家庭。他早年在常州一家钱庄当学徒，因聪明能干，钱庄经理觉得他是个人才，将来会成大器，为他捐了一个小官步入仕途。后被两广总督张之洞赏识，延为侍从。赵凤昌机灵能干，张之洞对他爱抚有加，遇事必与他商量，大小事务习惯由他负责办理，被人称为"一品夫人"。后遭人忌，被弹劾"揽权"，朝廷勒令永不叙用。张之洞为安抚他，为他在武昌电报局谋得一个挂名领薪闲职，派驻上海。从此，擅长社会活动的赵凤昌更是如鱼得水，遍交江浙沪等地社会名流。

赵凤昌是近代历史研究中一位不可忽视的特殊人物，尤其是辛亥革命前后这段历史，许多重要事件都会提到他，但现在专门研

究他的人还寥寥无几。

赵叔雍(1897—1956)字尊岳,又名赵志学、赵乃谦,室名珍重阁、高梧轩。赵凤昌之子,江苏武进人。词人。况夔笙弟子,词才为朱彊村推重。历任《申报》馆经理秘书、复兴银行董事、新亚药厂董事长。抗战时历任汪伪国民党中政会延聘委员、铁道部政务次长、宣传部部长、上海特别市政府秘书长等职。抗战胜利后被捕。获释后出走新加坡,以教书、编辑为生而终。

赵凤昌藏札原件一百零九册封面和首页均无题名, 内里既无题跋亦无印章, 较长时间以来, 国家图书馆对这批书札既没有编目,也没有冠名,仅笼统地称为"近代史料信札"。但这批信札因其独特的史料价值,很早就引起了学术界的关注。1960年下半年,上海历史研究所为纪念辛亥革命五十周年,开始编辑《辛亥革命在上海史料选辑》。该书的重要内容之一就是首次公布了《赵凤昌藏札》。当时,编者请中华书局张静庐先生帮助,将其中第一百零七至一百零九册以及其他有关函电抄录寄历史所。从这些藏札中,可以看出袁世凯和立宪派对革命派斗争的秘密活动, 也可以看出他们在南北议和时幕后策划的情况。《辛亥革命在上海史料选辑》迟至1966年才由上海人民出版社出版。在出版之前,参与该书编选的徐仑先生于1961年撰写发表了《张謇在辛亥革命中的政治活动》,文中多处引用赵凤昌藏札,在脚注中称这批资料曰"北京图书馆藏:《辛亥史料》第一〇七——〇九册(据张静庐抄本)"[①]。此文的发表,引起了武汉大学章开沅教授对赵凤昌藏札的注意,1963年,他到北京图书馆善本阅览室阅了《赵凤昌藏札》,并记载当时的情形:"北京图书馆善本阅览室对我非常热情, 让我从容而又比较细致地检阅了赵凤昌藏札经过裱糊成册的原件,真是琳琅满目,美不胜收。不过馆藏名称为《近代史料信札》,其中一〇七、一〇八、一〇九三册与辛亥前后史事关系最为密切。"[②]可见,在六十年代初期,虽然已经有学者关注到这批书札,但当时还没有一个贴切的题名。

"赵凤昌藏札"这一名称的使用,见于《辛亥革命在上海史料选辑》,该书在“编者按”中提到:“赵凤昌,江苏武进人,曾当湖广总督张之洞的幕客。住上海南阳路十号惜阴堂。……留有《赵凤昌藏札》,共一〇九册,现存北京图书馆。”[3]在这里正式提到“赵凤昌藏札”之名,从此,“赵凤昌藏札”作为这一百零九册书札的题名也不胫而走,国家图书馆遂沿用此名至今。

《赵凤昌藏札》原来虽然没有题名,在每一册的木夹板上却均有用红铅笔写的序号,这些序号看不出排序的规律,既不按年代,也不按笔画,既没有按写信人排序,也没有按收信人集中。张守常先生在《近代史料过眼录》中记“这批资料上下包括六七十年,约1860—1925年(有胡林翼手札,胡死于1861年);有程砚秋谈为上海‘五卅’运动工人义演函,时在1925年,涉及的方面又多,但装裱时未就编排次序细加考核,翻检颇为不便”。[4]其实,藏札在装帧时还是经过整理和编排的,奏章、电报、书札都是分类装帧的,如第六九册、九四册全部为奏折,第五七册、八六册、一〇一册等全部为电报;书札按写信人集中,够一定数量的就集中装裱成一册,如第十二册、三一册、九三册都是孟森致赵凤昌的信,第二二册、八九册、一〇〇册全部是张謇致赵凤昌的书札;第四二册、五二册都是邵瑞彭致赵叔雍的信札及诗词,第四九和八三册是彭玉麟致张之洞的信札,第三八册全部是李文田书札。而册中收有多人书札时也尽量按人集中、按时间编排,同时也考虑到按收信人集中。可以看出赵氏父子对这些书札的精心整理和珍爱,以及赵凤昌作为张之洞总文案的职业素养。看上去这批书札很像是惜阴堂主人为自己收藏把玩而装裱,并没有想给外人看,更不会想到他人查找是否方便,故而没有像一般收藏家一样,请名人题签写跋,加盖印章,编排序号。木夹板上的红铅笔序号不像惜阴堂赵氏所为,也不像图书馆人所为,推测许是离开赵家到北图之前的某个环节,为清点方便匆忙写上去的,基本没有考虑内容、分类以及查找方面的因素,而后人也只好沿用这个极没头绪的序号了。

二、《赵凤昌藏札》的来源

《赵凤昌藏札》这样一批量大且集中的私人信件是怎么入藏到国家图书馆来的?何时来的呢?因开始未找到知情的前辈和相关的记载,这个问题一直困扰着我们。后来蒙钱听涛先生告知,民国时著名爱国民主人士杨杏佛的公子杨小佛先生是赵凤昌的外孙,他可能会了解一些情况。经联系,杨先生通过书信向我们回忆了当时的情形,后来,他又撰《惜阴堂赵凤昌藏札的来龙去脉》[5],为我们了解赵凤昌藏札入藏国家图书馆的经过提供了重要信息。杨先生在该文中说:

"外祖父(赵凤昌)深恨清廷和慈禧,喜欢接近维新人士,旋且同情革命党。他虽退出官场,但仍与政界人士和江浙名流交往。1911年12月25日正当南北和议在上海举行之时,孙中山从海外回到上海,第二天就到惜阴堂去看外祖父,虽然他们以前从无交往。此后又多次去那里商量统一建国诸事。1912年1月孙中山任中华民国临时大总统后,南北双方以惜阴堂为幕后议事地点。当时争执讨论的记录和往来信件均由外祖父裱成简牍,分门别类保存在书橱里。1937年"八一三"前夕,我只身从华界市光路92号家中逃出,避难于惜阴堂约一年。尝见外祖父取出书橱中的信札翻阅欣赏,回忆过去的活动。1945年日本投降,舅舅赵尊岳因附逆被捕,惜阴堂房屋被查封。但允许家属取出衣物、书籍等。舅母王季淑乃租下愚园路岐山邨一屋,存放取出的书籍、信札等。不知不觉过了十几年,可能由于不胜房租负担或其他考虑,舅母决定处理掉这些书籍:大部分捐给上海图书馆,小部分交外祖父元配洪夫人之女赵汝欢保存。因此她雇三轮车分批将书籍从岐山邨运到安亭路71号三楼她住的公寓里加以处理。有一次装运书籍的三轮车行近安亭路时,被民警喝停检查并命三轮车驶往天平路派出所听候处理。舅母未敢深究就回家了。事后舅母一直挂念着这车书籍的最后归宿，担心会不会被当废纸处理。有一次她将处理书籍的经过告诉了我，并要我设法去打听一下。那时我在上海徐汇区政协翻译组工作，便将此事经过向区政协干部吴秋萍同志反映，并请她向天平路派出所了解一下这批书籍、信札的下落。几天后吴同志告诉我，派出所将这批东西交给上海市文物管理委员会了。我将此事告诉了舅母，她感到放心和欣慰，她相信文管会一定会妥善处理的。现在惜阴堂赵凤昌藏札被珍藏在北京国家图书馆善本特藏部。2002年12月该馆唱春莲同志来信说该馆珍藏的《赵凤昌藏札》共计三十六函一百零九册，但不知这批手稿在何时、经何人、以何种方式入藏该馆的。我除简复当年经过情况外，撰此短文以存历史真相。”

赵凤昌藏札被派出所交给上海市文物管理委员会之后，是否就直接由此转归国家图书馆了呢？这一谜团也有幸因知情人的回忆而得以解开。上海社会科学院历史所研究员汤志钧先生在《历史研究与史料整理——文革前出版的四种史料汇编》[⑥]一文谈到赵凤昌藏札的发表时，有这样一段话：“《赵凤昌藏札》，共一〇九册，现藏北京图书馆，实为研究辛亥革命、南北议和的重要资料。这宗资料，原藏上海图书馆，后奉调北京，我是从顾廷龙馆长处知道的，当时只知调往北京，不知藏所，经商请中华书局张静庐先生，经他热心支持，将其中第一〇七至一〇九册以及其他有关函电抄录寄所。”从中我们首次得知这批书札曾藏于上海图书馆，入藏的具体时间不清楚，估计应是上海市文物管理委员会接收了这批藏札后，很快就转交给上海图书馆。五六十年代许多私家藏书入藏公共图书馆，大都是通过当地的文管会。

既然赵凤昌藏札归上海图书馆收藏，何以最终出现在国家图书馆?这又是一个谜团。2007年12月28日，笔者在查阅国家图书馆手稿的入藏档案时，意外发现目录中有“文化部拨交近代史料书札”一条，心中一动，猜想会不会是与赵凤昌藏札有关的档案呢?请

求取出一看,果然是这批文献入藏我馆的原始记录,内容恰巧与杨小佛先生的回忆接上了,让我欣喜不已。今抄录相关记载如下:

(一)1955年5月21日,当时负责名家手稿采编管理的北京图书馆善本部舆图组报告:“我们在上海文化局寄来近代史资料中查出许多名人书札,为了充实我馆的手稿特藏,请求领导上设法将下列诸人手迹拨给(舆图组手稿部分)负责保藏,供读者参考之用。现提出我们所需要的名单以及分析办法,请考虑。辛亥前后革命人物:孙中山、杨锐、黄兴、陈其美;学者及作家等:刘鹗、沈增植、张佩伦、廖平、杨守敬、李瑞清、缪荃孙、王韬、张元济、孟森、严复;外交家:许景澄、伍廷芳;满清官僚(反动的,但有其代表性,拟另行收藏):张之洞、胡林翼、彭玉麟、端方;诗人:陈三立、樊增祥。共计二十三人,杂见于二十二本册页中。”该文件后有“丁馆长已同意,可先报社管局”的批示。

(二)1955年5月27日北京图书馆向社会文化事业管理局交报告(55)善字第四七六号:“拟将上海文化局寄来近代史资料中的名人书札拆下归善本手稿特藏。可否,请示。”

(三)1955年6月29日,文化部办公厅发文“决定将调借给北京图书馆展览用的近代史料,拨归北京图书馆入藏”。主送机关:上海市文化局;抄送机关:北京图书馆。该文件说:“二月二十二日,沪化密(55)字第七九号报告。关于近代史料的信札一批,前已由我部调借给北京图书馆展览。现因中央有关机关常常用这批资料,故我部决定拨归北京图书馆入藏。今后各地如有需要,可用照相、抄写等办法解决。此复。”文件后有中文采编组记录:“该材料经清点后共计壹佰零玖册, 已登记送新善本入藏。”

通过杨先生的回忆和国家图书馆藏档案资料, 我们可以较为清楚勾勒出赵凤昌藏札在相关单位迁转的过程: 这批书札被派出所没收后的确被送往上海市文物管理委员会, 文管会将这批文献转交给上海图书馆。后来因北京图书馆举办展览的需要,由文化部通过上海文化局，将其调借至北京图书馆展览。在此期间，北京图书馆的专家们发现了这批文献的价值，于是打报告给文化部社会文化事业管理局请求留下其中最有价值的二十二册永久保藏。经文化部决定，将整批文献全部拨归北京图书馆入藏，至此赵凤昌藏札正式入藏北京（国家）图书馆善本部名家手稿文库。在往来公函中，这批藏札一直被称作“近代史资料信札”，后来入藏北京图书馆，一度仍沿用该名。

三、《赵凤昌藏札》的价值

赵凤昌藏札最有价值的是有关辛亥革命前后政局的史料，这也是赵凤昌藏札中最早被关注、整理和利用的部分。1960年上海历史研究所编辑《辛亥革命在上海史料选辑》时，首次整理公布了赵凤昌藏札中的涉及辛亥革命的部分。近期出版由章开沅等主编《辛亥革命史资料新编》也收录了部分辛亥函札。

1963年章开沅先生被全国政协文史资料委员会借调赴京，除协助北洋史料征集工作外，大部分时间用于张謇研究。他经常到北京图书馆善本阅览室检阅赵凤昌藏札，应该是第一个对赵氏藏札原件进行了较为全面翻阅、抄录的学者。因为章先生系统全面地看了赵氏藏札原件，对这批资料的珍贵价值便有了更深的认识：“赵凤昌因为是幕僚出身，对来往函电非常注意保存。由于他的特殊身份，这一〇九册函电原件，便成为研究晚清和民国初年政治史极为重要的史料结集。现今人们大多只注意其中之一〇七、一〇八、一〇九三册，即所谓《辛亥要件》。……但赵凤昌全部藏札所涉及的史事尚涉及辛亥以前，如中法战争、洋务运动、庚子事变、立宪运动等，且相关函电数量极多，至今尚未见人利用。”

学术界虽然对赵凤昌藏札的史料价值予以了高度重视及评价，但因这批资料尚未全部出版公布，大家对其价值的认识和揭示仍仅是冰山一角。孔祥吉先生称赵凤昌藏札为“美不胜收的晚清史料”。赞赵氏“所藏之信札，真可谓是尺牍之精华，史料之瑰宝，谓其价值连城亦不为过”⑦。

首先，这批藏札所涉及范围广泛、内容丰富。当年北京图书馆档案资料《检查函札工作报告》曾对这批资料的内容作了一个粗略的分类，大致如下：一、各项历史资料：中法战争、中日战争、义和拳、辛亥革命、讨袁、讨复辟、加入协约、政局酝酿及演变、统一党、变法自强、外蒙独立、外交（中俄、中英、中法、中日）、边防、建设（修路、造船、炼铁）、财政、农民运动、兵匪扰乱、张勋兵扰民、直奉战争。二、刻书印书的资料：刻君宪纪实、刊刻张文襄遗奏稿、刻梦窗词、刻粟香丛书、刻常州续词录、刻何诗孙诗稿及晏词、印黄克强词、广州开书局刊书、刻书译小说及译史、印冯焕章日记、刻沈丈起左氏补注沈西庄孔注辨伪、印国朝词综补五十八卷、观古阁丛刊北江先生集经世文编、印佛书。三、编著书的资料：蓼园词选、丛书书目汇编、丁氏诂林、吴湖帆八声甘州等词、輶轩书、绘渤海图、刘子庚名家词集、果报录、张文襄遗稿、廖平拟左传经律长编、劝学编、邵瑞彭诗词书札、洪宪历书、叶恭绰书札诗词、张佩纶管子大义及庄子微言、朱一新春秋述义规过考信、樊增祥之书札及诗、赵椿年搜集金石文字拟汇为一编、赵叔雍词综集。四、文化教育机关的资料：广东广雅书院、东方图书馆、康有为办时务报、刘岳云办商务报、在上海筹设图书馆、同文馆改为译学馆、制造局设翻译馆、热河故宫古物、胡元倓函拟办大学。

根据当年有关专家对赵凤昌藏札所含史料的分类，可以知道这批藏札几乎涉及晚清至民国时期政治、经济、军事、文化、教育等方方面面的事件，是不可多得的第一手资料。史学家们对政治事件的史料挖掘较深，研究成果较多，而我们关注到，文化教育方面的史料亦非常丰富。

其次，赵氏藏札涉及众多在晚清史、民国史上具有重要影响的人物，是研究近代人物和人物关系的第一手资料。如研究张謇，赵凤昌藏札就是不可不看的资料，其中所收张謇书札、电函多达一百四十馀通。难怪这批当初还未命名的资料是由研究张謇的学者首先发现利用的。藏札中还可看到,赵氏与张之洞、张謇、陈宝箴、黄体芳、谭钟麟等多人保持着父子或祖孙几代人的交往。

1955年,北图善本部舆图组提交的报告是以二十三个著名人物书札的重要价值请示留在善本库保藏的,而事实上,赵凤昌藏札中所收重要人物的书札墨宝远不止这二十三人。赵凤昌在晚清时为张之洞的总文案,对来往函电保存十分用心;退出政治中心后他的社会交往更为广泛,除政治人物外,他还广交社会贤达文人墨客及各界朋友,作为惜阴居士他与佛教界也有书信往来,他对私人信件亦精心收藏。赵凤昌的儿子赵尊岳早年随词学大家况周颐、朱祖谋等学习填词,与民国间许多词学家和教授学者都有书信往来和诗词唱和,同时他还酷爱戏曲,和梨园行熟稔,与梅兰芳、程砚秋及为其写剧本的金兆棪、罗惇曧等有较深的交情,同时父子二人还与不少的书画家、出版家、藏书家、慈善家有密切交往。

除以上二十三人外,赵凤昌藏札内所收晚清及民国间政界、实业界人物的书札还有:汪精卫、熊希龄、冯国璋、汤化龙、汤寿潜、唐绍仪、盛宣怀、黄郛、沈恩孚、张謇、伍廷芳、宋教仁、萨镇冰、黄体芳、袁昶、梁敦彦、倪文蔚,龚易图、张之万、岑春煊、陈宝琛、陈宝箴、蒋方震;著名书画家的书札还有:吴昌硕、王仁东、叶衍兰、庄蕴宽、王秉恩、谭泽闿、吴湖帆、陶濬宣、郑孝胥、陈乔森;文化教育界名人书札有:王懿荣、黄遵宪、章太炎、章士钊、黄炎培、叶恭绰、况周颐、朱祖谋、龙榆生、夏承焘、陈衍、仇埰、程颂万、邵瑞彭、郑文焯、屠寄、辜鸿铭、许宝蘅、罗振玉、张君劢、赵元任、朱一新、梁鼎芬、胡元倓;民国时期藏书家书札有:邓邦述、潘承厚、徐乃昌、董康、叶景葵、姚慰祖、吴引孙、方功惠;民国时期梨园名家书札有:王瑶卿、王凤卿、朱素云、程砚秋、金兆棪、罗惇曧;与赵尊岳有来往的汉奸文人书札:梁鸿志、王揖唐、王克敏、汤尔和;佛教界人物书札有:印光法师、林大任、陈裕时(陈圆白)、丁福保……。从这一串长长的名单我们不难看出赵凤昌藏札内珍藏着多少尘封的珍贵资料。

赵凤昌藏札不仅所涉人物众多、数量巨大，而且装帧大方，保存完好。晚清和民国时期的各色花笺素笺纸，配同时期著名人物和书画家的行、楷、草、隶各种墨迹，的确是“琳琅满目，美不胜收”，既是“年代久远，存世稀少”的珍贵文献史料，又绝对是具有艺术欣赏价值的精美文物。

注：

①徐仑《张謇在辛亥革命中的政治活动》，原载1961年12月26日《文汇报》，后收入湖北省哲学社会科学学会联合会编《辛亥革命五十周年纪念论文集》，第408—425页，中华书局，1962年。

②章开沅《实斋笔记》，上海东方出版中心，1998年。

③上海社会科学院历史研究所编《辛亥革命在上海史料选辑》第1046页，上海人民出版社，1966年。

④张守常《近代史料过眼录》，《烟台师范学院学报》1988年第3期。

⑤杨小佛《惜阴堂赵凤昌藏札的来龙去脉》，《档案春秋》2006年第5期。

⑥汤志钧《历史研究与史料整理——文革前出版的四种史料汇编》，《历史教学》2006年第7期。

⑦孔祥吉《评一代奇人赵凤昌及其藏札》，《学术研究》2007年第7期。

关于《方湖日记》

徐有富

“文化大革命”改变了我们班所有人的命运，为了逃避无聊的派别斗争，有位同学竟躲到陶渊明当过八十几天县令的彭泽县，在一家小工厂里当起了临时工，还幸运地结识了一位全国农业劳动模范的女儿，并谈起了恋爱，后来就在彭泽县安家落户，过起了世外桃源生活。为了纪念我们班毕业四十周年，南京大学中文系六七届同学去年特地将聚会的地点选在彭泽县。彭泽县还是南大中文系汪辟疆教授的家乡，他1887年11月3日出生于彭泽县黄花坂老湾汪村。闲谈中我才知道彭泽县还有个方湖，据说该湖呈长方形。查《彭泽县志》，方湖在县南十五里，周长五十馀里，也算得上鱼米之乡了。方湖渔唱为彭泽八景之一，有人还专门写过一篇《方湖渔唱赋》。我这才想到汪先生号方湖，并将自己的日记取名为《方湖日记》，是为了表达对故乡的怀念。

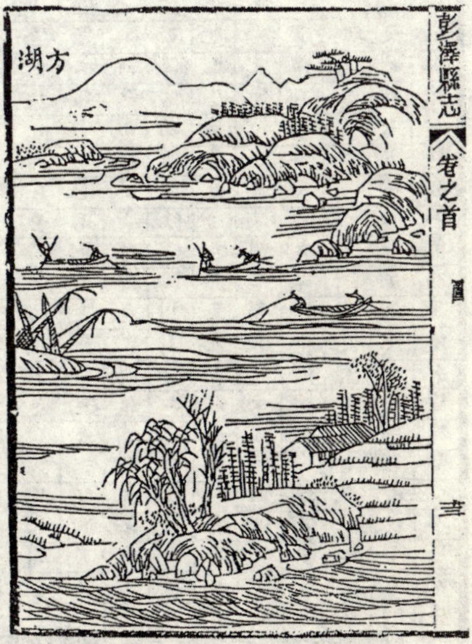

说到《方湖日记》，我还与它有过一段缘分。上世纪八十年代初，程千帆先生整理《汪辟疆文集》，命我做一些具体工作，任务之一就是将残存的《方湖日记》中论学部分辑出，加以标点，并为每段文字取个小标题。程先生先让

我做几篇给他看看，然后就由我独立为之了。程先生在《汪辟疆文集》的《后记》中提到过《方湖日记》的不幸命运："汪先生的日记起于清代末年，一直到一九五四年后半身中风为止，每日小字正楷记录当天所治之事以及读书所得，从来没有间断过，原稿当在百册以上。文化大革命中被掠，不知下落，想已被毁。现存的仅有三册：一册是南京师范大学武酉山教授在夫子庙的地摊上用一角钱买回的；另外两册则是掠夺者在匆忙中遗落在地上的；此外还有零页若干纸。"顺便插一句，汪先生于1954年暮春，因高血压而中风，右手偏瘫，不能执笔，后坚持练习用左手写字记日记，并获得了成功。

关于武酉山所购的那册《方湖日记》，他在跋中专门作了介绍："此册日记，无作者姓名，亦无图章，一九六六年十月二十四日以一角钱之代价购于莫愁路文雅书店。文雅主人俞弼臣君告我：此册日记系以废纸之价购于挑高箩者。此册笔迹颇类《唐人小说》编者汪辟疆先生，又以日记多记与黄季刚师交往、诗酒酬倡之乐。再者，汪先生别号方湖，此日记鱼尾印有'方湖日记'数字，故审之为汪辟疆先生所记。"所幸此册日记遇到了武酉山，而武酉山恰好是黄侃的学生，对汪辟疆又很熟悉，所以能使其重见天日，也算是不幸中之大幸了。

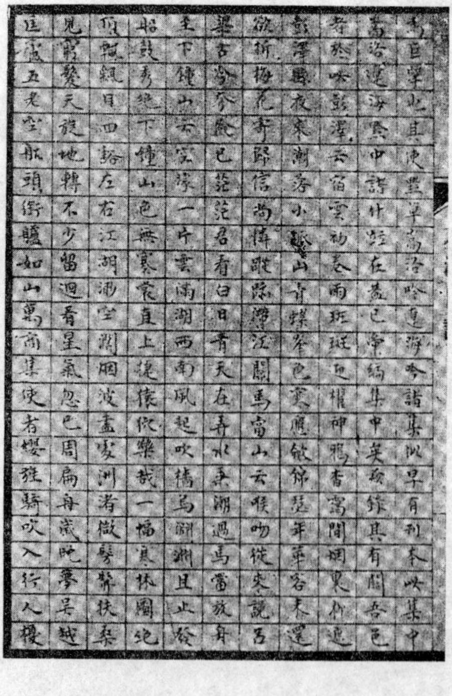

汪先生在目录学、唐人小说以及诗学方面成就卓著，其实他最让学生佩服的是对学生的问题有问必答，应对如流，而能做到这一点显然得益于写日记。汪先生在《光宣以来诗坛旁记·清末五小说家》一文中谈到过这一点："余年十四，随侍梁园。时五经甫毕，

先府君日督课读《资治通鉴》、《三国志》、《文献通考》、《文选》诸书。日有定程，夜则疏记一日看读所得于日记册。日必三四百字，文事日进，即始于此。”汪辟疆父亲汪际虞为优贡生，光绪二十三年(1897)拔贡，经戊戌朝考，分发河南，历任泌阳、商城知县。汪辟疆与其胞弟汪国镇随侍任所，在父亲指导下读书学习。认真读书并深入思考，再将思考所得写成日记，自然会印象深刻，能做到有问必答了。

日记对于汪先生也有储存写作资料的作用，汪先生主编过《中国文学》、《中国学报》、《学灯》等不少刊物与报纸栏目，如果报刊急需稿件，汪先生往往依据日记很快完稿应急。如发表在中央大学中文系 1944 年编印的《中国文学》月刊第 2 期上的《与马生駸程谈李云章父子学术》就是从 1944 年 3 月 19 日《方湖日记》录出的。

汪先生的学生中也有坚持写日记的，说是写日记，实际上是采用写日记的方式记读书笔记。如西北大学的名教授霍松林《怀念辟疆师》一文中就说过：“那时候，我每天晚上写日记。听课笔记中的重要内容，经过整理，写进日记。登门求教时的所闻所见，也写进日记。遗憾的是这些日记也未能逃出浩劫。”显然，霍松林当时每晚记日记受到了汪先生的影响。“文化大革命”能毁灭汪先生、霍先生的日记，然而毁灭不掉他们的学问。《方湖日记》虽然所剩无几，如果我们仔细研读，还会深受教益。如汪先生在 1940 年 10 月 29 日的日记中记录了与唐圭璋谈学词的三个步骤，就很有启发意义。

汪先生写了五、六十年的日记只剩下三本，而这三册日记只有一部分被辑成《方湖日记幸存录》，其实汪先生长期在中央大学与南京大学任教，接触的多是一些著名学者，不少学生后来也成了著名学者，所记内容自然具有很高的史料价值。如他在 1940 年 10 月 24 日的日记中写道：“郭德浩，黑龙江人，北平辅仁大学毕业，治文学。能以语体作长诗，爽朗可诵，或以朗诵诗人称之，美才也，别署高兰。”从中可见抗日战争时期，朗诵诗运动的盛况，也可见汪先生对新诗所采取的兼容并包、充分肯定的态度。汪先生早已仙去，武酉山亦归道山。两位先生的后人一定还珍藏着这三本日记吧。

鲁迅署名核谈

倪墨炎

在1912年11月1日绍兴《天觉报》创刊号上，刊有一幅中国画《如松之盛》，画尾上署“预才祝”。有人从“预才祝”三字，认为它是鲁迅画的作品；我也从“预才祝”三字，断定它不可能出自鲁迅之手。

鲁迅降生不久，祖父给他取“名”为“樟寿”、“字”为“豫山”。因“豫山”绍兴口音相似“雨伞”，祖父改为“豫才”。豫是一种参天大树，和樟同科同属同种，豫樟联用，常喻为“栋梁之材”。这是祖父为长子长孙取“名”和“字”的寓意所在。在这里，豫、预是不可以通用的；只有在作为“事先、准备”义时，豫、预才可以通用。因而在鲁迅的日记、书信、作品中，常将预备、预先、预约写成豫备、豫先、豫约，而决不会将他的“字”写成“预才”。

为了使我的看法万无一失，我翻阅了《鲁迅全集》、《鲁迅译文集》、《鲁迅诗稿》、《鲁迅辑校古籍手稿》(影印本)、《鲁迅辑校石刻手稿》(影印本)、《鲁迅藏汉画象》(影印本)、《鲁迅手稿选集》(一至四编)、《鲁迅与书籍装帧》及鲁迅可能会签上名字的多种画册和图集，确实没有发现鲁迅把他的“字”写成“预才”的任何笔迹。我在核查过程中，却发现了一些有趣的情况，写在这里或可供读者参考。

一、鲁迅的名、字，几种“权威”说法混乱。2005年版《鲁迅全集》中的《鲁迅生平著译年表》正文第一句中称：“取名樟寿，字豫山（后改名树人，字豫才）。”鲁迅到南京水师学堂去读书，在那里的一位叔祖认为“当兵”不宜用本名，就另行取名树人，原名樟寿并不废除。因而《年表》中那句文字应为:“取名樟寿,字豫山(后改豫才),后又名树人。”1981 年出版的四卷本《鲁迅年谱》中称:“本名樟寿,初字豫山。后改字豫才,改名树人。”表述得比《鲁迅全集》清楚,但“改名树人”应为“又名树人”。全集和年谱中的“改名”的说法,可能源自周作人的《鲁迅的青年时代》,周作人是鲁迅之弟,又是有学问的学者,可他在鲁迅的名、字的说法中说得很混乱。他说:鲁迅的“‘书名’乃是樟寿二字,号曰‘豫山’,取义于豫章。后来鲁迅上书房去,同学们取笑他,叫他作‘雨伞’,他听了不喜欢,请祖父改定,介孚公乃将山字去掉,改为‘豫才’,有人加上木旁写作‘豫材’是不对的。”后“往南京去进学堂,这时才改名为周树人”。因“一个本家叔祖”,“觉得子弟进学堂‘当兵’不大好,至少不宜拿出家谱上的本名来,因此就给他改了名字,因为典故出于‘百年树人’的话,所以豫才的号仍旧可以使用,不曾再改。”周作人说清楚了鲁迅的“名”和“字”的来历,但有两点说得不准确:(一)豫才是“字”不是“号”。中国汉族人常常一生下来,长辈给他取“名”和“字”,如屈原《离骚》所说的:“名余曰正则兮,字余曰灵均。”而“号”,是“名”、“字”以外的称谓,如陶渊明《五柳先生传》:“宅边有五柳树,因以为号焉。”鲁迅的号是:“戛剑生”、“戎马书生”、“会稽山下之平民”等等。周作人错把“字”和“号”混为一谈了。(二)那位叔祖是另取了“树人”之名,不是改“樟寿”为“树人”,“樟寿”没有废弃。同样,那位叔祖也给取名为“作人”,并没有废弃原名“櫆寿”。所以不叫“改名”,而应是“又名”、“另取名”。

二、树人、作人之名,虽为叔祖在南京所取,但为兄弟俩所喜欢,以后一生就以此名行世。三弟出生时,祖父取名为松寿,字乔峰。1903 年暑期,树人、作人各自从日本、南京回家度假,商议给松寿另行取名为“侃人”。侃人是刚直、和善、安稳之人。但“侃”读起来拗口,后改为“建人”,取“创始者”、“立世者”之意。后来绍兴三“人”,各有成就,名行天下。

三、鲁迅从日本留学时公开发表文章起, 很少在作品中署为

“周豫才”的。1912年离开绍兴时，在报上刊出《周豫才告白》，这不能认为是在作品上署名。1931年1月，因柔石等被捕，离家避居日本人开设的旅店“花园庄”时，为日本友人长尾景和书录钱起《归雁》诗，落款署周豫才，不署“鲁迅”，有着隐蔽的意味。在公开发表的作品上，署名“周树人”的也不多，但有一些，如1903年出版的《中国矿产志》，署名周树人。由“周树人”延伸出来的署名，有1903年发表的《斯巴达之魂》，署“自树”；1912年在报上发表《军界痛言》，署名“树”；在1913年写的《〈嵇康集〉跋》，署名“周树”，等等。

四、鲁迅给母亲写信，一概署“男树人”、“男树”。现存鲁迅给周作人的信，均署“兄树人”、“兄树”或“树人”、“树”。鲁迅给蔡元培写信，概署“晚周树人”、“后学周树人”或“周树人”。鲁迅给朋友写信，署“树人”、“树”最多的，是许寿裳。可见他与许寿裳亲如家人。鲁迅给本家前辈如周心梅，给早年老同学老同事如陈子英、邵文熔、陶冶公等人写信，概用“树人”。现存鲁迅早年给胡适的信，多署“树”、“树人”，以示尊重和友好。鲁迅晚年给沈雁冰、胡风写信，常用“树人”，可见其间亲密友好的程度。1930年9月20日鲁迅给曹靖华的第一封信，署“周豫才”，也是鲁迅给人写信第一次署“周豫才”，此后鲁迅给曹靖华写信多用“豫才”、“豫”。在此之前，鲁迅给“未名社人”台静农、韦素园、韦丛芜、李霁野写信大都署“鲁迅”、“迅”；在此之后，给他们及“后未名社人”王冶秋写信，常署名“豫才”、“豫”乃至“树人”、“树”。这说明鲁迅对曹靖华情有独钟，同时也反映了鲁迅和未名社人有了进一步的亲密和情谊。鲁迅后来给萧三、王志之、姚克、叶紫、萧军、萧红、金肇野、孟十还、徐懋庸等曾关系较密切的人写信，也常署“豫才”、“豫”。

五、现存鲁迅全集的书信，绝大部分署名鲁迅。除“鲁迅”这个笔名外，有些书信还署别的笔名。1932年11月中旬，鲁迅赴北平探母病，许寿裳到上海鲁迅寓，问及北新书局《小猪八戒》案会不会影响到鲁迅的版税收入。许广平即驰书告鲁迅。鲁迅为老朋友的关爱甚为心感，即给许寿裳写信，署名“令飞”。“令飞”是留学东京时，鲁迅为许寿裳所编《浙江潮》写稿用的笔名，这是重温早年的旧情。以后鲁迅几次去信，都署“令飞”、“飞”，有一次还署“索士”，也是东京时期的笔名。1933 年 1 月起，鲁迅为《申报·自由谈》写稿，署名皆为“何家干”或“干”。这在读文不用视觉而用嗅觉的人，闻出了什么气味，就用“李家作”的笔名作文，前来“跳踉”。鲁迅给予反击后，决定改名。1933 年 5 月 4 日夜鲁迅给《自由谈》编者黎烈文寄稿并附信称：“晚间曾寄寸函，夜里又做一篇，原想喜皮笑脸，而仍剑拔弩张，倘不洗心，殊难革面，真是呜呼噫嘻，如何是好。换一笔名，图掩人目，恐亦无补。今姑且寄奉，可用与否，一听酌定，希万勿客气也。”新的“换一笔名”是“丁萌”，而附信的署名是老笔名“干”。附信不署“鲁迅”，有着隐蔽的意味；署上老笔名，则彼此心照，反映了编者和作者融洽的情意。以后鲁迅又不断变换笔名，而好几封附信仍署“干”或“家干”。

六、鲁迅有时也用化名。1936 年 8 月 8 日致王正朔信，署名为“周玉才”。王正朔和堂弟王正今，当时在河南南阳一带从事中共地下工作，经人介绍为鲁迅收集汉画像石拓片。他们知道鲁迅的身份，所以鲁迅给他们的信保存了下来。鲁迅化名“周玉才”与他们联系，是缘于隐蔽，彼此都感到方便。有人或许会说：鲁迅可以化名为“周玉才”，为什么不可以化名为“预才”？这要看具体的环境。如真是绍兴《天觉报》创刊邀鲁迅祝贺，鲁迅在画上署自己的名字，刊载出来，使报纸增光。在这种情况下，鲁迅署个化名，是什么意思呢？所以《天觉报》创刊号刊出的一幅画，署为“预才祝”，如不是企图冒用“豫才”出了错，那当另有一位预才先生。

辑佚家、藏书家都要做鉴定、辨伪的工作，那就得充分掌握著作家们的名、字、号、化名和种种笔名。这里面是大有学问的。如怕研究的艰辛，而采用捕风捉影、信口开河的办法，虽然方便，但从对读者对自己负责的角度考虑，恐怕未必是善道吧。

七十年前的《工作》

龚明德

抗战期间，在大后方的成都四川大学内曾出现过一种叫《工作》的特殊刊物。与《工作》稍后也是在四川大学校园内创办的《半月文艺》，其主事者即编委会“五个执委”之一的菲于当年写了一个“报告”《文艺在川大》，这篇“报告”“改作”于1940年5月，发表于同年7月1日出版的第五、第六期合刊《半月文艺》头条。

菲于的《文艺在川大》共有七小节，短小净练的文字白描了不少当年远非仅限于四川大学的文学“历史现场”，是一件重要的文学历史档案材料，其中写道：“去年，文艺的空气更转到活跃，教授们出版了《工作》，经常撰稿的都是些文坛闻人，如朱光潜，罗念生，卞之琳和沙汀，周文，何其芳，陈翔鹤，……等，曾惹起了整个文坛的注意；同学们也出版了《半月文艺》，经常写稿的有方敬，倪平，蔡天心，卓耕，丙生，林丰，倪明，菲于……等，……”这儿的现场记录说得很明确：“教授们出版了《工作》”，“同学们也出版了《半月文艺》”，而且分别把两个使得“文艺的空气更转到活跃”的刊物的主要撰稿人罗列了出来。但是，非常遗憾，无论是“教授们”出版的《工作》还是“同学们”出版的《半月文艺》，在常见的有关工具书上都查不到较为详细的介绍。下面仅就已经见到的两种刊物之一的“教授们”出版的《工作》后三期杂志实物，再参照间接得知的其他各期的内容以及相关记录，予以述说。

以何其芳为主、方敬和卞之琳等为辅，在“成都四川大学菊园”编辑的《工作》半月刊1938年3月16日印行创刊号，不足四个整月，准时半月一期地出够了八期。1938年7月1日印行的第八期卷尾有一则《暑假休刊启事》：“现届暑期，同人工作不易集中，本刊暂行停出，此启。”自此，《工作》停刊。

1940年5月8日，何其芳为延安《中国青年》杂志写过《一个平常的故事》，直接说到他编印《工作》的事。何其芳写到“抗战来了”以后，他说：“我到了成都，我想在大一点的地方或者我可能多做一点事情。我教着书，写着杂文，而且做一个小刊物的发行人。我和一个朋友每期上印刷所去校对；我几十份几十份地把它寄发到外县去，送到许多书店里去；我月底自己带着折子到处去算帐。”

何其芳1912年2月初出生，编印《工作》时他二十六岁，是一个大青年。何其芳是1938年2月初过完春节很可能是过了“正月十五”就从家乡即四川的万县来到成都的，他并不是像菲于《文艺在川大》文中所说的在四川大学当“教授”，而是在成都市内一所中学任教，不过他与方敬、卞之琳等都借住在“四川大学菊园”内。教学之馀，何其芳积极参加了当时成都文艺界的一些活动。而与方敬和卞之琳合作创办《工作》半月刊和为这个刊物撰稿，是何其芳这一年在成都所从事的更为重要的文艺活动。

一着手开始筹备《工作》，何其芳就写了长篇文章《论工作》，是这年的3月5日写的。也就是说，《工作》半月刊正式列为何其芳在成都逗留期间的重要工作日程，是在1938年3月初前后。长达四五千字的《论工作》发表于3月16日印行的《工作》创刊号。紧接下来，每期的《工作》都有何其芳的作品——第二期发表杂文《论本位文化》、第三期用笔名“杨应雷”发表散文《万县见闻》、第四期发表杂文《论救救孩子》、第五期发表杂文《论周作人事件》、第六期发表杂文《坐人力车有感》、第七期发表新诗作品《成都，让我把你摇醒》、第八期发表杂文《论家族主义》。

第七期上还有一篇文章可能也出自何其芳之手，这篇文章就是署名“郭梦愚”的《续万县见闻》。推测《续万县见闻》出自何其芳之手，是由于发表在《工作》第三期上的用“杨应雷”作笔名发表的

《万县见闻》被何其芳改题为《某县见闻》，已收入他亲手自编的文集《星火集》初版本中，初版本《星火集》1945年9月由重庆“群益出版社”印行。六七年之后，到1952年8月的上海“新文艺出版社”版《星火集》，何其芳在1951年4月7日“于北京”写的《后记三》中认为《某县见闻》等几文“内容较空洞或者毛病较多”而将其删去了。其实，无论是《万县见闻》还是《续万县见闻》，文章“内容”绝无“空洞”之嫌，“毛病较多”当然也更谈不上。细读两文，可能作者是为了“文章”之外如“乡情”之类的尘俗考虑，才抽去已隐去了“万县”的《某县见闻》的。说何其芳删去《某县见闻》“是为了‘文章’之外如‘乡情’之类的尘俗考虑”，是有根据的。根据就是何其芳作于这年“四月二十八日清早”的《论救救孩子》末尾引述的一封友人寄来的信上的话：“省师的教职员见着你在《工作》上写的文章，很不满，……”这导致“省师的教职员”对何其芳“很不满”的文章就是发表在《工作》创刊号上的《论工作》，此文谈了万县当年的教育现状。

分两期刊布在《工作》上的《万县见闻》和《续万县见闻》，有点类似何其芳稍后印行的《还乡杂记》，他从《画梦录》的“梦”中惊醒过来，对他的家乡一角土地上已经被他感知到了的黑暗现实和悲惨景象，一反他往常的抒情，改用了焕然一新的有力笔触，予以揭露和鞭挞。在《万县见闻》和《续万县见闻》里，愤怒的感情替代了往日虚无的幻想、朴素的文字替代了往日过分的雕饰。

对于何其芳，第七期《工作》首发他自己的新诗名篇《成都，让我把你摇醒》，也是一个特大的纪念。中国现代文学研究界在何其芳“思想转变”即由《画梦录》前期转向“延安”即所谓的“后期”这个问题上没有异议，都认为《成都，让我把你摇醒》是一块“界石”。在成都的半年时间，有一大半时间为何其芳谋生之馀专事与友人操持《工作》半月刊的编印发行和供稿大业。可以说，是在成都为《工作》操劳供稿的过程中，使得何其芳的思想发生了很大变化，是“成都”的火热的抗战现实把“画梦”中的何其芳自己“摇醒”了，最终使得他选择了投奔当年不少激进青年以为是“革命圣地”的延安。

除了上述这个意义，“《工作》最初发表本”《成都，让我把你摇醒》的初始面貌也是中国现当代文学研究界求而不得的珍贵版本，连本该“权威”的1990年12月上海文艺出版社出版的《中国新文学大系(1937—1949)》第十四卷“诗卷”中收录的这首诗已经是七年之后诗人修改了一二十处的第二个版本了！仅就何其芳发表在《工作》的所有作品，后来编入他的文集，都有比较重要的改动，像《论家族主义》由初次发表本的一千八百字删改为只剩一千三百字了，可见研究何其芳作品版本的重要了。

具体到《工作》半月刊的办刊事宜，前引何其芳《一个平常的故事》那一节话已大体说得明确了。再细一点，我们综合当年的当事人卞之琳和方敬的回忆，可以知道得更详细一些。

何其芳到成都，他的目的就是要给自己和同好伙伴们创办一个发表园地，所以，他一提出《工作》办刊方案来，就得到了包括供稿和印刷经费方面的实际支持，主要供稿者几乎大都是排版印刷经费的赞助者。《工作》的办刊宗旨是：面向大学生和中学生以及社会知识界，宣传抗战、宣传新文化，触及社会时敢于针砭时弊；体裁以杂感、小品、随笔、报道等散写文字为主，注重现实性；办刊形式是自费、自写、自编、自印、自销。名义上由卞之琳担任“主编”、何其芳担当“发行人”，其实何其芳全面具体负责，出力最多。前面引述何其芳《一个平常的故事》中说的“我和一个朋友每期上印刷所去校对”的“一个朋友”指比何其芳小两岁的方敬，不久方敬就成了何其芳的妹夫。按照当时的真实情况，方敬属于学生，他精力充沛，还给《半月文艺》供稿，并且以他为主做编辑工作。

已经出版了的八期《工作》上的作者阵容相当可观，其中的何其芳、卞之琳、朱光潜、谢文炳、沙汀、陈翔鹤、罗念生、周文、顾绶昌、刘盛亚、陈敬容、周熙良等在当年都是颇具文学或学术声名的人。包括何其芳本人在内的作者为《工作》提供的文字，从文后的写作时间来看，大多是急就章，但是绝非敷衍之作，比如谢文炳发表在第五期上的《谈野劲》和第八期上的《崇拜英雄和拥护领袖》是有特色的好作品，没有改动地被编进了1994年7月四川大学出版社版《谢文炳选集》。只是陈翔鹤在《工作》上发表的《悼死哀生》，是一篇现场记录《浅草》重要早夭诗人王怡庵的文献，却被估计不悉此文的1980年2月四川人民出版社出版的《陈翔鹤选集》的编者失收。方敬虽然不太有声名，但他的年纪仅仅比何其芳小两岁，再加上他对文学的敬业，使得他的文章如发表在第六期上的《保护色》等都具有比较充实的内容。

关于何其芳为《工作》组织稿件寻找作者的认真，其中当年只有二十一岁的四川自贡的文学青年李石锋，可以作为实例之一。李石锋是1937年7月中旬在万县经人介绍结识何其芳的，何其芳办《工作》时李石锋已经在武汉了。当何其芳的约稿信邮寄到了武汉，颠沛流离的李石锋仍然及时地为《工作》提供了作品，这作品就是发表在第八期《工作》上的《汉口街头记》，李石锋写于这年的6月26日，却赶在了7月1日出刊的杂志上发表。这个时间差，可以推测最后一期的《工作》，是没有按时发稿的。这段有关李石锋的旧事，是李石锋自己的晚年回忆文章说的。李石锋1983年3月写了一则短文，题为《一面之缘——忆何其芳》，文章被编入1989年6月刊行的“非卖品”《水龙吟——李石锋纪念文集》中，李石锋回忆当年自己“离开万县到武汉”，“接到何其芳从成都来信，说他同方敬合编一个刊物叫《工作》，要我写稿子，我答应了，而且也兑了现”。

为《工作》做编印的人以及为《工作》提供稿件的人，都是当作使命来完成的，现在留存在历史上的《工作》，应该是珍贵的文学、文化财富之一了。然而，这份珍贵的文学、文化财富之一的自费编印、自办发行的《工作》半月刊，如今的读者如果不见到实物，谁都想象不到它的简陋：每一期只有十六开大小的四页纸，文字八面，无封面、封底，刊名等就在首页右侧辟出三厘米多一点的一条位置，依上、中、下用短横线隔为三小块，最上方是何其芳用毛笔自书的略带魏碑味道的“工作”刊名，中间是“版权页”的内容，下边是刊期、出版日期和目录，和鲁迅等同人创办由孙伏园编辑的头八十期十六开本早期《语丝》和周作人、废名等办的《骆驼草》完全一个样，可以说何其芳办《工作》是“老北大”的优秀办刊传统。连续刊期的每页编码是连贯的，每期八个页面，一共八期就是六十四个页面了。

只印了八期的《工作》很难凑齐一整套，连卞之琳写回忆录也只借得四期。沙汀研究专家们上个世纪八十年代初动

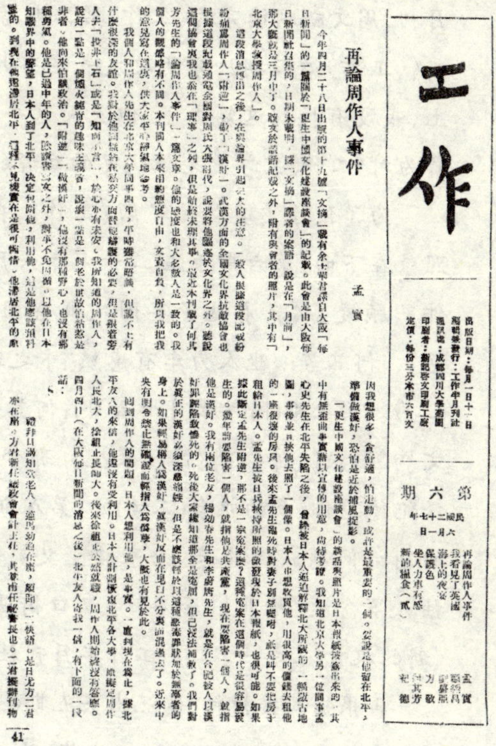
本刊已呈請登記

工作

出版日期：每月一日十六日
編輯兼發行：工作半月刊社
通訊處：成都四川大學薇園
印刷者：新記啓文印刷工廠
定價：每份三分本市六百文

第六期
民國二十七年
六月一日

再論周作人事件 孟實
我看見了英國 [illegible]
滬上的夜宴 [illegible]
保護色 方敬
坐人力車有感 何其芳
新的糧食（貳） 紀德

再論周作人事件

孟實

今年四月二十八日出版的第十九號「文摘」載有余士華君譯自大阪「每日新聞」的一篇關於「更生中國文化建設座談會」的記載。此會是由大阪每日新聞社召集的，日期未載明，據「文摘」譯者的案語，說是在「月前」，那大概就是三月中了。譯文於談話記錄之外，附有與會者的照片，其中有「北京大學教授周作人」。

這段消息傳出之後，在輿論界引起很大的注意。一般人根據這段記載紛紛痛罵周作人「附逆」，做了「漢奸」。武漢方面的全國文化界抗敵協會也根據這段記載通電全國對周氏大張撻伐，說要將他驅逐於文化界之外。聽說這個協會與我也忝在「理事」之列，但是始終未與其事。最近本刊載了何其芳先生的「論周作人事件」一篇文章。他的態度也和大多數人是一致的。我個人的觀感略有不同。本刊同人本來相約態度自由，文責自負，所以我把我的意見寫在這裏，供大家平心靜氣地參考。

我個人和周作人先生在北京大學同事四年，平時雖常晤談，但說不上有什麼很深的友誼。我對於他個人絲毫沒有向替他辯護的必要，但是很着旁人去「投井下石」或是「知而不言」，於心亦有未安。我所知道的周作人，說好一點是一個煙火純寄的趣味主義者，說壞一點是一個老於世故[illegible]是非者。他向來怕談政治。「附逆」「做漢奸」，他沒有那種野心，也沒有那種勇氣。他是已過中年的人，除讀書寫文之外，對事不免因循。以他在日本知識界中的聲望，日本人到了北平，決定包圍他，利用他，這是他應該預料到的。到我在他[illegible]潛居北平，這種不見得實在是很可惋惜。他潛居北平的原因我想很多，貪舒適，怕走動，或許是最重要的一個。要說是他留在北平，準備做漢奸，恐怕是近於捕風捉影。

「更生中國文化建設座談會」的談話與照片是日本報紙披露出來的。其中有無歪曲事實藉以宣傳的用意，尚待考證。我知道北京大學另一位同事孟心史先生在北平失陷之後，曾被日本人逼迫解釋北大所藏的一幅殘舊古地圖，事後並且挾他去照了一個像。日本人也想收買他，用很高的價錢去租他的一座很壞的房屋。後來孟先生臨死時對妻子別無囑咐，祇是叫不要把房子租給日本人。孟先生被日兵挾持所照的像發現於日本報紙，也很可能。如果據此斷定孟先生附逆，那不是一宗冤案麼？這種冤案在這個時代是很容易發生的。幾年前要陷害一個人，就指他是共產黨，現在要陷害一個人，就指他是漢奸。我有兩位老友，楊劾春先生和李蔚唐先生，就是在合肥被人以漢奸罪誣陷致慘死的。死後大家纔知道那全是冤屈，但已沒法補救了。我們對於真正的漢奸必須深惡痛疾，但是不應該輕於以這種最毒罪狀加於無辜者的身上。如果輕易稱人為漢奸，真漢奸反而在見口不分真偽混過去了。近來中央有明令禁止無確證而輕指人為傀儡，大概也有見於此。

關於周作人的問題，日本人想利用他，是事實。一直到現在為止，據北平友人的來信，他還沒有受利用。日本人計劃恢復北平各大學，擬擬定周作人長北大，徐祖正長師大。後來徐祖正公然就職，周作人則始終沒有答應。四月四日（在大阪每日新聞的消息之後）北平友人寄我一信，有下面的一段話：

「禮拜日謁知堂老人，適馬幼漁在座，翩翩一二快語。是日尤方二君亦在那，方君新任維持會會計主任，其兄前任秘書長也。二君擬辦刊物

41

用国家学术力量和国家图书资源为“中国当代文学研究资料”丛书编《沙汀研究专集》时，沙汀发表在《工作》第二期上的《一伤兵——沪战回忆琐记之四》和《工作》第五期上的《同难小纪》就因为不知道有此刊物而没有在“作品系年”中列出作品篇目来。

《工作》在中国现代文学史上的价值，1939年4月10日出版的《抗战文艺》第四卷第一期刊登的周文《成都抗战文艺运动鸟瞰》中说：“这时期，以一些爱好文艺的教授为中心，首先出版了《工作》半月刊，各种形式的文艺作品都有一点。在编选上是相当严谨的。其内容一般的都是表现着在反映现实，同时在技巧上又要相当不错的，因此撰稿人的范围较狭一点，只是些熟名字的少数作者。这刊物，一些人誉为开创了在成都的文艺刊物相当严整的现象。不过另一些人又觉得不满足，但究竟还缺少富有血肉内容的作品，虽然在杂文方面倒有几篇颇为出色的有积极意义的文章。”早在1938年4

月初，周文就刚读完的《工作》第二期写了一篇评论，文章的名字就叫《〈工作〉第二期》，分两次发表在当月的《四川日报》副刊《谈锋》上，我没有找到这篇文字，但上面这一段论述是全方位的，是值得作为对《工作》文学史地位认定的参考的。

为了便于更具体地了解《工作》，我把我手头最后三期的全目照录在下面：第六期(民国二十七年六月一日)：孟实《再论周作人事件》、顾绶昌《我看见了英国》、刘盛亚《海上的夜宴》、方敬《保护色》、何其芳《坐人力车有感》、卞之琳翻译纪德原作《新的粮食(二)》。第七期(同年六月十六日)：何其芳《成都，让我把你摇醒》、谢文炳《警报》、陈翔鹤《悼死哀生》、郭梦愚《续万县见闻》、卞之琳翻译纪德原作《新的粮食(二续)》。第八期(同年七月一日)：周熙良《诗的朗诵问题》、何其芳《论家族主义》、谢文炳《崇拜英雄和拥护领袖》、罗念生《鳞儿》、李石锋《汉口街头记》、卞之琳翻译纪德原作《新的粮食(三之一、二)》、工作半月刊社《更正》和《暑假休刊启事》。

再根据间接材料，钩沉出头五期《工作》的部分篇目：创刊号(民国二十七年三月十六日)：何其芳《论工作》、卞之琳翻译纪德原作《新的粮食》之译序《〈新的粮食〉译前话》。第二期(同年四月一日)：何其芳《论本位文化》、沙汀《一伤兵——沪战回忆琐记之四》、卞之琳翻译纪德原作《新的粮食(一之一)》。第三期(同年四月十六日)：杨应雷《万县见闻》、周文《没有时间的城市》、卞之琳翻译纪德原作《新的粮食(一之二)》。第四期(同年六月十六日)：何其芳《论救救孩子》、卞之琳《地图在动》、卞之琳翻译纪德原作《新的粮食(一之三)》。第五期(同年六月十六日)：周文《吃表的故事》、何其芳《论周作人事件》、谢文炳《谈野劲》、沙汀《同难小记》、卞之琳翻译纪德原作《新的粮食(一之四)》。

看看我的书运，如果书运是亨通的话，隔不到多久，我就可能把头五期《工作》配齐了，那时再好好地对全套《工作》来一次全面梳理。

我本无心做“张迷”

谢其章

六十几年前，一个聪明的男人说了一句话：“世上但凡有一句话，一件事，是关于张爱玲的，便皆成为好。”二十年前，我做了一项统计工作，把家藏旧刊中老向(王向辰)和张爱玲的作品名目一一抄在本子上，老向今天仍是寂寂无名，张爱玲却名满天下，我的工作没算全白干，至少为今日的工作打了基础。二十几年前，台湾的超级“张迷”唐文标先生将他收集到的所有上海沦陷时期有关张爱玲的出版资料，包括张爱玲的照片，张爱玲画的插图、扉页、漫画、书籍封面，第一次发表文章的刊头及发表过张爱玲作品的各杂志的封面及目录页，汇总原样影印，印成一册十六开本三百八十三页厚的《张爱玲资料大全集》。我对此书想念殷切，曾托台湾友人代为寻觅，被告之非正式出版物已极难寻获，慢慢也就死了心。物极必反，心死了，机会倒来了。2003年春北京大疫，人与人直接交往的场合能避的大都避了，

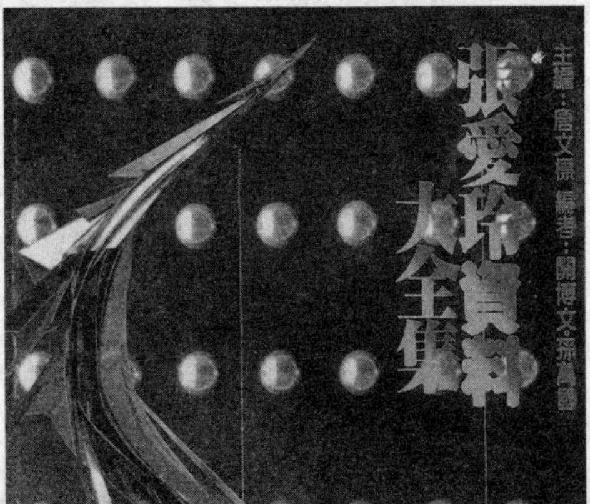

旧书摊旧书店自不能免,此时网络旧书交易应运而生,足不出户,只需点击鼠标,出价比别人高,便可竞拍到你想要的书,《张爱玲资料大全集》就是这么得来全不费功夫。书到手,比想象的差很多,图片多为复印件,且复印的质量不佳,模糊,歪歪扭扭,现在任何一种摄取图片的手段都会超过它。所谓“大全集”,其实都是全不了的,但是唐文标为此付出的精力(唐引清人诗句自况“赤手屠龙千载事,白头归佛一生心”)无人可及。最近查到一条资料,在台北有“张迷”疯狂竞投此书,初始价是四百五十元台币,很快就飚升到五千台币,最后的得标价是一万零三百元台币。我如今所藏张爱玲作品首发刊物已不少于当年的唐文标,所以也想弄本类似大全集的书,最初知道我有这想法的是止庵先生,我们私底下有个“代号”,管这书叫“张爱玲资料小全集”——张爱玲一个人的作品发表史或即是另一个人的收藏史。这就说清楚了我要干的这件事的框架,即,张爱玲作品的初发刊作为张爱玲“一个人的杂志史”,“另一个人的收藏史”就是我的搜求历程。这里只谈1949年之前的张爱玲,刊载张爱玲文字的十馀种杂志的基本资料是:《西风》(1936,9—1949,5,总出百十八期,主编黄嘉德、黄嘉音);《紫罗兰》(1943,4—1945,3,总出十八期,主编周瘦鹃);《杂志》(1938,5—1945,8,总出至十五卷五期,主编吕怀成、吴诚之);《万象》(1941,7—1945,6,总出至四卷七期,另一期“号外”,主编陈蝶衣、柯灵);(《飙》)(1944,10—1944,11,总出二期,主编邵光定);《天地》(1943,10—1945,6,总出二十一期,主编冯和仪〔苏青〕)《古今》(1942,3—1944,10,总出五十七期,主编朱朴);《语林》(1944,12—1945,6,总出五期,主编钱公侠);《新东方》(1940,3—1944,12,总出至十卷六期,该社编辑);《小天地》(1944,8—1945,3,总出五期,主编周班公);《苦竹》(1944,10—1945,3,总出三期,主编胡兰成);《太平洋周报》(1942,1—1944,3,总出百零二期,主编方昌浩);《春秋》(1943,8—1949,3,总出至六卷四期,主编陈蝶衣);《大家》(1947,4—1947,6,总出三期,主编唐云旌)。张爱玲说过:“我很高兴我的衣食父母不是‘帝王家’,而是买杂志的大众。"张爱玲的第一本书《传奇》也是杂志社帮忙出版的。

关于张爱玲，我不大乐意做那些个没完没了的"评论派"，像评论鲁迅那样"掘地三尺"地挖出张爱玲的"创作思想根源"。我喜欢唐文标那样的"资料派"兼而发点议论。唐文标说："但我个人仍希望能有一天，把我手头收集的各式各样的、未为张爱玲先生以前结集问世的散稿图片，全部影印出来。这件'好玩的事'虽然暂时不在远景出版计划之中，但总认为可以一试的。我喜欢全部影印，一方面为了存其真，这些文字未经修改的真迹；另一方面我也偏爱一些'原拓本'，可能本来清朝人穿他们自己的衣服才像样。"这么"好玩的事"，肯定属于极少数人的偏嗜，已经有人说过"……搜索张爱玲散逸的旧作重刊，并且在前面慎重其事，而又无限欣喜的附上一小段文字，说明寻获经过"这样调讽的话。"张迷"中有多少喜欢"原拓本"的爱好者，不好说。反正邵迎建先生这样的超级"张迷"也承认："我虽然以张爱玲为题写出了硕士论文，但在资料方面并没有什么突破，所以在北京查资料时，也只注意大学和研究机关的最新论文，没有在找老杂志方面下功夫。"

我是一个杂志癖者，二十年前开始如痴如狂地搜求 1949 年前之旧杂志，那时候并不知道张爱玲如何了不得，只是因为沦陷时期京沪两地所出杂志皆在网罗目标之内，倒是"无心栽柳"地搜获到不少首刊有张爱玲作品的原版杂志，等到有目的地找寻张爱玲的

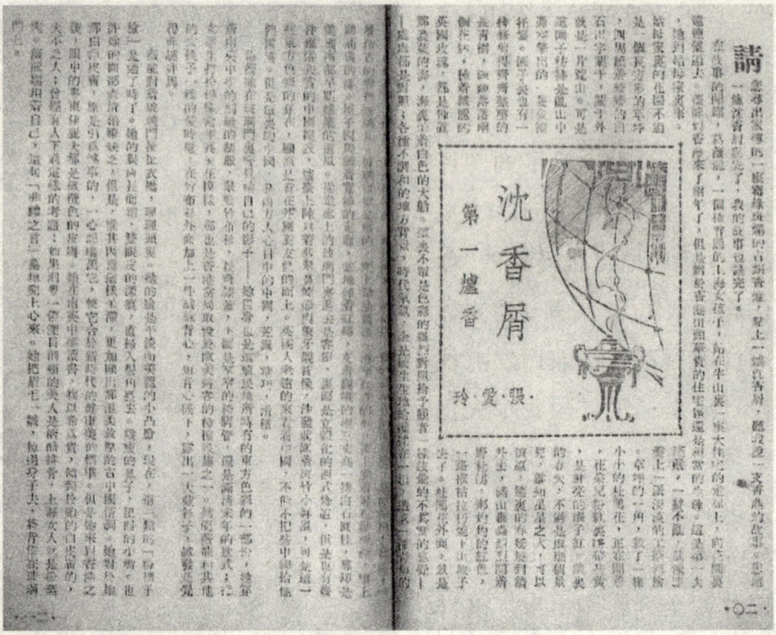
沉香屑
第一爐香
張愛玲

初发刊时，却极少有所得了，偶有所获，价钱亦辣手摧花，迹近乘人之危。《紫罗兰》本来就一鸳蝴派小杂志，只因有了张爱玲的《沉香屑：第一炉香》而名声大噪，我曾于北京西单一旧书店见一全份(十八期)紫刊，标价竟达六千元，我是此店的老主顾，可享八折待遇，八折的话是四千八百元，还是贵。在“为了张爱玲而下狠心买”与“嫌这两炉香太贵而不买”之间犹犹豫豫过了好几年，这家地处灯红酒绿闹市区的旧书店的这套紫刊倒还未售出(于此可知，为了张爱玲而赴汤蹈火如我者，没有)，但价钱又调高至九千元，哀莫大于心死，彻底与《紫罗兰》告别吧。整份《紫罗兰》买不起(这就是我的不是了——凡有张爱玲文字的杂志必求整套无阙不可)，还有一路可走，《沉香屑》于紫刊二至六期连载，周瘦鹃大发“深喜之”感慨的“写在紫罗兰前头”在第二期(还没有哪一位编辑像周瘦鹃这样为无名的张爱玲说了这么多美好的话。柯灵的好话是事过境迁以后说的)，搜罗到这几期的紫刊，也该算收齐了张爱玲的《沉香屑》。思路为之一变，机会随之而来，我只用了前述价格的八分之一就圆了沉香梦，收书之日,我写了一张纸条夹在第二期的《紫罗兰》里——“含混着上海里弄阁楼霉潮气味的紫罗兰已全无一点花的芬芳”。

某年于古旧书刊拍卖会上以四百九十五元拍得《新世纪》杂志一至四期全份(1945.4—1945.7,上海新世纪月刊社),创刊号“编辑室杂谈”云:“张爱玲小姐的文章早已脍炙人口,本期因发稿时间关系,来不及送来,下期想必能拨冗为本刊撰稿的。”看到这,当下心中大喜,赶忙翻检后三期,可从未听说张爱玲在《新世纪》上写过东西呀,说不定能发现一佚文呢。忙乎了一阵,一篇篇细查,哪里有张小姐半个字的踪影。张爱玲当年炙手可热, 想邀她的稿的大有人在,但张爱玲绝非有求必应,——哪怕用一篇不成样的文字搪塞一下,所以《新世纪》终于让我失望。张爱玲只红了两三年,那两三年的光景她的文字也只集中在上海滩,至多南京有那么几篇,北方沦陷区的刊物至今未发现张爱玲的一字一句。近年甚嚣尘上的所谓“南玲北梅”,只是后人的凭空想象(可悲的是,当事人之一竟欣欣然接受了这项荣冠,并作出了“‘北梅’写给‘南玲’的话”这样的文章),当年占领者实施“南北分治”,由京沪两个小书店(“马德增书店”只是东安市场旧书铺里的一家小书铺,而所谓“宇宙风书店”,上海当时就没这家书店)联合发起评选“谁是最受欢迎的女作家”活动,殊不可信。

翻查旧杂志比翻旧报纸容易得多,如初刊《银宫就学记》的《太平洋周报》(发表时,错印为“银宫求学记”),似只有陈子善先生提过一句,连专业人士也不知道上海那时还有这么个杂志。政论性时事性杂志往往不被重视, 而这些杂志设置的文艺栏目往往隐藏着你百觅不获的名作家的逸作。我买《太平洋周报》时,心里已先有了寻找张爱玲文字的念头。当时在报国寺内一书摊见到一沓《太平洋周报》,乃沦陷时期上海所出杂志,第六感觉里面可能有张的文章,现场不能翻得太细,以免被卖家窥去了心思,略一议价,全份买下。回家灯下细细翻查,果然被我翻出张爱玲所作《银宫就学记》,代价不菲,心疼钱花多了,五十几期只此一篇。

最早入藏的是《万象》。旧书店柜台里捆好的一捆，每册书顶部都刷着红色，防霉还是防虫？专业术语称之为“色边”。彼时我正热衷搜罗这种开本小巧玲珑的海派都市风杂志，见到《万象》当然十分中意。请求了好几回，人家不卖给我说是给山东某图书馆留的。后来那个图书馆很久不来取货，旧书店管事的见我实在心诚终于做主卖给我了，价格八百五十元，完整的一套，还带着那册莫名其妙的“万象号外”。以后《万象》的行情逐年看涨，见到最贵的一次是标价七万元，还是合订本，不像我存的那套是未曾切边的散册，但是也卖出去了，这可不是礼品书那样的高定价高折扣，据店员讲是四万元卖给海外，这种杂志没有限制出境的规定。《万象》和张爱玲只维持了一年的关系。张为什么和《万象》闹翻？似乎有一个很流行且已被固定下来的说法，那就是当张的《连环套》正在《万象》连载之际，《万象》又同时发表了迅雨(傅雷)的《论张爱玲的小说》，猛烈批评《连环套》，致使张一气之下“腰斩”《连环套》，断了和《万象》的“文字缘”。我却更同意余彬先生的判断——“更说得通的原因可能还是和《万象》老板平襟亚的矛盾，他们因稿费等问题而起的摩擦在小报上传得沸沸扬扬，这一年的八月二人还在《海报》上打过一场笔墨官司”。

除了小报上两人打笔仗，双方还在一本叫《语林》的杂志上交手了一回合，并扯上了张爱玲的中学老师汪宏声。张的题目狠呆呆的：《不得不说的废话》，平襟亚(秋翁)则摆事实：《“一千元”的经过》，汪宏声赶紧发表《“灰钿”之声明》。双方彻底闹翻，平襟亚在《海报》上更是把与张的私信也抖落出来，气哼哼地写道：“后此永不重提往事，更不愿我的笔触再及她的芳名。”为什么闹矛盾也不能为钱闹矛盾，尤其是面子薄的文人之间。张爱玲好像只写过三篇有明确指向的辩论文，另一篇要算《自己的文章》(载《苦竹》)，还有一篇是写于 1978 年的《羊毛出在羊身上》。《语林》编辑为钱公侠，是钱公侠促成了当事三方在《语林》上面对面的“绝情绝义”。我的《语林》购于 1991 年 7 月 5 日，价一百二十元。

《古今》上有张爱玲二文:《洋人看京戏及其它》在第三十四期,《更衣记》在第三十六期。许多张爱玲的新选本都把期数弄错了,你错我错大家错,反正文章不错就是了,谁也懒得再去翻旧刊。我买《古今》不是因为张爱玲,而是先看到了零册上有一位叫"挹彭"者写的《聚书脞谈录》,连载三期,十分精彩,令人神往地把三四十年代的古旧书业描画了一番,顿时对《古今》感了兴趣。当我终于见到全份《古今》(共五十七期)出现在旧书店的书架的最上层时,一阵狂喜,待看到一千元的标价时,心又凉了。当年家庭突遭变故,一时竟凑不出这笔钱,又不肯错失良机,只好将多年积蓄的旧刊装了两纸箱,用自行车驮到旧书店(《万象》即购于此店)卖掉(等于是交换)才得来《古今》。旧期刊买时很贵,待你需要用钱时去卖掉,才会发现它其实很不值钱。

当年刊发张爱玲作品最多最精的应该算是《杂志》了。《杂志》的主持人后来才知道是位打入敌人内部的"地下工作者",所以《杂志》的名声比《古今》干净,当然这是后话了,当年谁能分辨清楚?被傅雷称之为"我们文坛最美的收获"、夏志清教授赞之为"据我看来,这是中国从古以来最伟大的中篇小说"的《金锁记》,首发的光荣就是被《杂志》占去的。郑逸梅称当时上海滩三个最有代表性的刊物——《万象》、《古今》、《杂志》,最适宜张爱玲的还是要算《杂志》。《万象》太多万花筒般比较闹的新潮的文字,《古今》又太多"古墓"般沉寂的旧的文字,惟《杂志》将动与静、新和旧,调合至中间道路,使《金锁记》、《红玫瑰与白玫瑰》、《倾城之恋》、《茉莉香片》一类"陈旧而模糊"的文字顺畅地开过去。沦陷时的《杂志》共出三十七期(册),我先以七百元购得二十多册,后陆续以十来元钱一册的价格补得十馀册,最后仅差的两册是书友赵兄的"割爱"予我。赵兄的《杂志》已有三十册,也差不多快齐全了。

《天地》出二十一期,中间几期的封面画出自张爱玲手笔。一个女子素面朝天躺倒在地,那面目的曲线一望而知是张氏风格。《天地》是苏青(冯和仪)主办。一个女人办杂志,蜚短流长少不了,说这

说那的，今天的人难分真假。近来颇得佳评的陈存仁著《抗战时代生活史》，作者亲历沦陷上海，交游各色人物，阅历非同一般升斗小民，可书中耳食之谈却亦不少，像“曾经有一位发表‘饮食男女，人之大欲也’言论的著名女作家和陈公博有染，陈设法配给她很多白报纸，作家坐在满载白报纸的卡车上招摇过市，顾盼自喜，文化界一时传为美谈”这段话即是。女作家是苏青，苏青的原话是“饮食男，女人之大欲存焉”。苏青送《天地》给胡兰成，胡兰成看到张爱玲的小说《封锁》，觉得奇好，马上想见张爱玲，这才有了以后胡兰成与张爱玲的一段今生今世。《天地》第十八期载张爱玲的《双声》，不知何故，文章被涂黑了数百字(有细心者数过是三百零五字，唐文标还试着还原了被涂黑段落的文字，我很纳闷他用的什么招，我对着灯泡怎么也看不清)，估计是张爱玲与炎樱对话中评价日本文化不小心说走了嘴。我购藏《天地》时图便宜，全份合订本是两百元，而一至十六期才几十块钱，心里盘算先买这十六期，差的几期慢慢配齐吧。一念之差，就是十多年也没配齐，又转念想买合订本凑齐吧，合订本已涨到一千五至两千元一套，心理上接受不了。鬼使神差，又是赵兄非常凑巧地在旧书摊不多不少正好买到我缺的十七至二十一期的《天地》，多一本也没有。这回我没让人家白割爱，找出几本他喜欢的旧书交换回这五期《天地》。郑振铎曾感叹“一书之全，其难如此”。杂志之全，亦难于上青天。《天地》办到半截之时，又办了个副刊型的《小天地》，《小天地》出五期，编者周班公，有张爱玲散文的

是创刊号和第四期。有人讲《小天地》的封面是张爱玲设计的，差矣，是令狐原(米谷)设计的，米谷其人 1949 年后是画国际时事漫画的，小时候我就知道这个名字。《小天地》我大概是用七十元买到全份的，一时也懒得再去查陈年书账。所藏《天地》有几期盖有“昆仑影业有限公司图书”章，某期夹有一张“借阅登记卡片”，卡片的一面已写满，十年间有十三个人借阅过《天地》，上面竟有关露的名字，借书的时间是“1953,4,1”，还书的时间是“6,9”。

初次见到《苦竹》，是在京城一位很有名的藏书家的书房，那是我第一次登门，所以给我看了许多藏书。这位藏书家收书一点儿也不受意识形态的束缚。当日看的《苦竹》是全套的共三本，红绿黄一本一色，创刊号是红颜色的，正如沈启无形容的那样“封面画真画得好，以大红做底子，以大绿做配合，红是正红，绿是正绿，我说正，主要是典雅，不奇不怪，自然的完全”。过了很长的时间，我终于也买到了《苦竹》，那个机会得自中国书店的一次超大规模的民国期刊展卖会，书店经理只跟我说了一句：“你就准备钱吧，东西有的是。”我没有错失良机，钱不够，把集了三十年的邮票卖了一多半，近乎拚了老本。如今这样的机会这样的价格彻底没了，大家都觉醒了。张爱玲与《苦竹》的关系一开始就是很明确的，比她投过稿的任何一个杂志都要明确，这回不必猜测她的动机了，张爱玲给哪家刊物写稿或不给写或中途退出好像都是有所考虑甚至有所经营。张爱玲八月和胡兰成结婚，《苦竹》十月创办，张爱玲为《苦竹》写文章，就这么明确。虽然明确，我还是不大同意余斌先生的猜测：“也许是与张爱玲在一起引发了对文学的兴趣，加上此时已是在野之人，胡兰成办了一份偏重文艺性的杂志《苦竹》。张爱玲当然是要助他一臂之力的，《苦竹》上有她的三篇作品，《自己的文章》、《桂花蒸阿小悲秋》、《谈音乐》则在她的小说散文中当数上乘之作——她是把用心之作留给了《苦竹》。相当长的时间里，张的小说似乎都是由《杂志》包办的，或者好稿先给它。眼下她却藏起《阿小悲秋》，与登该小说的那期《苦竹》同时出版的《杂志》只得到一篇无甚精彩的

《殷宝滟送花楼会》,也见得远近亲疏不同了。"我一直有个疑问:张爱玲除了稿酬,还有没有其它的收入来源,她那几年的稿酬总收入大概是多少?靠着这些纯写作收入张爱玲能挺到离开大陆真是一笔苦账儿。按当年物价水平一年之入支撑两年之费的话,张爱玲也就写满了三年,能够维持六年,如此计算,离开大陆之前张爱玲差不多要挨饿了。

张爱玲的辉煌随着抗战胜利而告一段落,进入相当漫长的冰封期。惟一的回光返照出现在1947年出版的《大家》杂志,先是创刊号上的《华丽缘》,后是二、三期连载的《多少恨》(即《不了情》),是丁聪配的插图。一切都发生了变化,过去总是张爱玲自己画插图,用不着别人代劳。这个出版《大家》的山河图书公司还为张爱玲出版了《传奇》的增订本,然后跟着张爱玲一起向旧时代告别。张爱玲、《大家》、唐大郎之流一块儿向读者谢幕。柯灵说得又准又好——"我扳着指头算来算去,偌大的文坛,哪个阶段都安放不下一个张爱玲,上海沦陷,才给了她机会"。这段话颇有"国家不幸诗家幸"的意味,柯灵有资格说这话。我存的《大家》是合订本,所以整本杂志是切过边的,好在里面的图影十分完整,购入价五百五十元,是打过八折以后的价。《大家》我是在中国书店期刊门市部买的,经手的店员姓韩,是刘广振的徒弟,而刘广振的父亲就是琉璃厂很有名的"杂志大王"刘殿文,唐弢先生与刘殿文很有交情。

袁殊和《中国内幕》

黄　恽

历史上，有些人真是琢磨不透，不但本身是个多面体，而且还不透明，譬如袁殊其人。

袁殊据说是现代中国仅有之五面间谍，世上双面间谍已经不多，做得成功的更是凤毛麟角，更何况其五面乎？想起来，只有千面千手观音可有一比了，然而观音之所以千面千手者，乃是须面对亿兆受苦受难的百姓，犹时有不敷，照应不灵，亦可悲矣。而袁殊，以其一面，而应五面之需，应对裕如，岂非奇迹？所谓五面，乃是陕共、渝方(中统与军统)、日方、宁方(汪政权)和共产国际。不过基本可以肯定的是，作为间谍，袁殊决非有奶就是娘之辈，这且放到后面再说。

这必定是个长袖善舞八面玲珑的人物了，然而不然，从照片上看起来，他粗壮如军人，身材如此，容貌也谈不上玉树临风翩翩风度，与其说他是一个文人，毋宁说更像一个商人，可见人不可貌相这句话真是不易的真理。以貌取人，失之子瑜，袁殊就是这样一个比较壮实矮胖的，然而却是能对各方应付裕如，馀暇还能写很多文章的人。

袁殊原名袁学易，湖北蕲春人，生活经历丰富，做过记者，搞过出版，蹲过监狱，汪伪时期，一跃而成为江苏省教育厅长、上海《新中国报》社长，还有各种职务，明的暗的一大堆，此处不赘。那个时期对人才不次拔擢，常出现二十多岁的省图书馆长，三十岁左右的教育厅长，甚至差不多年纪的部长、次长和省长，一方面是因为人才的缺乏,另一方面也因为汪精卫、周佛海本身是个文人,对文人至少形式上相当尊重。这里不妨举几个例子:大家熟知的胡兰成因为一篇文章《战难,和也不易》而成为宣传部的常务次长和行政院法制局长。周佛海赏识纪庸先生,就派夫人杨淑慧亲临篁轩,请纪庸出来给他帮忙。不过不同的是,胡兰成戴上了乌纱,不久又被踢下台去;而纪庸先生志不在高官厚禄,婉言谢绝了周的好意。

1939年秋于上海宝山路

1946年北撤前于淮阴中共中央华中局联络部

年轻人确实能做很多事,回到袁殊,这位二十岁(1931年)就在潘汉年介绍下加入中国共产党的青年人,次年就打入国民党中统,1933年又成为日方情报人员。在他的简传中说:“1933—1934年两年间,袁殊不断将日本人的情报分送给中共与中统,由于其消息准确、及时,令中统头目吴醒亚对其刮目相看,袁殊至此奠定了其在中统情报部门的重要地位。而与此同时,由于袁殊特殊的家庭背景,令中共对其产生了不信任感,至1934年底,袁殊已被私下剔除在中共党员名单之外”;“1935年初,袁殊两次来到约定地点与中共上线联络,却二次不见王子春。‘断线’对于特工人员来说意味着‘灭顶之灾’,情急之下,袁殊不得不联系夏衍,请其为他转一封信给中共特工科。夏衍原先并不同意转信,因为作为当时中共驻沪的核心党员,他已知袁殊被剔除身份一事,之后勉为其难地将袁殊的亲笔信交给特工科负责人蔡叔厚。蔡叔厚当时正由中共特工科负责人转调入第三共产国际特工组织任职,他便顺手将袁殊的亲笔信带入了新组织,再次为袁殊安排了新的上线接头人。袁殊在不明就里的情况下成为了共产国际的特工人员。”随后,他又饱受牢狱之苦,并与军统发生关系,当他以“文化罪”判刑两年提前出狱时,他再次赴日本留学,回国已经是抗日战争的前夜了。传记中说他正式加入军统——“1937年年初,回国后袁殊重新归入中统阵营。在与冯雪峰取得联络后,以非中共党员的特工身份继续向潘汉年提供情报。同年4月,为加强自身保护色,袁殊加入青洪帮,成为与黄金荣、杜月笙同辈的‘通’字辈兄弟。同年6月,戴笠亲自上门会见袁殊,将其正式纳入军统名下。至此,袁殊的五重身份‘齐全’,时年二十六岁”。……这是袁殊人生中的奇遇,也是此人在乱世中能力的表征,别人可没有这么幸运,当然也不可能像他那样在后来遭遇如此多的厄运和磨难。

1944年3月,已经是江苏教育厅长、清乡团团长、新中国报社长、住在苏州拙政院里的袁殊,出面请一些在上海的作家到苏州去玩,他在江苏教育厅官邸拙政园尽了一份地主之谊。苏青等十几人应约前往。后来,苏青在《续结婚十年》中说袁殊这人身边女朋友不断。小说中“郑烈”的原型就是袁殊,且看苏青笔下的袁殊是怎样的:“宴客就在郑先生的上海公馆里,他的正式太太已死去了,但却有不少女朋友,一个人占住一个公馆,他也毫不顾忌地带着她们进进出出的,而且公开告诉人家说这位小姐是我的姘头。女人们自然啐他,却也没奈何他,他不相信爱情之类,老实就说中年人的‘恋爱’自然是金钱与美貌的结合。他是一个特工头子,据说。”苏青在袁殊上海的公馆和他第一次会面:“……客厅的墙壁四周都漆作玫瑰色,陈设除沙发外,橱桌椅几等等一律都是乌漆描金的,看去觉得别有风味。我们(指苏青与柳雨生)进去后在室内稍站住,就有一个剃光头穿着蓝布长衫的矮胖男子迎上来道:‘这位就是苏小姐吗?’我茫然不知所措,他就露齿笑道:‘我叫做郑烈。’”“剃光头穿着蓝布长衫的矮胖男子”确实抓住了袁殊的外貌特征,这样的描写也给读者留下了深刻印象。不过《续结婚十年》这书出版的时候

(1947年2月初版),袁殊早已经在上海失踪了,变成了新四军中的曾达斋,与关露(书中称秋韵声小姐)在一起。这是苏青不知道的,所以她会大胆地说这样的真相。那次苏州之游,苏青还另外写了散文《苏游日记》,同游的还有文载道(撰有《苏台散策记》)、关露等(详细情况可参见1944年《杂志》的"春游苏州"专辑),张爱玲借口容易感冒,婉拒了春游苏州的邀约。

这次招待是袁殊在任上与文人作家两次有名的交往之一。是年秋天,在南京召开第三届大东亚文学者报国会,正值汪精卫去世,会后,袁殊又在苏州作了一回东,招待的却是来自北平与东北的作家。战时沦陷区作家大都集中南京、北平和上海三地,袁殊与文人作家的交往几乎是全方位的介入,这是出于情报工作的需要,还是纯粹出于一个文人的兴趣?因为没有确切的资料,只能存疑。

抗战结束时,袁殊作为五面间谍,虽然在政治上有着他自己的倾向,即倾向共产党,但据一些研究资料表明,当时共产党已经不再怎么信任他(期间,由于当时形势严峻,有几次袁殊对中共安排的任务不甚尽力,对中共情报人员避而不见,直接指挥"清乡团"扫荡"中共江南抗日根据地"等再次引起中共怀疑。——简传这样说)不过因为他的有用,而为各方重视,政治原是不择手段且极端功利的,最后军统竟授予他"中将"军衔,而他却仍然跑到了在皖南的新四军驻地。然而他的被化名曾达斋,正说明新四军对他沦陷时期的这段生活的不认可,不然完全可以向外界表明:袁殊是我方的地下工作者,他的一切行为均在我方的领导下,我们可以为此负责。化名曾达斋,或许出于为了避免外界对其"容留汉奸避难"的舆论责难,也可见袁殊这个不透明的多面体在汪伪时期的作为更多的是出于自导自演和巧妙发挥。不过,在袁殊,在抗战结束之时,毕竟作出了自己的人生选择。

1982年,南京出版社出版了一本《袁殊文集》,收集了他百篇左右各个阶段的文章,在我看来,这些文章中很有几篇文章写得相当出色,风格上近于"闲步庵主人"(沈启无)的风雅淡荡,而这几篇文章正是他在伪教育厅长任上的出产。如果熟悉那个时代的杂志,我们会发现袁殊还有大量“汉奸”言论,细细研读这些文章,会感觉到与伪教育厅长这个职务的相称,这些文章都没有也不会收集了,但他给人琢磨不透的印象也就这样留下了。这是他当时的心声还是为了掩护自身的需要呢?后人是实在难以作出判断的。除此之外,在他主持之下的新中国报社还推出了很多册《中国内幕》。

《中国内幕》一集1943年6月作为“新中国丛书”第三种推出,二集作为“新中国丛书”第五种在7月1日推出,到1945年6月30日,一集已经出到第十版,可见其轰动程度。在这些《中国内幕》中,不但有渝方人士的隐私故事(如《王宠惠艳史》),渝方政情(如《重庆党派内幕》),还有陕共如朱毛的矛盾(如第二集《朱毛内讧与熊斌主陕》),据《中国内幕》二集的编序称:他们之所以要这样一集一集编下去,“是由于‘内幕’实在太多,而这种‘内幕’都是或多或少地支配着中国的政治,经济,社会和文化的”。这些材料大都出自“本报政治秘密特稿”,看来《新中国报》除了办报外,他们也不讳言还另有秘密任务——搜集各方的政治情报。这是六集编序中透露的信息,奇怪的是,既然是“秘密特稿”,何以可以不再秘密地大胆披露出来呢?这里不妨抄下第三集的目录供大家参考,因为据我所知,香港曾翻印过《中国内幕》的第一集,可见第一集比较容易得到。

出版于1944年1月12日的《中国内幕》第三

集目录如下:周佛海氏及其母亲/学者大使李圣五/亲共反共话陈诚/徐庭瑶张发奎画像/追记危城金华/顾祝同与"第三战区"/记蒋公子经国/英美派与政学系/重庆的党派斗争/宦海升沉中的宋子文与朱家骅/记孔祥熙夫妇/"傻大哥"冯玉祥/反共"常胜将军"卫立煌/陈仪与刘建绪/问题中人张学良/失意军人陈济棠/"七君子"今昔观/报人张季鸾/香港的反重庆集团/第三种人在香港/客死蜀中的陈独秀/一个悲剧性的人物周恩来/胡文虎的解剖/陈嘉庚一怒去国记。

综合来看,这样的篇目颇像如今多见的讲述民国的文史书籍,不过里面说到的人物都是鲜活的风云人物,如果不是抗战,很多内容恐怕不能出现在上海,除了前两篇全是颂扬的语气外,后面的内容立场倾向也显得相当明显,说实话,这是一项得罪渝方和陕方、讨好日方和汪伪的活,出版需要勇气,甚至要冒很大的危险,而袁殊所辖的新中国报社竟然做了,或许因为他对各方有用吧。

从《中国内幕》(一至六)中收文来看,这个开始几集署名欧阳宗(当然是化名)、后来署名是新中国报编译社的编者,他们完全是站在汪伪与日本的立场上的,内容是渝方、陕共和欧美的负面内容比较多,而针对汪伪与日本的负面内容没有一篇。对于这些颇为奇特的政治内幕,袁殊本人怎么看?陕共当时怎么看?渝方怎么看?问题还可以继续问下去,但答案在哪里,我也不知道。《中国内幕》除了第一集曾见香港翻印外,其他的几集以我谫陋的见闻,尚未能在别处看到,应该是比较罕见的出品,这与抗战结束后对汪伪时期的东西曾进行过焚毁有关。有趣的是,袁殊处在这样特殊的地位,他对自己的角色是怎样定位的?他是如何掌握作为五面间谍的因应分寸的?这些随着袁殊与潘汉年的去世,都变成一个永久的谜了。

记徐积馀先生

陶　峙

我读小学三年级时第一次听家人说起徐积馀先生的往事。他是我外祖母的父亲,我母亲的外祖父。我自幼生长于外家,与外祖母的感情最为深厚,对这位外曾祖自然就产生了格外亲近的感觉。据母亲讲,她的外祖父从小书读得很好,在同辈中鹤立鸡群,很得长辈赏识。大舅舅则说过他的外祖父相貌出众,被老师翁同龢称作"翩翩佳公子"。

及至四凶就擒,禁锢渐开,大舅舅拿出珍藏多年的老相册,我终于见到了积馀先生的真容。照片上的积馀先生一部长髯,双目矍然,或坐或立,无不俨然,当是民国以后在上海当寓公时所摄。此后我又见过工笔绘制的积馀先生年轻时画像,形神兼备。他的容貌果然丰神俊雅,而最大的特征是一双大眼睛下的两个深深的眼袋。这双眼袋也遗传给了我的外祖母、大舅舅、母亲以及我。

上世纪九十年代初,国内关于积馀先生事迹的资料逐渐多了起来。最早的一篇较为完整的传记是他的老家安徽南陵县政协出版的文史资料登载的。那时积馀先生的幼子即我的舅公徐子安先生还在世,亲手把一本南陵县文史资料交给我。县政协的同志为了这篇传记专门访问过舅公,而内容偏重于积馀先生的家世和经历。此后上海出版局主编的《出版史料》也登载了积馀先生的传记。这篇传记着墨的重点是传主的藏书、刻书事业。通过阅读这些传记,早年家里关于积馀先生的一些传说得到了验证。

先生名乃昌，字积馀，室名随庵，又号积学斋主人。他的生父文选公和叔父文达公早年都以生员的功名在湘军办粮台，而文选公早卒。先生于是依文达公为生。传说中那位特别器重先生的长辈就是文达公。文达公在淮军自成一统后以皖人归入李鸿章体系，曾长期担任两淮盐运使，驻节扬州，积馀先生因之在扬州长成。他的家世经历既不同于出身寒素的穷儒，也有异于娇生惯养的纨绔。两淮盐运使是清朝官场中有名的肥缺。作为盐运使的爱侄，积馀先生的经济是比较宽裕的，所以很早就有实力和雅兴藏书、刻书。另一方面，父亲早卒、寄人篱下的遭遇又使得他在精神上砥砺品行、卓然自立。积馀先生成年后，文达公在赴任福建按察使的途中病逝。于是先生离家远游。他到了北京，在琉璃厂遇到缪荃孙并与之订交，受到后者的影响，从此对藏书、刻书产生了浓厚的兴趣爱好，终生不改。在京期间他还拜入翁同龢门下成为其门生。

光绪十九年(1893)积馀先生考中举人，时年二十五岁，比起他后来的至亲好友张季直先生的科场蹭蹬，可谓少年得志。从这时起到光绪二十四年(1898)戊戌变法前夕，先生在北京、江宁等地交游广泛。他和康有为是乡试同年，与谭嗣同诗酒酬酢，还向金陵刻经处的创始人杨仁山请教佛法。不过积馀先生尽管与维新派人士过从甚密，却没有成为他们政治上的同志。时过百年，我翻阅了参加公车上书的十八省举人名单，并没有找到徐乃昌或徐积馀的名字。

后来积馀先生结束了游历生涯开始做官。他不是进士，自然没有进过翰林院，但他的第一个官衔是知府。南陵县的传记上说他是“援例授知府”。我根据清朝官制推测积馀先生的这个知府十之八九和他的好友谭嗣同一样，是从捐纳上得来的。谭嗣同的父亲是湖北巡抚谭继洵，家里有的是钱，自然也不必像一般的没有任何背景的读书人那样靠寒窗苦读来取得功名，而是轻轻松松地捐了一个候补知府，步入仕途。

从入仕到清朝灭亡，积馀先生当了十多年清朝的官。他做过淮安知府，管过通、海一带的厘务，因此有机会结识南通的在籍大绅士状元张季直先生以及季直先生的哥哥江西候补道叔俨先生并与他们昆仲成为好友。张家兄弟的诗集中有许多与“积馀太守”的唱和之作。积馀先生是江苏官场的红员，对张家兄弟的实业颇多帮助。季直先生的那次重要的东瀛之行就是积馀先生促成的。

辛亥鼎革时,积馀先生正在江南盐法道兼金陵关监督(相当于现在的南京市市长兼南京海关关长)任上。他没有为清朝政权殉葬,却也没有像张家兄弟那样为民国政府效力。积馀先生选择了隐居上海当寓公,这时才四十三岁。他一直保留着脑后的辫子,至少有十多年。这是有据可考的。有一次,积馀先生到张家看望老朋友。张家的小孩子们见了这位老先生脑后拖着的辫子,感到十分新奇,免不得在他身后指指点点。这时叔俨先生的第四子敬礼才十多岁,劝阻其他孩子说:“老世伯是我家的客人,也是我们的长辈,怎么可以对他无礼呢? ”积馀先生听这少年说话与众不同,大为赞赏,就向张家提出，把自己最钟爱的第七个女儿许配给敬礼。敬礼生于辛亥年,十几岁时还有机会看到他未来岳父大人的辫子,算下来积馀先生的辫子留了至少十几年呢。

后来积馀先生的七小姐果然嫁给了叔俨先生的四少爷。新娘十八岁,新郎十七岁。婚后一年,他们的长子出生,就是我的大舅舅廉武先生。当时外祖父,还在复旦大学土木工程系读书,经常把儿子抱在膝头温习功课。当年那段积馀先生于众人中一眼看中东床爱婿的佳话是我的大姨母纯武先生亲口告诉我的。

辛亥以后,当寓公的积馀先生除了以藏书、刻书为消遣外,主要的精力放在实业。我查阅了当年南通大生纺织公司董事会记录。积馀先生长年担任大生公司的董事，与他的亲家叔俨先生一道先后辅佐我的外伯祖张孝若先生、外祖父张敬礼先生掌管公司事务。

积馀先生早年娶贵池刘公瑞芬的长女世珍为正室，这是一般史家都知道的。瑞芬公和文达公同属淮军系统,曾出任苏松太道(相当于现在的上海市市长),后来长期担任清朝驻欧洲各国的公使,回国后任广东巡抚。瑞芬公的长子世珩先生和积馀先生一样是清末著名藏书家和刻书家，和张家兄弟也是很好的朋友。积馀先生的另一位夫人怀宁马韵芬也是众所周知。积馀先生有一方印章文曰"徐乃昌马韵芬夫妇印"，经常出现在先生收藏的碑帖图书上。家里人称呼马夫人做马四老太。除了刘夫人、马夫人以外，我从书上读到积馀先生还有一位许夫人、一位赵如夫人。许夫人名德蕴，杭州人，曾祖父是北京部里的主事。赵如夫人名春燕，扬州人。

积馀先生晚年在子女中最钟爱的无疑是我的外祖父夫妇。我的外祖母筱畹先生是积馀先生的第七个女儿，有一半的高山族血统。她的生母是台湾高山族将领的女儿。清廷甲午战败，把台湾割让给日本。高山族人民奋起抵抗日寇，我外曾祖母的父亲战死，她逃难到了大陆，成为积馀先生的副室，为积馀先生生下长子子久、次子子高、幼子子安以及七小姐、八小姐、十小姐等六个子女。

外祖母没有进过学堂，小时候在私塾里念过书。据母亲讲，外祖母的中文和算术都很好，画得一手极工致的扇面。可惜这些扇面没有保留下来。我记得小时候和外祖母一起躺在床上，听她讲桐柏英雄的故事，是一件极为惬意的事情。这些故事一定是她读小说读来的。外祖母曾经买给我几册连环画，上面题的字秀丽有风致，是她留给我这个外孙最宝贵的遗念。

徐家两代做的都是盐运使、盐法道一类的官，生活起居比起张家来要舒服得多。外祖母嫁到张家，虽然得到公公叔俨先生的另眼相看，但还是有些不习惯。第一样就是饮食。她出生时积馀先生已经四十二岁，中年得女，因此得到父亲钟爱。外祖父是积馀先生亲自选中的爱婿，又是世交好友的子弟，也深得岳父欢心。夫妻俩每次回到岳家，岳父岳母都要准备许多菜肴款待他们。外祖父在家里只得穿布衣，他的绸缎衣服都是岳家为他置办的。

前几年读到老报人唐振常先生写的散文，回忆年轻时参加敬礼先生举办的家宴，道是状元家的宴会有不寻常的书卷气，比他吃过的自贡盐商的宴席还要值得回味。我暗想这家宴一定融合了两淮盐运使的扬州味道、广东巡抚的岭南特色、江南盐法道的金陵风物,否则如何能让见多食广的唐老先生体味一辈子呢?

积馀先生去世前,廉武先生已经长到十多岁,比他的舅舅子安先生只小几岁,大外甥、小娘舅是很好的玩伴。积馀先生曾经问外孙叫什么名字,聪明乖巧的廉武先生答说叫"张徐廉武",可把他外祖父乐坏了,对外孙更加宠爱。子安先生晚年曾对我笑说他父亲偏心,给外孙的玩具比给儿子的多。

抗日战争时正值积馀先生晚年。他早年的有些前朝遗老朋友如郑孝胥之流投靠日寇当了汉奸。积馀先生与这些人断然绝交,表现出崇高的民族气节。

积馀先生去世以后安葬在上海虹桥万国公墓,那里是宋庆龄父母安葬之地,也是鲁迅先生迁葬虹口之前最初的落葬之处,算是当时比较高等的华人墓地。"文革"祸起,造反小将怎肯放过这块集中了众多"地主阶级"和"资产阶级"坟冢的土地?浩劫过后,一片狼藉。几乎所有的棺木都被翻出撬开,尸骸暴露。积馀先生的墓也未能幸免。外祖母和她的十妹商量以后买了一口大缸,请当地农民帮忙收殓积馀先生遗体,就地深埋。鉴于当时的形势也不敢留下任何印记。

2007年5月的一个傍晚,我驱车来到宋庆龄陵园,也就是原先的万国公墓。其时夕阳西下、暮色四合,我心中默念积馀先生的名讳,扫视着远近幽静的墓地。我确信四十年来他老人家就长眠在这地下,尽管我无法知道确切的位置。

我突然想起了张季直先生的名言,意思说天之生人原与草木无异,若留一二有用事业,即不与草木同腐。此情此景,我比以往任何时刻都更深切地理解了这句话的意思。人都有寿限,大限一到,谁都无法幸免。此后即使没有受到类似十年浩劫那样的身后惨祸,亦终难免与草木同腐的命运。所谓永垂不朽和长生不老一样都是神话罢了。然而积馀先生对保存中国文化所做的贡献却不会如他的躯壳那样被毁伤。他的后辈还会在多年之后的这样一个黄昏来凭吊他曾经的墓地。即此观之,积馀先生又确乎没有与草木同腐。

书丛老蠹鱼

——记沈津先生

姚伯岳

一、“书丛老蠹鱼”

2007年10月，许多古籍爱好者发现，新浪网上一个叫“书丛老蠹鱼”的博客开张了，博主就是大名鼎鼎的美国哈佛大学哈佛燕京图书馆善本部主任沈津先生。广东中山大学图书馆的程焕文馆长甚至在《大学图书馆学报》上为之大做宣传，并在自己的博客上“强力推荐图书馆学界的朋友去阅读‘书丛老蠹鱼’，因为那是史上最强劲的学术博客”！

业界周知，沈津先生是一个典型的老派版本学家，他自1960年进入上海图书馆古籍部，拜于顾廷龙先生门下，浸润于故纸堆中迄今已四十多年，著述盈尺，硕果累累，在版本学上取得了世人瞩目的成就。在现在仍在职的图书馆版本学家中，沈先生可以说是笔耕最勤、成果最丰的一位了。这样一个老派的学者，竟然也趋新潮开博客，可见当今网络的能量真是无穷啊！

我知道沈津先生的大名，是上世纪八十年代初读研究生期间，一次偶然在《四川图书馆学报》1982年第三期上看到其《抄本及其价值与鉴定》一文，当时拜读再三，大为叹服，为之神往。后来我留系任教，讲授《图书馆古籍编目》和《版本学》课程，每次讲到抄本一节时，都要特别介绍沈先生的这篇论文和其中的观点与资料。

至于第一次见到沈先生，则是在几乎二十年之后的2002年了。当时我已在北大图书馆任古籍部副主任,沈先生来访,我和古籍部张玉范主任接待了他,并单独陪同他参观了古籍书库和古籍部常设的一个内部展览。在谈话中感受到了他的博识和敬业。但那时,对我来说,他还只是一个严肃的可尊敬的前辈学长,没有想到后来和他会有一段那么深厚的缘分。

2004年底,我作为北大图书馆派出的访问学者,到哈佛燕京图书馆为其整理古籍和拓片,和沈先生同处一间极小的办公室,朝夕相伴。每天中午吃饭的时间,沈先生都会向我娓娓讲述上海图书馆的往事掌故,他个人的从业经历和经验,顾廷龙先生对他的谆谆教诲,中外各图书馆藏中国古籍善本的特点和价值……,可以说,我每天都在听一堂生动的专业讲座,我听得如痴如醉,大获教益,深感山外有山,天外有天,心中渐渐以师长视之。工作中,沈先生目光的敏锐,反应的快捷,态度的严肃,见解的中肯,无不令人由衷钦佩,心生景仰,将其视为楷模。

在翌年4月份到芝加哥开美国东亚图书馆年会(CEAL)期间,我和他同住一个房间,每晚都会有许多朋友如艾思仁、马泰来、郑培凯先生等来看望他,畅谈学术,我置身其间,不仅认识了许多名人,同时也学到了许多宝贵的知识。可惜,回到哈佛后不久,他就查出了癌症,到4月底便不得不住院手术,之后是痛苦的化疗、放疗,直到11月才又开始上半天班。

在他在家休假的这段日子里,我是他的通信员,半年多的时间,我无数次地在下班后到他位于Somerville的家中为其传送书信,每次也都毫无例外地受到沈师母赵宏梅女士的茶饭款待,沈师母厨艺的精湛和待人的真诚热情,给我留下了美好的印象。而沈先生即使是在病中,口讲指画的也仍然是古籍版本,言谈之中,令人颇受教益。

我离开哈佛回国的日子,正是圣诞节期间,我去沈先生家中向他道别。临别时,两人紧紧拥抱,都流下了惜别的眼泪。沈先生在窗前向我不停挥手的情景,永远地刻在了我的记忆中,是那样的亲切,那样的慈祥!

回国以后,我一直关心着沈先生的动向。2006年,他的三部大作《书韵悠悠一脉香》、《书城风弦录》、《中国珍稀古籍善本书录》几乎同时由广西师范大学出版社出版了。最近听说,由沈先生主笔、数批大陆访问学者协助撰写的《哈佛燕京图书馆藏古籍善本书志》也临近尾声了。

2007年,他在新浪网上开设了自己的博客。如今,沈先生正在兴致勃勃地撰写他的学术博客,精心经营着他自己开辟的这一块版本学园地。短短不到一年的时间,他竟然撰写了五十多篇颇有份量的版本学文章,"书丛老蠹鱼"的博客已成为许多版本学爱好者学习和休憩的精神家园。

二、图书馆沃土上滋养起来的版本学家

我时常在想,在中国当代的版本学家中,沈先生可以位列顶尖级人物之中了。对这样的人物进行的分析和研究,是不是有利于我们对当代版本学家的整体认识呢?

那么,什么样的人可以被称作是版本学家呢?沈津先生在《版本学家赵万里先生》一文中的开头便写道:"中国的古典目录学、版本学界的圈子本来就不大,然而,要真正成为'家'且要有重大贡献者,却又是微乎其微。"胡道静在《片断回忆业师陈乃乾》(《回忆中华书局》第133页)一文中说:"精通版本三昧,基于见多识广,要什么样的条件才能见得多呢?似乎无非是两条,一是当上了国家图书馆善本部的典藏人员,还有要么是做了贩卖古书的书贾。"

能被称作版本学家,首先要熟悉版本,了解文献。这里所说的版本,主要是指古籍版本,此外也包括一部分民国时期出版的图书。当代能够接触这些图书文献的人为数不多,版本学家的数量就更小,主要集中在公私藏书、售书处所及相关的教育机构如图书馆学系等。还有一些从事古籍整理工作的学者擅长从校勘学的角度

探究一书各种不同版本的源流变迁，比较各本之间的优劣高下。如《〈尚书〉版本源流》、《〈文选〉版本研究》、《〈史记〉版本研究》等等。但是这些学者并非专以版本研究为业，本人也并不以版本学家自命，所以一般并不将其归于版本学家之列。

大学教师身份的版本学家由于教学的需要，一般更关注理论体系的建立和相关文献资料的发掘，故多撰有成体系的版本学专著。如严佐之的《古籍版本学概论》、曹之的《中国古籍版本学》与笔者的《中国图书版本学》等。

藏书家身份的版本学家则依靠自己的力量收藏古今图书，并开展对相关版本的研究，此外还特别关注私家藏书的源流和变迁，这批人以黄裳、韦力、田涛、王稼句、薛冰等人为代表。其中韦力在藏书之馀，还曾倾数年之力查访全国各地遗存的古代藏书楼，并写出了《书楼寻踪》一书。

书商身份的版本学家见多识广，实践经验丰富，由于经手的书常常是来得快，去得也快，没有多少查考研究的时间，所以大多养成了"观风望气"的本领，一书的新旧真伪、价值高低，一看即知。清末民国间的古旧书店经常编撰发行本店经营的古籍书目，就是出自这类版本学家之手。而这类版本学家编撰的古书经眼目录如孙殿起的《贩书偶记》及其《续编》，王子霖的《古籍善本经眼录》，严宝善的《贩书经眼录》，几乎都成为重要的版本目录。王子霖的《古籍版本学》，魏隐儒的《古籍版本鉴定丛谈》更是宝贵的经验之谈。不过由于当代古旧书业的萎缩，这类版本学家老的已凋零殆尽，而新的还尚未露出头角，暂时处于沉寂状态。

图书馆的版本学家接触整理的大多是图书馆的藏书，他们本人一般并不大量收藏图书，特别是古籍线装书。因为瓜田李下，有职业上的禁忌。据说沈津先生仅收藏有三部古籍线装书，还都是别人送的。图书馆的古籍整理成果往往体现在一张小小的卡片或一条简短的记录上，最多不过是写一篇提要，所以他们特别注意版本著录的简明、规范，和对术语应用的准确、一致；同时由于工作的需要,也很关注馆藏图书的来源及掌故。

沈津先生十五岁进入上海图书馆善本组，师从版本学大师顾廷龙先生,同时还有潘景郑、瞿凤起两位先生从旁指教,得天时,占地利。在上图工作整整三十年间,上图所藏的古籍善本几乎被他摸了个遍。“文革”期间,上海造反派抄家得来的古籍规定由上图保管,“文革”过后这些古籍大多被发还本人，期间沈先生司典藏之职,对这些进行了相应的整理和编目。黄裳先生的藏书就经历了这样一个过程,所以沈先生对黄裳藏书的熟悉程度几乎是如数家珍。

1986年,沈先生赴美国纽约石溪大学作访问学者,两年间遍访美国收藏中国古籍的各著名大馆。1990 年,沈先生移居香港,供职于香港中文大学文化研究所将近二年，在此期间应邀比较系统地整理了香港中文大学图书馆所藏的中国古籍。1992 年,沈先生以访问学者身份赴美国哈佛燕京图书馆，从此开始了他整理研究哈佛燕京图书馆藏中国古籍善本的岁月。

沈先生常说:作为一个古籍整理者,一定要多接触古籍,多摸多看。版本鉴定,无非是看得多,实践多。他将近五十年的图书馆员生涯,经眼过手的古籍何止数万种!沈先生不抽烟,不喝酒,不下棋,不打牌,一天的工作之后,唯一的嗜好还是看书、写作。他在美国前后已十八年,除外出开会,几乎没有到什么风景名胜旅游过。他的敏捷和聪明程度是少见的,但为了集中精力,他不学开车,甚至也不愿在学英文上多花时间。相反,国内古籍界的一举一动,他都会瞬间得知,了如指掌。

我曾跟随沈先生多次到位于哈佛大学威德纳图书馆的照相室去检查摄制好的古籍胶卷。那是一项很辛苦的活儿,需要一边手摇机器一边检查每一拍胶卷的质量,一卷胶卷检查下来,顿觉眼花胳膊酸。这样一干就是整整半天,没有点儿毅力还真坚持不下来。很难想象,一个一流的版本学家,竟然甘于做这种枯燥艰苦的机械劳动而毫无厌倦之意。但沈先生认为,将馆藏珍罕稀见的古籍版本复制保存乃至出版,是他义不容辞的责任。这些被缩微保存的古籍都是由沈先生精心挑选的，其中很多被编入《美国哈佛大学哈佛燕京图书馆藏珍本汇刊》出版了。在该书的出版过程中，与出版社的联系、选题的确定，甚至版式的安排、装帧的设计，都凝聚着沈先生的大量心血。

早在1978年，为了配合编制《中国古籍善本书目》的人员培训的需要，上海图书馆油印出版了《善本书影》一书，该书就是直接出自沈先生之手。现在，沈先生又在为实现他的另一个宏愿——在退休前完成《美国哈佛大学哈佛燕京图书馆藏古籍善本书影》的编制而努力着。

三、别具一格的"书志"撰写

沈先生是顾廷龙先生的弟子，是在顾老的随时指教下成长起来的，他在所撰写的许多文章中都记下了顾老当年对他说过的话："古籍版本鉴定说到底，虽然只是技术性的工作，但是却包含了很多文史方面的知识，你不仅要多看、多查、多请教别人，在打下基础后，你还必须学会如何做学问。"在顾老指点下，沈先生从翁方纲入手，用二十年之力，从上图、北图、南图等各大图书馆所藏古籍、碑帖、字画中辑出了翁跋一千三百馀篇、翁方纲致友朋手札数百通，编成百万字的《翁方纲题跋手札集录》，并编纂了四十万字的《翁方纲年谱》。这既是沈先生治学的开始，也为他的版本学研究提供了一个颇具借鉴意义的学术参照。

有了编纂翁方纲年谱和手札的经验，在顾老去世后，沈先生顺理成章地编纂出版了六十万字的《顾廷龙年谱》和《顾廷龙书题留影》，这大概是顾老始料所未及的吧？

沈先生一度曾想编纂《明清室名别号索引》和《明人文集篇目分类索引》，并为之积累不少材料。但顾老得知后，立即阻止了他，因为这样的事情自然有人会做，他认为沈先生应将有限的精力放在编纂上海图书馆古籍善本书目上来。沈先生马上放弃了这两个选题，并将有关的材料转送给了其他做这些事的朋友。为什么顾老如此看重馆藏古籍善本书目的编制呢？因为这才是图书馆古籍工作者最应该做的事情。图书馆的馆藏目录，首先是联系读者和藏书的桥梁，没有这个桥梁，读者就无从查找他要读的书，图书馆藏书也无法被读者有效地利用。古籍善本历来是图书馆藏书中的重中之重，所以编制古籍善本书目，历来都是一个相关的图书馆的首要任务。图书馆的古籍善本书目不仅要先编，最好还能详编，也就是写出提要。

中国古代十分重视提要的写作，有四种主要的提要形式，分别叫做叙录体提要、传录体提要、辑录体提要、版本式提要。叙录体提要始自西汉刘向、刘歆父子校书。刘向的提要当时叫叙录，全面介绍一书的成书经过、作者生平及成就、版本流传、内容价值等等。这种体例的提要后来就叫做叙录体提要。传录体提要始于晋代荀勖的《文章叙录》一书，而以南朝刘宋时期王俭的《七志》为典型代表。辑录体提要渊源于南朝梁释僧祐的《出三藏记集》一书，而以元代马端临的《文献通考·经籍考》为代表。其基本体例是汇集一书的作者传记、前序后跋、相关笔记、议论等文献资料，其实是一种资料汇集。版本式提要仅著录一书的版本及其收藏情况，而不论及图书的内容主旨。这种提要在清代大行其道，清初钱曾的《读书敏求记》、清中期黄丕烈的《百宋一廛书录》、清后期瞿镛的《铁琴铜剑楼藏书目录》、莫友芝的《宋元旧本书经眼录》都是其中比较著名的。当年王重民先生先后任职北京图书馆和美国国会图书馆，发愿要撰写一万篇古籍善本提要，但终其一生，仅完成六千馀篇，身后由其夫人刘修业先生编成《中国善本书提要》及其补编，方出版问世。

沈先生是王重民先生之后又一个专注于撰写古籍善本版本式提要的版本学家。不过沈先生把他写的这种提要叫书志。“书志”这个字样在中国古籍中并不罕见，如《郑堂读书志》、《善本书室藏书志》、《爱日精庐藏书志》等。但在这些书名中，书志并不是一个词汇，只是藏书志、读书志的三字连用。书志作为一个正式的词汇最先出现于近代的日本，日本有书志学，大致相当于中国的目录学，但范围又比目录学宽泛，像我们今天提到的图书学、图书史的内容也涵盖于其间。沈先生极力倡导书志的写作，认为一个版本学家必须对经眼的每一部图书有十分清楚的认识。那么，沈先生所倡导的书志到底是一种什么样体例的提要呢?

我对沈先生撰写的几部古籍善本书志，即早年出版的《书城挹翠录》，最近出版的《中国珍稀古籍善本书录》，还有堪称代表性的《美国哈佛大学哈佛燕京图书馆中文善本书志》，都进行了认真的研读和比较，发现沈先生所撰写的书志，其体例一般是：一、著录书名、卷数、作者、版本、册函数、行款版式等基本事项；二、介绍作者生平及著述情况；三、陈述全书内容及其结构、体例等，其性质近似于一书的目次，亦时常节录前序后跋中的有关文字；四、列举各家书目文献对该版本的著录情况；五、迻录书中所钤藏章印记。由此看来，沈先生所倡导的"书志"，只是对以往书志字样的借用，其含义则完全是独创的，是指对一部具体图书也就是版本的记录和描述，与已故版本学家崔建英先生所提倡的"版本志"有异曲同工之妙。崔先生的"版本志"行外人不大懂，但"书志"一词记录图书的含义却是一目了然，更容易为人们所接受。

沈先生撰写的书志，不卖弄学问，不张扬个性，朴朴实实，客观地对一部具体图书的版本形态和内容结构进行描述，偶尔附带必要的考证，并介绍其他书目文献其记录和研究的情况。对于该书的利用者来说，相当于一个高明的版本学家提前将该版本各方面的情况用行家的术语进行了简明的介绍，为其下一步的阅读和利用创造了良好的条件。从沈先生撰写的书志中，我们看到了一个真正的版本学家的职责和品格，那就是作为一个图书文献的整理者，以渊博的学识、大量的精力、无比的耐心，去探究细小的、琐碎的问题，甘当垫脚石，为图书文献的利用者铺平道路、创造条件，引领其进入正确、平坦的轨道。

四、视野广阔的版本研究

除了书志的写作，沈先生还撰写了许多有价值的学术论文。如《抄本及其价值与鉴定》一文，堪称经典，据我所知，至今还没有同一内容主题的论文超过它的水平。当年为编纂《中国古籍善本书目》开设的培训班所讲授的《关于版本鉴定的几个问题》，真是大家手笔。文中所举版本鉴定实例，均是作者在鉴定古籍版本时所碰到的，言之凿凿，令人由衷叹服。其他如《明代坊刻图书之流通与价格》、《说"本衙藏版"》等文，均能稽要勾玄，显隐发微，以充足的实例说明问题，解除以往人们的疑惑。

版本学看似枯燥之味，但治版本学者往往却具真性情。从沈先生撰写的《学术事功俱隆　文章道德并富——回忆先师顾廷龙先生》一文，感觉真是字字泣血，一往情深。又如沈先生介绍康熙刻本《杨椒山先生集》，就用了"浩气还太虚，丹心照万古"这样的题目。《杨椒山先生集》是明朝忠烈杨继盛的集子，杨继盛因弹劾奸相严嵩而下狱，受尽酷刑荼毒，慷慨赴死，被后人讴歌传颂。沈先生此文，由描述康熙刻本《杨椒山先生集》开始，引出杨继盛悲壮事迹，进而讲述其在哈佛燕京图书馆发现杨继盛手稿《弹劾严嵩奏稿》的过程。虽是学术文章，但悲壮愤慨之情，溢于言表，痛悯钦敬之意，跃然纸上，令人读来，顿觉热血沸腾，豪气干云。

图书馆古籍工作者的主要职责是整理馆藏现有的古籍文献，图书馆的古籍编目工作也不要求古籍编目员对一书各种不同版本的演变发展源流必须有清楚的认识。可以说，在这方面图书馆古籍工作者一般不如私人藏书家和一些有特殊需要的学者。但沈先生却非常擅长对一书版本源流的探讨和研究。例如他对《圣迹图》、《农桑撮要》等著名古籍，都进行了版本源流的系统探讨，将每部书的前后各种不同版本一一开列，详加比较，洋洋大观，言人所未言，道人所未道。而其中研究方法的缜密，用词用语的规范谨严，更是表现了一个版本学家的学识素养,有他人所不能企及者。

作为一个图书馆古籍工作者,沈先生从不固步自封,人为地划定自己的研究圈子,而是非常善于发现图书馆中的珍贵藏品,不断发掘图书馆所藏图书文献的独特价值。我在哈佛燕京图书馆的时候,沈先生不断从善本书库拿出馆藏的宝贝给我看,如出版于1938年、有朱德签名的《红军长征记》,1943年至1944年的《参考消息》,抗日根据地出版的《晋察冀画报》,1931年10月也就是"九·一八"事变后第二个月出版的中英文画册《日军在中国东北虐杀民众惨状》,等等,并将其源流价值一一介绍分析。我当时不禁说道,沈先生,您关注的范围远远不止是古籍的版本了。沈先生回答道,其实我早就开始跳出古籍的范围了。确实如此,当一年以后我翻阅沈先生让广西师范大学出版社给我寄来的《书城风弦录》时,我发现仅其中的"新善本之属"部分,就有二十五篇文章是专门讲述古籍以外的近代图书期刊等各类文献的。

版本研究之所以不同于图书研究,就在于它通常关注的是一个个具体的文献实体,而许多产生年代久远的图书文献实体往往又有着非同一般的流传经历,其上或有名人批校题跋,或有藏家藏章印记,每个藏章印记都有一个个故事隐藏于其后。所以治版本学者,往往也很关注这些批校题跋和藏章印记,在编制各类书目时予以著录甚至研究。由此更进而关注某一藏家或公家藏书机构藏书的来源,进行总体价值的评判。基于这种思想,沈先生和台湾大学的潘美月教授合编了《中国大陆古籍存藏概况》一书(国立编译馆2002年版)。沈先生自己也撰写了一系列的相关论文,如《北京图书馆古籍善本概述》、《上海图书馆的古籍与文献收藏》、《上海图书馆善本书一瞥》等。

顺理成章,沈先生在美国做访问学者和在哈佛燕京图书馆工作后,也利用各种出访的机会,对美国各大图书馆的中文古籍收藏作了充分的调查,并一一整理成文,如:《美国所藏中国古籍善本述略》、《关于美国哈佛燕京图书馆的中文善本古籍保存保护和整理》、《历史悠久　典藏丰富——我所了解的美国哥伦比亚大学东亚图书馆》、《奇探二酉搜罗富——记美国普林斯顿大学葛思德图书馆的古籍藏书》、《聚典籍精华　汇中西学术——美国芝加哥大学东亚图书馆的善本特藏》、《我所知道的美国纽约公共图书馆》。可以说，美国中东部的几个收藏中国古籍比较丰富的东亚图书馆几乎都被沈先生寻访调研了一遍。我们目前对美国图书馆中文古籍收藏情况的了解基本上依赖于沈先生的这番辛勤工作。

近来，沈先生在他的博客上接连发表了数篇有关版本方面的批评文章。如《书口彩绘》、《看图纠误》二文，对美国《柏克莱加州大学东亚图书馆中文古籍善本书志》中关于书口彩绘、《香港大学冯平山图书馆藏善本书录》书前彩图的著录错误，作了令人信服的分析和纠正。《读国图编藏书印选编》、《国图又怎么了》两篇文章，分别对中国国家图书馆编纂出版的两部图书《中国国家图书馆古籍藏书印选编》(十册)和《清代版刻牌记图录》中存在的问题，作了中肯的批评；《中华书局也出错误百出的书》，则对目前学术界一片好评的北大教授严绍璗先生的《日藏汉籍善本书录》，也在版本著录的规范方面，给予了一些善意的指正。

这种批评文章出现的密度之高，批评态度的严肃认真，以往在版本学界是很少见到的。且不论世人怎样看待这些批评，但有一点我们是应该肯定的，那就是这一系列的批评文章开创了一个可以称之为“版本学批评”的新园地。这种批评类似于文学批评、历史学批评，它也是一种专业批评，不但在版本学界发挥作用，而且在相关的领域内也会产生影响，其意义不可低估。

沈津先生大半生的版本学实践，不仅丰富了版本学的研究内容，充实了版本学的知识和理论体系，也为后来的版本研究者树立了一个典范。

《景教碑》往事

陈根远

丁亥腊月，大雪纷飞，天寒地冻，神州大地经历了几十年未遇的持续严寒。习惯了每周六到古玩市场淘宝练眼的我，清晨醒来，望着窗外的皑皑白雪，心想快过年了，天气又这么冷，古玩城恐怕也没什么人，今天就算了吧。但在床上辗转反侧，还是禁不住心猿意马，干脆起来，打车直奔古玩城。

进了古玩城，方知铁杆收藏爱好者真是不少，正应了那句老话：岁寒然后知松柏之后凋。夹在熙熙攘攘的觅宝者中间，我开始走走停停，不时地弯下腰，看看瓦当，摸摸铜镜。眼见逛了一圈儿，还未看到什么可意之物。突然，一个地摊上的两张发黄的拓片吸引了我，已经在西安碑林从事碑刻研究十馀年的我一眼就看出这是两个《大秦景教流行中国碑》的左侧，而且此碑左侧早就靠于墙边无法椎拓了。醒目的“后一千七十九年咸丰己未，武林韩泰华来观。幸字画完整，重造碑亭覆焉。惜故友吴子苾方伯不及同游也，为怅然久之”清人题记，使上部弯弯曲曲如同今天藏文的古叙利亚文隐而不显。我压住怦怦乱跳的心蹲下，先漫不经心地翻翻摊主一起摆出的几本破书，又拿起几本旧字帖，自言自语地说：“喔，不全。”最后问：“这两张拓片咋买？”摊主答曰：“一千元。”“两张一样的清朝碑子也要一千？这是个啥碑？”我面露难色。“不知道，反正是个老东西，现在老东西不好找啊！”我看砍价未果，便激流勇退，实际上是心中偷着乐，大有古人所谓“咏而归”的惬意。

《大秦景教流行中国碑》可非寻常唐碑可比,它刻于唐建中二年(781年),螭首龟趺,高二百八十厘米,宽九十九厘米。碑文记载了基督教在唐代贞观年间传入中国及其以后一百多年流传中土的情况,是闻名海内外的世界四大名碑之一。"大秦"是中国古代对东罗马帝国的称呼,"景教"是基督教一支聂斯脱利教派的中文名字。碑文记载,贞观九年(635年),基督教由叙利亚教士阿罗本从波斯传入长安,当时心胸宽广的唐太宗李世民命宰相房玄龄到长安城西郊列队欢迎阿罗本(碑文"帝使宰臣房公玄龄总仗西郊,宾迎入内"。)陈垣先生曾指出:"要讲基督教入华史,还是要从唐代的《大秦景教流行中国碑》讲起。"

《景教碑》明天启五年(1625)初春出土于西安城西崇仁寺(金胜寺)或其附近,其地即当年唐长安大秦寺旧址,旋就近安置在崇仁寺内。这座寺院是当时西安最大的佛寺,明成化年间曾大举修缮,把它作为秦王府的香火院。现为空军西安基地(希尔顿大酒店斜对面)所在,在西安城墙西门外四五里处。

出土三百多年来海内外学人就该碑的真伪、性质,出土的时间、地点,以及从语言学、神学,特别是宗教史学的角度解读该碑的内涵做了大量研究。一碑之研究竟至汗牛充栋,足称前无古人,后无来者。国人对该碑的研究,最早可溯至耶稣会的信徒李之藻(1565—1630年),徐光启(1562—1633年)亦著《景教堂碑记》和《铁十字箸》,试图从天主教的角度来解读该碑。有的学者如清儒钱润道指该碑为明时中国习利玛窦之教者之伪撰,"以夸张其教",十八世纪法国启蒙运动者伏尔泰 (Voltaire) 也持类似观点。清末洪钧(1839—1893年)的《元史译文证补·景教考》已把景教确认为入华的聂斯脱利派,并介绍了西人对"聂斯托尔"与景教碑的研究。

二十世纪前西人的研究以来华的基督教传教士,尤其是耶稣会士为主。该碑的出土对他们来说,可谓如获至宝,因为其无疑证明了基督教在华之源远流长,尽管景教在中世纪不过是基督教的异端。他们很快将碑文译成多种欧洲文字,并着手解读该碑的叙利

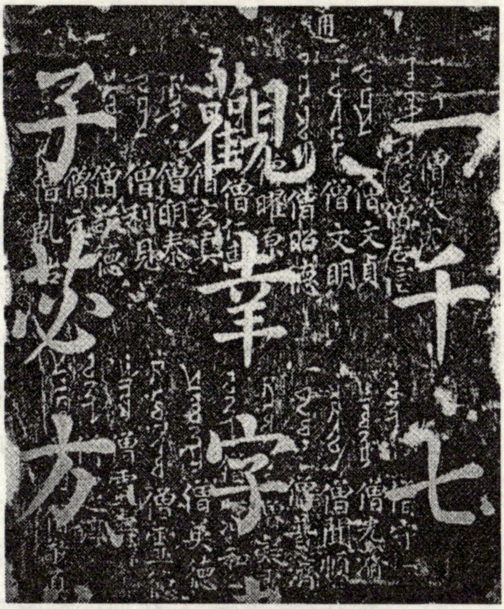

亚文部分。

《景教碑》出土二百多年一直在崇仁寺中，清咸丰九年(1859年),在陕做官的杭州人韩泰华访碑至此，庆幸碑刻字画完好,更造碑亭,以为保护，并于碑石左侧刻题："后一千七十九年咸丰己未，武林韩泰华来观。幸字画完整,重造碑亭覆焉。惜故友吴子苾方伯不及同游也，为怅然久之。"

韩泰华,字小亭,浙江仁和(杭州)人。道光间官兵部郎中,至陕西粮道(正四品)。富藏古籍书画,有元人集百馀种,皆传钞精本。咸丰元年(1851年),刊《玉雨堂书画记》四卷,载从唐至明八十馀种书画。晚年侨居金陵。尚有《无事为福斋随笔》行世。祖韩文绮,曾官山左按察使、右副都御史。

"吴子苾方伯"即曾任陕西布政使的清末大名鼎鼎的金石学家吴式芬。吴式芬(1796—1856年),字子苾,山东海丰(今无棣)县人。清道光进士,精考订,富收藏。咸丰元年(1851年)五月五十六岁由贵州布政使改任陕西布政使。次年正月,抵达西安履新,八月兼署按察使。咸丰四年二月,束装北上京师,九月,补授鸿胪寺卿,十月授浙江学政。韩泰华来观《景教碑》时,他所敬重的老上级和友人吴式芬已经离开陕西五年了，看到古碑的欣喜和同好不在的怅然反映的文人间的惺惺相惜,令人感动。

不幸的是,韩泰华建亭才过三年(同治元年),太平军陈得才部由商洛入陕,陕西关中回民响动。汉人民团以崇仁寺为大本营,对回民竟开杀戒。回民集结万馀,包围崇仁寺,决战中,碑亭与寺院俱被烧毁,遂使此碑曝露旷野。据说消息传到北京,驻京的外国使节请求总理衙门设法保护景教碑，并捐款一百两银子给西安另建碑亭。但该款项到达西安时几经克扣，只剩下五两，碑亭自然建不成了，最后只好“筑一瓦轮以覆盖之”。

1907年5月，丹麦人何尔谟(Holm)仆仆西安，出银三千馀两买通寺僧，图将此碑运往伦敦，并计划雇石匠用相同的石料重刻一碑以代原石。9月复制《景教碑》已经完成，何尔谟再度来到西安，就在其秘密商议搬运之际，消息走漏，地方当局出面制止。擅长英语的陕西高等学堂教务长王猷担当折冲之任，与何尔谟交涉，终解除密约，只允许他将复制碑石运走。10月2日至6日，《景教碑》碑身、龟趺先后移往西安碑林，陈列于《开成石经》碑廊之后“《孟子》石经亭”入口处(今碑林第二展室所在)东侧。

约在《景教碑》移往西安碑林之时，左侧韩泰华题记首行末字“华”下半损。此次愚得左侧拓本，“华”字未损，纸色黄，帘纹阔，墨色淳古，信为清同治前后拓本。1973年，碑林碑石陈列调整，为了突出《景教碑》，将其从第二展室东侧移至进门西侧第一排第一碑位置，从此这块名碑的左侧紧靠墙壁，再也无法槌拓了。

十馀年来，愚朝夕盘桓《景教碑》前后，每以只能隔着钢框玻璃辨读碑文为憾，今竟偶得此唐碑巨迹早年拓本，虽仅存左侧，但已感上天之厚我。

元刊孤本传佳话

李宜杰

世纪初交，在曾任职于国家图书馆古籍善本部的学者“书商”T君的安排下，笔者与台湾X先生如约而聚。X先生要出手的一部元刊《唐诗鼓吹大全》，由于双方均有成交愿望，故交易很快达成。

每得珍籍，总想尽力详考原委。手捧新得元刊古本，欲望更甚。

七百五十年前，以诗名震京师的完颜金遗名士元好问，辑选其崇尚的唐诗编为《唐诗鼓吹》荐于门生郝天挺。入元，郝居吏部尚书、中书左丞，承师集注唐诗，于大德七年(1303)成书《注唐诗鼓吹》十卷，共收唐代诗人九十六位，诗五百九十三首。初刻于至大元年(1308)浙省儒司(十行二十字，大陆无存，目前仅台湾中央图书馆庋藏孤本)，遂有坊间翻刊。根据《中国古籍善本书目》著录，目前可考的元代刻本，按时间先后依次为今存寒斋的麻沙刻本(十二行二十一字，曾藏上海图书馆，为海内所存最早刊本)，建阳刘氏日新堂刻本(十三行二十二字，全帙存上海图书馆，国家图书馆残存一至五卷)，及冲和书堂刻本(十三行二十二字，存浙江图书馆)。另《蒙元版刻综录》著录元刻尚有积善堂刻本(十三行二十四字，书存何处不详，《中国古籍善本书目》未收录，想不为海内所藏)。之后朱明满清迭有翻刊。它们虽未必都径出原刻，但可谓同出一源，然则书名多异。从著录情况看，此书的元刊本，俱为孤本珍藉，任其一部，足可珍宝。寒斋藏本，因“最近”原刻，故最有可能径出原本。水近源头，自然清澈。为书善者，莫此为最。

打开古朴的红木匣装，两块瘿木板夹裹的十册旧装古本赫然

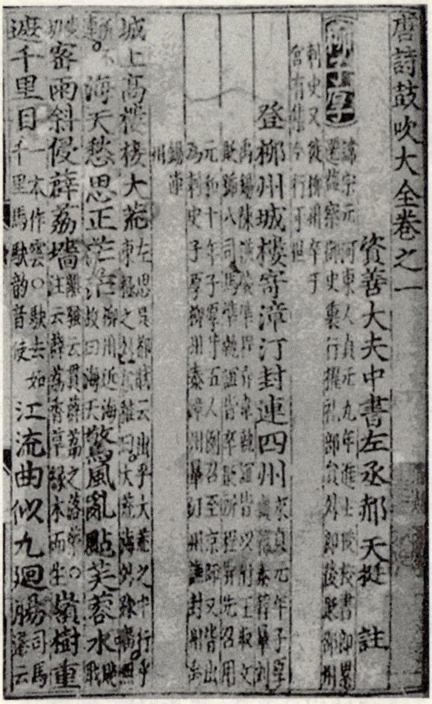
唐詩鼓吹大全卷之一
資善大夫中書左丞郝天挺註
柳宗元
登柳州城樓寄漳汀封連四州
城上高樓接大荒海天愁思正茫茫驚風亂颭芙蓉水密雨斜侵薜荔墻嶺樹重遮千里目江流曲似九迴腸

入目。卷内首有元至大元年赵孟頫书序，次目录，每卷目上刻花盖头。正文，每卷首行顶格书“唐诗鼓吹大全卷之几”，次行低六至八字不等，书“资善大夫中书左丞郝天挺注”，次人物，均阴文墨围标出，再人物简介，后诗文。用竹加绵细纹纸，半框20.3×13厘米，四周双栏间左右双栏，小黑口，双鱼尾。每卷首叶及末叶上鱼尾下刻墨花，馀刻楷书“卷之几”，下鱼尾下记叶次。上鱼尾上有部分通黑口，但多均等分为两部分，一部分黑口，另顶栏部分书“鼓吹大全”。字仿赵体，多有俗体简笔者。历史的沧桑赋予了古本苍老的面容，特有的“赵体”诉说着蒙元文人雅士中最盛行的书风。多处所钤“何焯之印”、“屺瞻”、“玄宰”、“上海图书馆藏”、“上海图书馆退还图书章”等朱红印记，及贯通全篇的圈、点、校朱笔，还有收藏大家龚心钊二则札记书跋，都为古本增添了许多“厚重”。心钊札记，一则红蜡笺、民国十八年(1929)“记于上海戈登路寓庐”，一则木板拱花套印笺、民国二十一年(1932)五月二十四日“夜窗展诵，感而补志之”。龚氏定此“乃元初坊间翻刻郝氏之本……是真麻沙面目”。言明民国六年(1917)“重付装，亲为作红木匣盛之”。同时还提及一段鲜为人知的故事：“民国初元，几毁于童竖之手，幸得捡存之”。再审全书，虽经重修，然或污或残的遗迹却为“故事”留下了印证。细品版本，一种残缺美，油然而生。这不禁使人想起清末湘潭袁思亮，为从大火中救一部宋刻东坡诗，欲与身殉的动人故事。龚氏救书虽无袁氏冒死相救那样悲壮，但也不失为书林一段佳话。

此书曾为“国家所有”,何以辗转漂泊至寒斋?这不能不让人对龚氏家族产生兴趣。

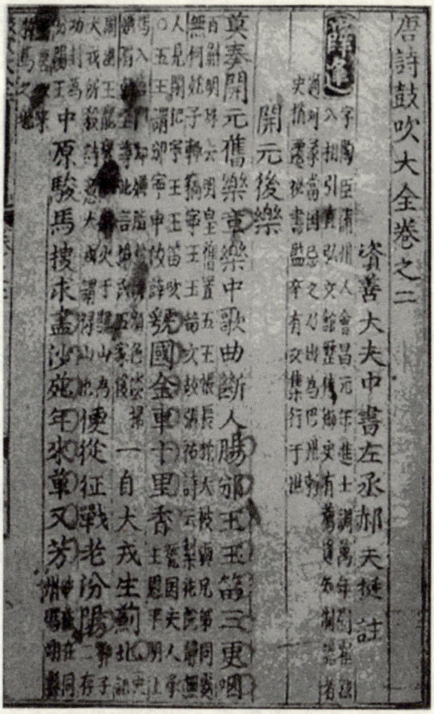
唐詩鼓吹大全卷之二
資善大夫中書左丞郝天挺註
開元後樂
莫奏開元舊樂章樂中歌曲斷人腸邠王玉笛三更咽
虢國金車十里香一自犬戎生薊北
便從征戰老汾陽
中原駿馬搜求盡沙苑年來草又芳

合肥龚氏一族，自明至民国,或官或商,数百年间,代不乏人,可谓富甲声名一方。心钊先祖龚鼎孳(1615—1673),二十岁即中进士,明末与钱谦益、吴梅村并称“江左三大家”。心钊父龚照瑗，清光绪间曾任上海道台、四川布政使,出使英、法、美、比大臣。兄心铭,清末进士,集鉴藏家与实业家于一身。心钊,字怀希,自幼随父客居上海。十九岁中举人,二十六岁中进士,任清最后一任科举考官,曾因卷入孙中山革命活动而险遭不测。其平生笃爱古物,潜心研究与收藏。品类之广,精珍之富,时于海上颇具影响。龚氏所藏,大都亲自设计用瘿木或红木盒精心包装,有的盒还用精致的织锦包面,谢稚柳先生就曾赞叹:龚氏的包装形成了自家独特的风格。

心钊长女龚安英,今若健在,当近九旬,是位颇具大家风范、精通古物鉴藏及市道的“大玩家”。1960 年,她将珍藏的五百馀件文物捐献给上海市文管会(即现博物馆)。其馀所藏,多为她用于生活开支而售出。对于这种反收藏大家之道而使古物聚则又散的做法,安英坦然以对:“过去,别人卖,爹爹买进,现在我卖,别人买进,都是为了吃饭。古往今来,都是这样。”十年浩劫,安英家被抄,所藏古物也尽遭砸抄。红卫兵为拷问商鞅方升下落,曾逼其长跪搓板。1986 年 10 月,英女王访华,说她在英国出生的医院,现在还有她的出生证,故为英国公民,因此,发给她英国护照。邓小平拨乱反正后,龚氏的一部分旧藏，也在落实政策中，退归龚宅。安英从此又恢复了以古物“换饭吃”的生涯。寒斋今得古本，即是龚安英“散播古物”的一个缩影和写照。

龚氏札记，可证寒斋所得之本即为龚氏旧藏。1957 年版《上海图书馆善本书目》并未著录此本，而上世纪八十年代初定稿的《中国古籍善本书目》却著录上海图书馆庋藏此本，上海图书馆的两方印记，可证此本确即“文革”时查抄龚氏之物。大概因安英持英护照有出入香港之便而鬻书台湾。至此，此书的递藏关系已清晰可陈：明末董其昌曾藏，入清归何焯(何义门曾加批注并有刻本行世，不知所据底本是否此本?)，清末入藏龚氏家族，“文革”中抄至上海图书馆，后重返龚氏，上世纪八十年代漂泊台湾，今则寒斋恭奉。查《四库简明目录标注》及《邵亭知见传本书目》等各家书目均不著录，故定为“天下仅存之本”应属确切。此书可谓流传有序、著录准确的元刊孤本。

人有离合，物有聚散，“天规”施布，古今永恒。古物的聚散，虽无定数，但同样须步自然法则之轨。对藏家来说，捐是散，让是散，动乱中流失也是散，但对新藏家来说却是聚。因此，某种意义上讲，聚也是散，散也是聚，聚散常相伴而生。无论是聚还是散，古物如能随着佳话的延续而永生不息，世代相传，古物大幸！民族大幸！

毛晋在崇祯三年藏书刻书考(下)

郑伟章

四月初(夏之朔)海盐忘年交胡震亨撰《宋词二集叙》,载于毛晋所刻《宋名家词六十一种》之四集首,末署"庚午夏之朔海盐胡震亨遯叟识"。叙谓毛晋"为文宗秦汉,为诗宗开元大历","于书无弗藏,无弗读宋人之集"。是书首集又有夏树芳《刻宋名家词序》,云:"古虞有子晋毛氏,写心汲古,其风流闲雅甚都,盖连然韵士也。家住昆湖之曲,凡遇快书戛戛乎堂堂乎,辄雕梓以行世,忼慨筹客,頫意校雠,剞劂辈四千馀人,悉以汗青相角,邺架之上,浩荡扶疏,而江左称善藏书者,无渝毛氏。"但仅署"冰莲道人夏树芳书",未署年月,姑置诸胡氏叙之后。

汲古阁所刻是书共六十一种八十卷,分为六集,除六集多一种外,馀皆每集十种。各书大多有毛晋识语,亦皆未署时日。每集之前列该集总目,每种之前有该书词目。每半页八行,行十八字,宋体字,白口,上为书名,下有"汲古阁"三字。书幅阔大,行疏字朗,刻印精美。毛晋识语中多涉及访获词集之事,如《漱玉词》跋、《樵隐词》跋谈及购杨仪秘藏名家词廿馀种之事。《洺水词》跋谈及释衍门购此词相赠。《竹坡词》谈及去冬得此书赝本之事。《东浦词》跋云:"余去冬,日事畚臿,研田久芜。托友人较雠诸词集以行世。入年读之,如兹集开卷'水调歌头',为之掩鼻。"(《书跋》第106—107页)

《四库全书总目》卷二百集部词曲类存目《宋名家词》提要云:

"明毛晋编。词萌于唐而盛于宋。……其宗宋也,亦犹诗之宗唐。明常熟吴讷,曾汇宋元百家词,而卷帙颇重,钞传绝少。惟晋此刻,蒐罗颇广,倚声家咸资采掇。其所录分为六集,自晏殊《珠玉词》至卢炳《烘堂词》共六十一家,每家之后各附以跋语。其次序先后,以得词付雕为准,未尝差以时代,且随得随雕,亦未尝有所去取。故此如王安石《半山老人词》、张先《子野词》、贺铸《东山寓声》以及范成大《石湖词》、杨万里《诚斋乐府》、王沂孙《碧山乐府》、张炎《玉田词》之类,虽尚有传本,而均未载入。盖以次开雕,适先成此六十集,遂以六十家词传,非谓宋词止于此也。其中名姓之错互,篇章字句之讹异,虽不能免,而于诸本之误甲为乙,考证厘订者亦复不少。故诸家词集虽各分著于录,仍附存其目,以不没晋蒐辑校刊之功焉。"

诚如题要所云,"盖以次开雕",非谓仅此数也。汲古阁所藏宋词未雕者,即有《汲古阁未刻词二十二种》,此书系祁阳陈澄中所藏,现已庋于上海图书馆。彭元瑞题记云:"于谦牧堂藏书中得宋元人词二十二帙,题曰《汲古阁未刻词》,行款字数与已刻《六十家词》同。每帙钤毛子晋诸印,皆精好,特抄存之。"彭氏抄本后归况周颐,江标从况氏抄得。按此二十二帙原本藏北大图书馆。江标跋云:"此彭文勤知圣道斋钞宋元人词,皆出自汲古阁未刊本。余在京师,从况夔生中书抄得之,共二十二家,后附四家,则从况抄别得之,不知何所出也。彭抄旧附一目,尚有三十七家,同有写本,而夔生迟不与借,余亦匆匆出京矣。……窃尝思之,此本自子晋搜觱,文勤补录,一线相延,几三百年。近日好事者互相写刻,欲副文勤续镌之愿。然诸家中或有或逸,若有数存乎其间,是亦重可感也。"又黄丕烈亦有《景汲古阁钞本宋金词七种》,有三种未刻:(一)吴郡范成大(至能)、东吴陈三聘(梦弢)著《和石湖词》;(二)河东段成已(诚之)著《菊轩乐府》;(三)吕胜巳(季克)著《渭川居士词》等。其行款亦同汲古阁词,每书口皆有"汲古阁"三字,且皆钤有"毛晋之印"、"毛氏子晋"两朱方。此书陶湘曾影印。

汲古阁又有《影宋钞本南宋群贤六十家小集》五十八册,不知抄于何时，姑附于《宋名家词六十一种》之后。民国间，此书千流百转归诸邓邦述群碧楼，邓氏极尽赞美毛氏影抄书籍“驾宋本而上之”。邓氏序云：“隐湖毛子晋父子，当明季鼎革之际，独以好书驰声于东南间。其所刻书极多，虽雠校未尽精审，而世竞宝之。然犹不及其影抄之美善，为千秋绝业也。”“此五十巨册，皆据南宋棚本影钞，内有陈解元书铺印行木记者约十四五处，亦有板式疏阔，或原有缺叶至十叶者，悉仍其旧，无窜改意断之习，乃至序后图印，亦俱摹写酷肖，令人一见辄疑为原板初印，不知出于写官技能，工巧至此而极。后人虽雅慕深思，苦难企及。于是，毛钞乃成一种板本之学，足见一艺之成，卓尔千古，未可目为小道而忽视之也。”“论其精绝，殆将驾宋本而上之焉。”(见该书之首)

四月八日(浴佛日)，毛晋撰《题香国》一文，由籀阁伍柳全文篆书，并影刻于该书之前。潘先生校订之《书跋》失载，现录如下：“《华严》云，滕根长者，名白普眼，善和合一切诸香要法。余恨未得接香光明照我身心，然愿无尽也。春来避迹湖滨，爇名香一主供养檀象，顶礼《华严》，得象藏无滕若干则，继阅《云笈》，又得正气振灵若干则，合为一卷。因意客秋病榻，翻阅《本草》、《广记》诸书，偶有所录，亦附而梓焉，每展读时，觉莲华夺意，拂拂告东，迷透都梁，盈盈研北，至若此中真意，欲采忘言矣。海岳云，众香国中来，众香国中去，余愧馨非同德，窃幸臭有同心，庶乎普眼长者，起六香云编。熏阎浮提，盼接引我为众香国中人乎。庚午浴佛日古虞毛晋题了四香在。”末钤“晋子晋”左右白、中朱方印、“湖南水隐”对角朱白方印。按：是书分上下卷。卷上首页题“东吴毛晋辑”，目录列象藏香、牛头香、莲华藏香、海藏香等二十三种；卷下目录列沉香、檀香、熏陆香、麝香、芸香、丁香、郁金香等八十种，全书共列百馀种奇香。所辑皆注明文献出处，如晋成《芸香赋》、《华严经》、《楞严经》、《清异录》、《王子拾遗记》、嵇康《怀香赋》、许敬宗《怀香赞》等三、四十种，大多为异书秘籍。如芸香云：“芸香辟纸鱼蠹，故藏书台称芸台(鱼豢《典略》)。美芸香之修洁，禀阴阳之淑精，去原野之芜秽，植广厦之前庭。茎类秋竹,叶象春樫"(晋成《芸香赋》)。此为先生所纂辑实用价值极高之书。

五月(夏仲)购得海盐胡震亨杭州寓所焚馀之《秘册汇函》板一百有奇。毛晋跋《南唐书》云,是书十八卷,"仅见于盐官胡孝辕《秘册函》中,又半烬于武林之火。庚午夏仲,购其焚馀板一百有奇,断蚀不能读。因检家藏钞本订正附梓于《全集》逸稿之末"。(《书跋》第7页)。

六月(且月)十五日(望日)开雕《五代史》七十四卷,宋欧阳修撰,徐无党注,为《十七史》之一。是书第一页背面刻有"皇明崇祯三年岁在尚章敦牂且月望日琴川毛氏开雕"字样,有"琴川毛氏审定宋本"朱长方牌记,每卷首末页书口鱼尾下有"汲古阁"三字、"毛氏正本"四小字。

七月四日跋唐方干撰《元英先生诗集》两则,其一之后署"崇祯庚午秋七月四日虞山毛晋跋于读礼斋"。(见《书跋》第57—58页)。

七月八日(七夕后一日)毛晋撰《津逮秘书》序云:"段柯古云:'经为大羹,史为鼎俎,子为醯醢,种种有至味存焉。'然味不贵多而贵奇,书不贵广而贵秘。今里巷之士第求粗粝,尚一绝之无时,试尝之以龙酱蚳醢,牸腴鱅翠,有不惊喜以为异美者耶?予故谓口之于味,有同嗜焉。得一秘本辄严订而梓之,以当授粲,而四方同志亦各各不吝见投。数年来有若干卷矣。迩盐官胡孝辕氏复以《秘册》二十馀函相属,惜半烬于玉林辛酉之火。予为之补亡,并合予旧刻,不啻百有馀种,皆玉珧紫弦,非寻常菽粟也。因念宓羲以迄胜国,凡二十二代,三千七百馀年间,作者何限。其或人地隐显,世代销沉,可传而终秘者,又复何限?予所津指,亦仅仅天厨一脔尔。然朝披一卷焉而秘,夕披一卷焉而秘,正如入招摇之山,……齿牙肠胃间俱津津焉,味外有异趣,趣外有异想,快哉!……先行数种,以供同嗜。客过而卒业曰:'积书岩罕有津逮者,子其逮之耶?'予曰:'聊以此当问津云尔。'遂以此名编。惟海内先生长者,有以教我。崇祯庚午七夕后一日海虞毛晋漫识。"(《书跋》第124—125页)

据此跋，先生于本年五月购胡氏烬馀之前，数年来已刻若干卷。购胡氏烬馀之后，“予为之补亡，并合予旧刻”，乃刻为《津逮秘书》十五集，一百四十种，七百四十六卷，这是中国历史上一部极著名的大部头丛书。

第一集书名页“津逮秘书”四个大字之旁列本集所刻八种书目，左下有“汲古阁”三字。前有“友弟海盐胡震亨”《题辞》云：“人得异书，秘为帐中，秘不示人，非真好书者。真好书者如好饮，然独饮不适也，宜挟一编自赏，不与人共赏耶？余友虞山子晋毛君，读书成癖，其好以书行，令人得共读亦成癖。所镌大典册积如山，诸稗官、小说家言，亦不啻数百十种，惧购者零杂难举，欲统为一函。而余向所与正友沈汝纳氏刻诸杂书未竟，而残火者，近亦归之君，因并合之名《津逮秘书》以行。郦氏之《经》云：‘积石之石室有积卷焉，世士罕津逮者。’今而后问津不远，当不怪人其窟，披其简者之为唐迷矣。余尝谓，世上书虽不易尽其存者，亦自有数。我江南得如子晋数辈，广搜异本，各称物力，举匠锲工传之，不数年，遗藏尽发，四部可大备。愚公欲移山，人咸笑之。而公谓不难，尽刻人间书，故难当不难移山也。使此津毋仅属一家津，得渡自广第共济者，偶乏同志尔。”

按胡氏此《题辞》未署年月，不知撰于何时。然据文中“而残火者，近亦归之君”，所撰当与先生之跋文相距不远，故附于此。胡氏尚撰《小引》一篇，此不赘。第一集有陈函辉所撰总序、第二集有萧士玮所撰总序，均撰于崇祯十一年冬。关于《秘册汇函》，胡氏于万历三十一年与沈士龙、孙震卿同撰《刻秘册汇涵引》。

《四库全书总目》卷百三十四子部杂家类存目十一《津逮秘书》提要云：“明毛晋所纂丛书，分十五集，凡一百三十九种，中《金石录》、《墨池编》有录无书，实一百三十七种。卷首有胡震亨序。震亨初刻所藏古笈为《秘册汇涵》，未成而毁于火。因以残版归晋，晋增为此编。凡版心书名在鱼尾下，用宋本旧式者，皆震亨之旧。书名在鱼尾上，而下刻汲古阁字者，皆晋所增也。晋家富藏书，又所与游者多博雅之士，故较他家丛书，去取颇有条理。”

《秘册汇函》二十四种中被收入《津逮秘书》者有：第三集一种，《齐民要术》十卷，后魏贾思勰撰，前有贾氏自序，后有宋葛祐序、明王廷相序及沈士龙、胡震亨跋。第四集三种，《道德指归论》六卷，署“汉严遵撰，明胡震亨、毛晋同订”，前有明刘凤、谷神子序及沈士龙、胡震亨题词。《周髀算经》上下二卷，汉赵君卿注并原序，宋鲍澣之序，及沈士龙、胡震亨题辞，毛晋校。《术数记遗》一卷，汉徐岳撰，北周甄鸾注，明毛晋校。第八集三种，《益部方物略记》一卷，宋宋祁撰并自序，明胡震亨、毛晋同订，有沈士龙题词，胡震亨跋，孙震卿校。《岁华纪丽》四卷，唐韩鄂著，明胡震亨、毛晋同订，无名氏序，沈士龙题词，胡震亨跋。《泉志》十五卷，宋洪遵撰并自序，明徐象梅校并图篆，胡震亨、毛晋同订，徐象梅跋。第十集五种，《灵宝真灵位业图》一卷，梁陶弘景纂并序，唐方远校定，明胡震亨、毛晋重校，沈士龙撰《引》，胡震亨题识。《汉杂事秘辛》一卷，明胡、毛同订，杨慎题辞，胡震亨题识，包衡题识，姚士粦跋，沈士龙跋。《东京梦华录》十卷，宋孟元老撰并自序，沈、胡同校。《佛国记》一卷，宋释法显撰，明沈、胡同校，胡氏跋，沈士龙书后。《大唐创业起居注》三卷，唐温大雅撰，明毛晋、胡震亨同订，胡氏跋，沈士龙跋。第十一集五种，《搜神记》二十卷，晋干宝撰并自序，明沈士龙、胡震亨同校，胡氏撰《引》。《搜神后记》十卷，晋陶潜撰，明沈、胡同校。《录异记》八卷，五代蜀杜光庭撰，明沈、胡同校并均撰题词。《冥通记》四卷，梁陶弘景撰，明沈、胡同校。《异苑》十卷，宋刘敬叔撰，明沈、胡同校，胡氏有《题辞》，沈士龙跋。按《津逮秘书》中收入《秘册汇函》者仅十七种，馀一百二十种为毛晋自辑。

八月十五日(仲秋)，毛晋购到洪武三年抄本宋词廿馀种。于《漱玉词》跋云：宋李清照著《漱玉集》三卷湮没久矣，“第国朝博雅如用修先生(笔者按：即杨慎)尚慨未见其全。”“庚午仲秋，余从选卿觅得宋词廿馀种，乃洪武三年钞本，订正已阅数名家，中有《漱玉》、《断肠》二册，虽卷帙无多，参诸花庵、草堂、彤管诸书，已浮其半，真鸿宝也。急合梓之以公同好。末载《金石录后序》，略见易安居士文妙，非止雄于一代才媛，直脱南渡后诸儒腐气，上返魏晋□□□遗事数则，亦罕传者”。(《书跋》第111—112页)又于《樵隐词》跋中云：“余近得杨梦羽先生秘藏宋元名家词钞本二十七种，内有《樵隐诗馀》一卷，共四十二首，调名二十有三，亟梓而行之，庶不与集俱湮耳。”(《书跋》第88页)杨仪字梦羽，嘉靖间常熟藏书家，其家有万卷楼和七桧山房藏书，其书后为不肖子孙所散尽。两跋迨同指购杨仪秘藏之事，促成了先生辑刻《宋名家词》一书。关于《断肠词》一卷，宋朱氏淑真撰，前有《纪略》云：“淑真，浙中海宁人，文公姪女也。文章幽艳，本色娟丽，实闺阁所罕见者。因匹偶非伦，弗遂素志，赋《断肠集》十卷以自解。临安王唐佐为传，以述其始末。吴中士大夫集其诗二百馀篇，宛陵魏仲恭为之序。”《断肠词》与《漱玉词》毛晋获之，均已梓入《诗词杂俎》之中。

八月(秋仲)，《山居小玩》十种之一《兰谱》一卷附《翼谱丛谈》一卷，宋龙江进叔王贵学著并自序，“明古虞子晋毛晋、金沙季鸾于锵同订”，当刻于本年。末有“崇祯庚午秋仲巳山于锵跋于媚兰室中”之跋云：“近日，诸家《兰谱》各矜秘法，纷然不一，有得有失，莫知所从。读《王弇州先生集》称，《兰谱》独宋临江王进叔本为善，余求之累年而不可得。顷，忽于先人故箧中简得旧抄本，如获隋珠和璧，喜不能胜。读其书约而不烦，分养之法，备而得理，真大有功于兰也。亟手录一本，寄子晋兄。子晋其人如兰，投其契好，当即付刻，以公同嗜。予更有味乎。……”按：《山居小玩》十种之中，《蝶几谱》刻最早。至上年八月中秋友人撰总序，已更名《群芳清玩》，所刻十种目见该年。本年又刻《香国》、《兰谱》两种极重要之著作，当系刻较晚者也。

九月毛晋借观《重刊增广分门类林杂说》十五卷，金王朋寿撰，元抄大定本。王文进《文禄堂访书记》卷三著录此书，并录毛晋题识云：“庚午秋九月，虞山毛晋借观一过。”有“毛晋过眼”、“汲古阁”印。又有陆贻典题识。是书后流转席鉴、黄丕烈、张蓉镜等藏家，各有其藏印。本年毛晋纂辑《香国》一书,检阅书目达数十种。毛晋借观此金人所编类书,追亦为纂斯书也。

崇祯元年至是年,毛晋梓行《吴郡志》五十卷,宋范成大撰。在万历四十一年,当毛晋十五岁(旧称舞象之年)时,据其所撰《吴郡志》跋云,毛晋至苏州应童子试,拜师高伯玮,谒韦刺史祠,见《吴郡志》版片,因童蒙不知为何书。后从钱谦益师荣木楼获宋刻本。至崇祯元年,方岳贡(字四长,号禹修,湖北谷城人)出为松江知府。跋又云:"适禹修方公为云间刺史, 葺理郡志。驰书招余与眉公先生共事。因携此帙(笔者按:即从荣木楼获宋本《吴郡志》)入顽仙庐(笔者按:即陈继儒之居处)。眉公开卷见门类总目,击节叹赏,得未曾有,题数语于后。时有史辰伯在座,眉公指谓余曰:'贵郡文献都在此老腹笥中。'史因掀髯纵谈,抚卷曰:'此志为赵宋绍定刻,板藏学宫韦刺史祠中。余恍然昔年所见,深愧童蒙觌面失之。亟理棹入吴门,再拜韦祠,但见朽木五片叠香炉下,摸板寻行,与藏本无二。叩访其馀,已入庖丁爨烟矣。呜乎惜哉,异代异宝,不遇赏音,竟付煨烬。尚留蠹馀木屑,岂神授余耶?亟锓诸梓,以答神贶。惜《文穆公全集》杳不可得,活字《诗稿》亥豕不堪著眼,仅存《田园杂兴》石版在石湖草堂,当与白太傅诗石记为一郡双璧。郡人毛晋识。"(《书跋》第11—12页)惜此跋署款已无时日,致使今日只能大体估计在此三年中。按今国图古籍馆方志部有汲古阁刻该书, 卷一至七系本馆据别本抄补,卷八至五十系原刻,每半页九行,行十八字,四周黑框甚宽,左右双线,有竖线格,隶体,黑口,上下鱼尾中为书名,下鱼尾上为手绘方框,内写页次。每卷首末页书口有"汲古阁"三字及"毛氏正本"方框小字。每卷末有篆书两行"同郡后学毛晋订定,重刊于虞山汲古阁"十六字。又按今上海图书馆藏有(崇祯)《松江府志》五十八卷,明方岳贡修,陈继儒等纂,明崇祯三年刻本。毛晋曾受方氏驰书之邀,与陈继儒共商纂志之事。迨后未参予具体纂修之事,故此志并未列毛晋之名。

方岳贡,《明史》卷二百五十一有传。毛晋曾为之代刻《国玮集》

百四十一卷。据《汲古阁家塾藏板目》著录:“《国玮集》,明方岳贡选辑。”此目未署作者名,但称《隐湖题跋》二卷为“先大父潜在公著”,则可知系毛晋之孙辈所纂。又郑德懋《汲古阁校刻书目补遗》和陶湘《明毛氏汲古阁刻书目录》在“知而未得者目录”亦均有《国玮集》。按:《四库全书存目丛书》集部影印此书,原本系吴引孙有福读书堂藏书,今藏首都师大图书馆,系明刻本,存百三十九卷,少二卷。前有徐汧序、方岳贡自序及凡例。此书系方氏所选评历代古文之总集。《四库总目》云:“是编乃其官松江知府时所刻。……据其凡例,盖所录自秦汉以迄南宋。”因其为代刻之书,故全书未见“汲古阁”字样。又,方岳贡曾辑刻《惠迪丛书》十七种,注明未完者六种。系汇辑宋、明两代伦理、家教之书。国图存四种,即司马光《家范》三卷、宋袁君载《世范》三卷、宋李真逸《厚德录》三卷,明王之垣《百警编》二卷。方氏自著《是政编》,未见。

是年毛晋开雕《毛诗注疏》三十四卷,西汉毛亨传,东汉郑玄笺,唐孔颖达正义并序。书末有“皇明崇祯三年岁在上章敦牂古虞毛氏绣镌”篆书黑底白文双行牌记。每页书口下端有“汲古阁”三字。系毛晋所刻《十三经注疏》之一。

是年毛晋于白居易《白氏文集》七十一卷撰题识云:“庚午岁,予在疚,不敢研朱,借于昭远宋版订句读。在丁卯春秋,故用印色。”(《爱日精庐藏书续志》卷四)按:毛晋兹年三月初于《李翰林集纪要》亦提及“今年春抱戚村居”。此又可印证毛晋今年生病一场。关于于昭远,钱谦益《列朝诗集小传》本传云,于鉴之,字昭远,金坛人,与其弟銮(字御君)“皆执经事余”。其父殁,“余再过金沙,昭远坐我书阁下,琴书分列,香茗郁然,文采风流,浮动于研席笔墨之间”。则于氏亦略有藏书,且有此宋本。钱氏《初学集》卷四又有《谢于昭远寄庙后茶》诗。是书有毛晋、子扆所校手笔,且有其钤印。

是年又刻《王氏族谱》十三卷,明王象晋纂修,今藏山东省博物馆。毛晋曾于上年为王象晋代刻《二如亭群芳谱》并撰小序。

清康熙间刻善本《唐贤三昧集》

——苹楼藏书琐谈之十

涂宗涛

“一代正宗才力薄，望溪文集阮亭诗”，清袁枚《仿元遗山论诗》中的这两句诗提到的“阮亭”，即清初顺治进士后官至刑部尚书的王士禛，字贻上，号阮亭，又号渔洋山人，是清初诗坛泰斗，影响很大，袁枚虽批评他“才力薄”，却不得不承认他是“一代正宗”。王士禛是在中国诗史上很有影响的人物之一，他所提倡的“神韵说”，对扭转清初诸家多学宋诗而失于板滞的诗风起了巨大作用，而他的《唐贤三昧集》一书，就是为宣扬“神韵说”而选编的。

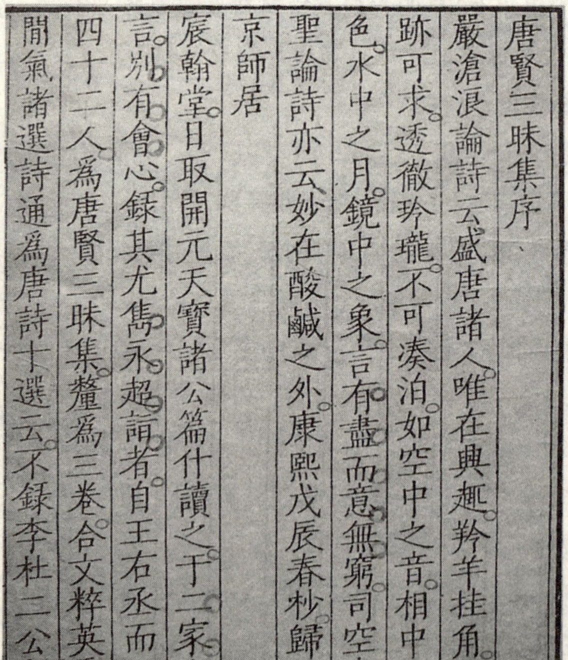
唐賢三昧集序
嚴滄浪論詩云盛唐諸人唯在興趣羚羊挂角無
跡可求透徹玲瓏不可湊泊如空中之音相中之
色水中之月鏡中之象言有盡而意無窮司空表
聖論詩亦云妙在酸鹹之外康熙戊辰春杪歸自
京師居
宸翰堂日取開元天寶諸公篇什讀之于二家之
言別有會心録其尤雋永超詣者自王右丞而下
四十二人爲唐賢三昧集釐爲三卷合文粹英靈
間氣諸選詩通爲唐詩十選云不録李杜二公者

我有幸收藏了一本康熙间所刻《唐贤三昧集》(以下简称“涂藏本”)，分上、中、下三卷，半页十行(一页两面),每行十九字、字作宋体,左右双边,板框高16.8厘米,宽13厘米,上下黑口,单鱼尾,板心之鱼尾下标“三昧集卷×”,下端标明页码。计上卷三十四页,中卷三十六页,下卷三十四页,书前有姜宸英序文三页,编者王士禛自序一页,后有王立极跋一页和盛符升跋二页,全书共计一百一十一页。纸为竹纸,由于年久,纸色发黄易碎,下卷末四页板心下端有残缺,经我修补并补书所缺之字(据《全唐诗》补),故本书正文无夺字,唯书后两篇《跋》,板心下端破损,各缺八个字,因手边无《渔洋全集》作参照,不能补书,颇以为憾。

我所藏这本《唐贤三昧集》,据编者王士禛序文所标年份为“康熙廿七年七夕后”,署名作“士禛”,不作“士正”或“士祯”,未避雍正胤禛之名讳,再从纸张墨色来判断,当是康熙间刻本无疑。这本唐诗选,不但只选盛唐之诗,而且只从盛唐诗中选出富有“神韵”者,编者在《序》中明确指出,他是根据严羽、司空图“言有尽而意无穷”、“妙在酸咸之外”的诗论主张来选诗的。全书共收盛唐王维等四十三人的四百四十首各体诗,收录最多的是王维,计一百一十首,占全书收诗总数的四分之一,其次是孟浩然,计四十八首,而下卷元融等八人只各收一首。书中未收李白、杜甫、张九龄、韦应物的诗作,另有原因在,《自序》中作了说明。从所选各作者诗的数量,可明确看出,王士禛是很推崇王、孟诗的,于此,也可领会“神韵说”的内涵。曹雪芹在《红楼梦》第四十八回中,借黛玉之口,教香菱作诗,要求学唐诗,不是首推李杜,而是要求先学王维诗,显然,曹雪芹也受了“神韵说”的影响。今人要进一步研究“神韵说”,《唐贤三昧集》是第一手资料。

《唐贤三昧集》的版本,据《增订四库简明目录标注》著录,有《渔洋全集》本、康熙南芝堂刊本、再三翻刻本。我所藏者,非丛书本,是否为南芝堂刊本或翻刻本,尚有待进一步研究,但刻于康熙间则无疑。我所藏这一本,除它本身是善本之外,更可贵的,是有前人朱笔圈点、改字,还有墨笔的批语,从笔迹和字的颜色可断定乃清人所为，颇有文献价值，例如上卷储光羲《题陆山人楼》："暮声杂初雁，夜色涵早秋。独见海中月，照君池上楼。山云拂高栋，天汉入云流。不惜朝光满，其如千里游。"此诗以《全唐诗》对勘，除末句"游"字下注"一作愁"之外，其馀完全相同，而"涂藏本"在字旁用朱笔作了六处改动：即首句的"暮"字旁改为"松"，又将"松"涂去改为"风"，"初"改作"暮"，全句变为"风声杂暮雁"，第二句"涵早秋"之"早"改作"清"，第五句原为"山云拂高栋"，改为"山烟拂栋起"。作这样的改动，很明显，并非据别的某种不同版本而改，完全是这位读者按己意来改动的。在"涂藏本"中，除上举一例外，还有如下十首诗，和《全唐诗》完全相同，也用朱笔作了改动，同样是这位读者按己意改动的，它们是：储光羲《寒夜江口泊船》、《寻徐山人遇马舍人》；殷遥《山行》；孟浩然《宿永嘉江寄山阴崔少府国辅》；常建《题破山寺后院》；綦毋潜《题招隐寺绚公房》、《题灵隐寺山顶禅院》、《若耶溪逢孔九》；张子容《送孟浩然归襄阳》；岑参《还高冠潭口留别舍弟》。为什么会出现后人按己意而改动古人诗的现象？这是因为古代不存在著作权问题，作为文学作品的诗，历来又主张"诗不厌改"，早在唐代，就有别人对自己的诗只改一个字而心折遂尊称对方为"一字师"的佳话，即使对"光焰万丈长"的李白诗，如那首家喻户晓的《静夜思》，其中有两处也是经过明清人修改过的。我在《李白〈静夜思〉小考》（载拙著《诗词曲答问》）一文中作了考证，并指出古诗之所以出现异文，就包括后人改动的因素在内。改古人诗的风气始于何时，尚有待研究，但最迟到明清时就出现了。我在考证李白《静夜思》文本过程中，只从版本流转的角度肯定它曾经明清人的改动，却见不到明清人改动古诗的第一手原始资料，今天终于在"涂藏本"中见到了。同样，这位用朱笔圈点并改字的清代读者，从他加圈加点的诗句来看，都不失为佳句，说明他具有相当的欣赏水平，今人可从他的圈点处得到启迪。

"涂藏本"的"目录"页末有四行空白，另有用朱笔加上的"李白，王季友……杜甫"等九人的名字，意即这本书应收这九人的作品；紧接着的另一行，用墨笔批云："叙文明言无李杜矣，何为添此诸人"。可见墨笔乃另一读者所书，从字迹和墨色来看，同样可断定他是清代人。按"涂藏本"的天头，有五处墨笔加批，都颇有见地，分别是：(一)上卷祖咏《题韩少府水亭》，批云"中二联佳甚，然五六更胜，非俗人所知也"；(二)中卷刘眘虚《寄江滔求孟六遗文》，批云"如话而情深至"；(三)下卷高适《古大梁行》，批云"气格高超雄迈，令天下名利人俱冷心回首"；(四)下卷沈千运《感怀示弟妹》，批云"天下至情也，乃世有煮豆燃豆萁者，不知果何心肠"；(五)尤其是对下卷元结《贼退示官吏》(按：《唐诗三百首》亦收录)的批语，对今人仍有现实意义："绝人命作时贤，吾见多矣，然不转眄而受其祸者皆是也，惜此辈不悟耳。"这段话，对今天的那些贪官来说，不是当头棒喝吗?！可惜用朱笔圈点并改字和用墨笔加批的这两位读者在书中没有留下姓名，也没有留下前人藏书者的印记和姓名。

最后还应指出：本书编者王士禛序文称"自王右丞而下四十二人为唐贤三昧集"，书后王立极和盛符升的《跋》，均称全书收"四十二人之诗"，经复核，全书实收四十三人，而非四十二人，盖《跋》误解"自王右丞而下四十二人"的含义，实际上这"四十二人"是不包括王右丞在内的。

近代蜀人诗文集知见录

王永波

多年以来，学界、藏界对近现代蜀地诗文集，鲜有绍介。今从寒斋插架中拈出一些历年所搜藏的较有代表性的蜀人别集十种，撰成此文，以飨同好。

苾刍馆词集六卷　成都胡延撰，清光绪二十九年金陵粮储道廨刻本。四册，半页十行二十字，红口，左右双边，单鱼尾，红印本。

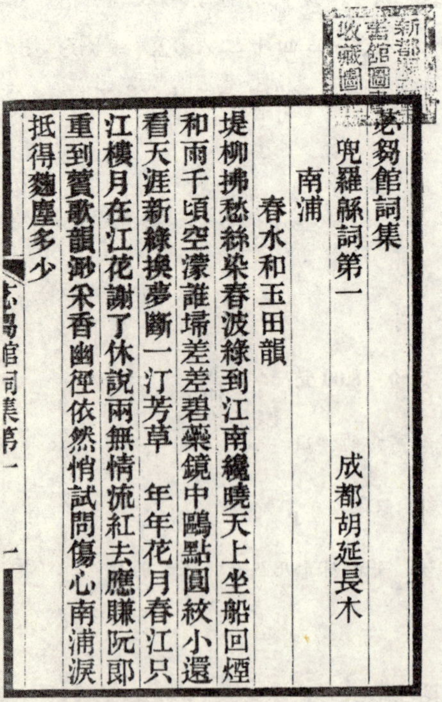
苾芻館詞集
兜羅緜詞第一　成都胡延長木
南浦
春水和玉田韻
堤柳拂愁絲染春波綠到江南纔曉天上坐船回煙
和雨千頃空濛誰埽差差碧藻鏡中鷗點圓紋小還
看天涯新綠換夢斷一汀芳草　年年花月春江只
江樓月在江花謝了休說兩無情流紅去應賺阮郎
重到賸歌韻渺采香幽徑依然悄試問傷心南浦淚
抵得麴塵多少
苾芻館詞集卷一　一

顾印愚题签，长洲顾复初光绪十三年序。胡延，字长木，号研孙，四川成都人。光绪十一年优贡，历官山西平遥及永济县知县、江苏江安粮储道、安徽宁池太庐凤淮扬十府粮储道。光绪庚子之变，慈禧携光绪帝逃窜至西安，胡延时任内廷支应局督办，平日所见有感而发，撰成《长安宫词》一百首，有光绪二十八年刻本、光绪三十年成都图书局活字排印本、民国二十一年成都美学林排印本。宫词专记慈禧光绪在西安一年中宫廷琐事，多有讥讽，可补史阙。

《苾刍馆词集》则不涉政事，系日常生活闲情逸致真实写照，尤见词人性情。全集共六卷，分别为：兜罗帛词第一，宝鬘云词第二，祇洹珠词第三，恒河鬓影词第四，双伽陀词第五，燕子龛词第六。除第五卷双伽陀词署名为成都胡延、汉州张祥龄外，其馀五卷皆独署胡延，盖因双伽陀词为胡、张唱和之作。胡延多写慢词，尤喜创作大型组词，如卷一《忆江南》二十首词，描摹成都四季宜人景色，反复吟咏，有一唱三叹之妙。再如卷三《十二月乐府》组词，从正月写到闰月，世风俗情如画卷展现眼前。胡延除填词遣兴外，还创作了一些诗歌，有《兰福堂诗集》一卷问世，光绪二十七年胡延西安刻本。

七砚斋诗草八卷　什邡冯誉骢撰，清光绪三十三年仲冬冯氏家刻本。四册，半页十行二十二字，黑口，四周双边，单鱼尾。黄洪冕题签，冯誉骢光绪三十三年自叙。冯誉骢，字雨樵，又字秀华，自号西山老樵，什邡人。历官东川、广南知府，为官清廉，政声颇佳。与弟誉骥驰骋诗坛，二人合著《秀华百咏合刻》两卷，光绪十二年四川避喧园刻本。誉骥另有《留馀草堂诗集》四卷，民国十三年冯氏成都排印本。《诗草》八卷为誉骢自编年诗集，卷一自咸丰庚申至同治丁卯，卷二自同治戊辰至辛未，卷三自同治壬申至光绪乙亥，卷四自光绪丙子至己卯，卷五为光绪庚辰一年之内的诗作集结，卷六自光绪辛巳至甲申，卷七自光绪乙酉至丙戌，最后一卷为光绪丁亥至庚寅。誉骢在《自叙》中说他自咸丰庚申十三岁时起，至光绪丙午止，四十馀年中所存诗稿，有四千馀首，共计三十卷。但此《诗草》实为八卷，恐另有结集存世。另有广东高要人冯誉骢，字叔良，号铁华。道光甲辰举人，历官金华知府，有《钝斋诗钞》两卷。

秋水集一卷　成都吴虞撰，民国二年吴氏爱智庐刻本。一册，半页十一行二十字，黑口，左右双边，单鱼尾。吴曾兰题签，岳池杨泽写刻。吴虞，字又陵，成都新繁人。光绪十七年入成都尊经书院，戊戌政变后，转学西方的社会政治学说。三十一年赴日本留学，入东京法政大学。宣统二年回国，先后在成都县中学、四川法政学堂任教。辛亥革命后任《西成报》总编辑、《公论日报》主笔、《四川政治公报》主编等职。民国六年后任四川法政专门学校、外国语专门学校等校教师。"五四"运动期间,猛烈抨击封建专制制度和封建伦理道德,产生了极大的影响,成为新文化运动的代表人物之一。民国十年起,先后受聘在北京大学、北京师范大学、中国大学、成都大学、四川大学任教。著述有《吴虞文录》、《秋水集》、《吴虞日记》、《吴虞文集》,编有《蜀十五家词》、《国文撰录》、《宋元学案粹语》等。是书前有吴虞自叙,释书名取庄子秋水篇之义,在吴虞之前即有多人以秋水集取书名。《秋水集》无目录,不按照体裁编排,中间有不少名家诗作作为附录。后有《悼亡妻香祖诗二十首》,多自注,情真意切,悲痛沉挚。附林思进《香祖夫人篆书歌》。卷末为《朝华词》,署"陈碧秀朝华录",收录胡薇元、吴虞、江子愚、刘德馨、李思纯、方旭、邓鸿荃、林思进、萧其祥、邓维琪、吴永权等人的填词唱和之作。

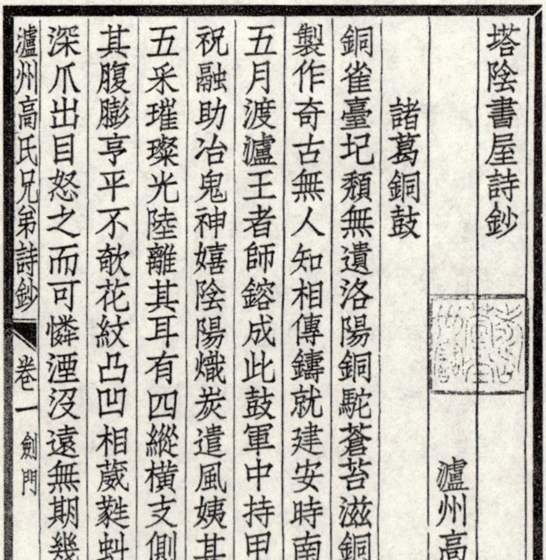
塔陰書屋詩鈔
瀘州高　棡劍門
諸葛銅鼓
銅雀臺圮頹無遺洛陽銅駝蒼苔滋銅鼓鼕鼕錦江湄
製作奇古無人知相傳鑄就建安時南人頑梗折鞭笞
五月渡瀘王者師鎔成此鼓軍中持甲丁守鑪雷電窺
祝融助冶鬼神嬉陰陽熾炭遺風姨其大如匏圓如規
五采璀璨光陸離其耳有四縱横支側生旁挺珊瑚枝
其腹膨亨平不敧花紋凸凹相葳蕤蚪螺糾結盤蛟螭
深爪出目怒之而可憐湮沒遠無期幾同石鼓埋郊岐
瀘州高氏兄弟詩鈔　卷一　劍門　二

泸州高氏兄弟诗钞四卷　泸州高棡、高树、高楠、高楷撰，民国十三年排印本。两册,半页十行二十一字,左右双边,单鱼尾,间有夹行小注，为编者高钺所写。汪世杰题署。前有民国十三年高树、顾继善、高钺序,王潜题词,后有江油张政墨笔题跋。泸州高氏在晚清为名门大族，兄弟九人,以老五高棡、老七高树、老八高楠、老九高楷四人最为出名,因为这四兄弟同榜举人、同榜进士,一门四举人三进士，轰动一时。高棡，字剑门，自号塔荫书屋。光绪五年举人。进京会进士科场不中后，回泸州先后在龙门书院、东岩鹤山书院教书育人。其子高寿，光绪二十一年进士，曾任湖州知县。高树，字蔚然，光绪元年与弟高楠、高楷为同榜举人，光绪十六年与八弟高楠为同榜进士，选翰林院庶吉士，辛卯散馆，转兵部主事；壬辰因政绩优由升员外郎；充军机章京，转侍卫史，简放锦州知府，久居枢密，是京都三品要员。高楠，字城南，光绪元年与七哥同榜进士，历官翰林院编修，河南监察御史，历刑部、兵部、工部给事中。为官刚直不阿，不惧权贵，世称“高王”。高楷，字竹园，与八哥是孪生兄弟，光绪元年恩科举人。曾任容城、涞水知县。聪明才智胜过诸兄，孝心特好，几任县官后辞官回泸侍奉老母尽孝道，热心家乡文教事业，亲自参加编撰泸州光绪志、宣统志。《泸州高氏兄弟诗钞》四卷由高楠儿子高钺整理编选并附注，总目分别为《先五伯父塔阴书屋诗钞》、《先七伯父珠岩山人诗钞》、《先考藉禅室诗钞》、《先九叔父快隐堂诗钞》，各为一卷。除《塔阴书屋诗钞》有高树序外，其馀三卷均无序言。除了这部诗钞外，高氏兄弟还有其他著述，高树有《江阳山人诗草》、《鸰原录》、《金銮琐记》，高树有《萱泽堂诗草》、《高给谏遗集》，高楷有《快隐堂文集》、《快隐堂诗集》，著述颇丰，均存世。

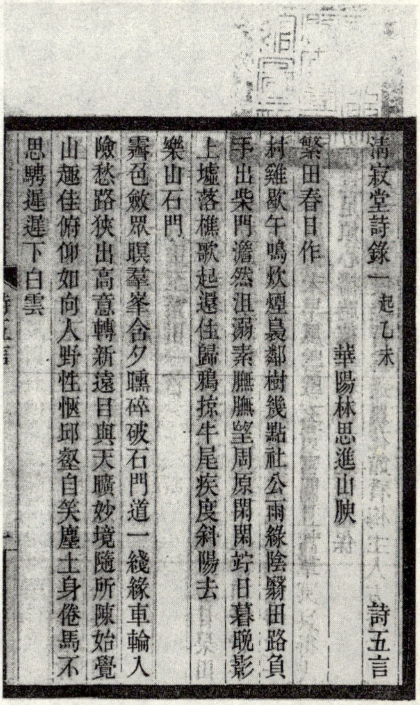
清寂堂詩錄一 起乙未 詩五言
華陽林思進山腴
繁田春日作
村雞歇午鳴炊煙裊鄰樹幾點社公雨緣陰翳田路負手出柴門澹然沮溺素膴膴望周原閑閑苧日暮晩影上墟落樵歌起還佳歸鴉掠牛尾疾度斜陽去
樂山石門
靄邑斂衆瞑羣峯含夕曛碎破石門道一綫緣車輪入險愁路狹出高意轉新遠目與天曠妙境隨所陳始覺山趣佳俯仰如向人野性愜邱壑自笑塵土身倦馬不思騁遲遲下白雲

清寂堂诗录五卷　华阳林思进撰，民国十五年霜甘小阁成都刻本。二册，半页十一行二十字，黑口，左右双边，单鱼尾。林思进，华阳人。初字山瘫，后来更字山腴，晚号清寂翁，盖取《华阳国志》“林生清寂”之义，室名清寂堂。生于同治十二年,卒于一九五三年。是书前有民国十年林思进自序,对刊刻做了说明。全书按照分体编排,五卷分别为第一卷五言诗一百三十七首,第二卷七言歌行七十首,第三卷五言律诗二百九十首,第四卷七言律诗一百八十七首,第五卷七言绝句一百四十九首,五卷共计八百三十三首。民国二十八年八月,林思进又在《清寂堂诗录》五卷本的基础上进行删定,成《清寂堂诗录自录本》,编排依然是五言诗、七言歌行、五言律诗、七言律诗、七言绝句。诗歌篇幅几乎少了一半。霜甘小阁成都刻本,一册,半页十一行二十一字,黑口,左右双边,单鱼尾。前有林思进《清寂堂诗录自序》,交待了自录本编撰的来龙去脉。除《清寂堂诗录》外,林氏尚有《清寂堂词录》,《清寂堂诗续录》、《清寂堂文录》、《清寂堂文乙录》、《华阳县志》、《华阳人物志》等问世。

鹅山文稿初集三卷外集一卷　宜宾赵增瑀撰,民国八年成都聚昌公司排印本。四册,铅排本。题“宜宾赵增瑀著,男锡儁、锡鼎校刊,及门诸弟子参校”。前有民国八年杨幼霞序,后附《鹅山文集初集》、《外集》勘误表。赵增瑀,字鹅山,宜宾人,生于清同治二年,卒于民国二十五年。家学渊源,深通教书育人之道,尤笃好文章。清同治九年七岁时,便奉母亲之命,只身到北京读书。在京城寓居十年,于光绪十八年中举人。赵鹅山为人洒脱,游历甚广,常怡情山水间,诗文著述颇多。清宣统三年被推选为宜宾县保路同志总会会长,起草宜宾县各界上川督赵尔丰书,表达县人誓死争回路权的决心,在其上签名者多达五万馀人。民国元年,叙府联合县立中学成立,出任首任校长。民国二十二年七十岁时,编著有《鹅山诗文全集》共二十二册。《鹅山文稿初集》三卷,基本上按题材编排。卷一为历史人物评论、人物传记、文章序跋。卷二为祝辞、文书、碑铭。卷三为祝寿辞、墓志铭、游记。末卷两篇祭文:《祭四师阵亡将士文》、《祭五师阵亡将士文》,情辞感人,郑文垣评曰:“风墙阵马,一片神行,其笔底直有排山倒海之势。”《外集》一卷收文十篇,均为史论。

刘舍人遗集四卷 德阳刘子雄撰，民国二十年成都美学林排印本。一册，半页十行二十三字，白口，左右双边，单鱼尾。马自庵题签，同乡李稽勋编校，末页后署“德阳刘舍人遗集四卷邑人马自庵重校印”。刘子雄，字介卿，又字健卿，德阳人。生于咸丰八年，卒于光绪十五年，享年三十二岁，英年早逝。前有宋育仁序，后有李稽勋叙，记述了刘子雄生平大概。刘子雄光绪十二年授中书舍人之职，刘舍人称谓即从此来。是书四卷，卷一为文章，共八篇。后三卷皆为诗，共计三百六十九首，内容以游历、访友、咏怀、写景、寄情等为主。代表作卷二《秋兴十八首》，借杜子美诗意，自抒怀抱，不过子美诗为七律，子雄化为五古，形式有所改变而风格意境不变。再如《咏古六首》，分咏成都司马相如、南充谯周、南充陈寿、射洪陈子昂、眉州苏轼、新都杨慎，也见诗人心境。

白屋吴生诗稿不分卷 江津吴芳吉撰，民国十八年成都美利利印刷局排印本，二册。吴芳吉，字碧柳，自号白屋吴生，世称白屋诗人。生于光绪二十二年，民国二十一年卒于江津故居白屋，享年三十六岁，英年早逝。少聪颖，有嘉名，宣统三年考入北京清华园留美预科学校。曾任湖南长沙明德中学教师，后任西北大学、东北大学、四川大学等校教授，曾出任成都大学中文系主任、江津中学校长等，参与创办重庆大学。自编《白屋吴生诗稿》民国十八年出版，其友人编订《吴白屋先生遗书》于民国二十三年在长沙出版。《诗稿》为《聚奎小学丛刊》之一，前有聚奎六星红绿校旗。采取中西结合排印方式，译诗编排英文直

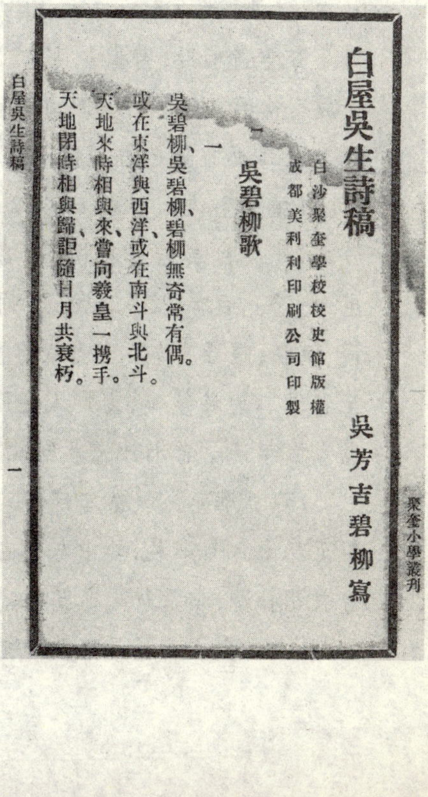
聚奎小學叢刊
白屋吳生詩稿
白沙聚奎學校校史館版權
成都美利利印刷公司印製
吳芳吉碧柳寫
一
吳碧柳歌
吳碧柳、吳碧柳、碧柳無奇常有偶。
或在東洋與西洋、或在南斗與北斗。
天地來時相與來、嘗向羲皇一攜手。
天地閉時相與歸、詎隨日月共衰朽。
白屋吳生詩稿
一

排为朱色，中文竖排为墨色，设计典雅，做工考究，称得上是新善本。全书编排依次为通信一通(朱色，吴宓致吴芳吉)、编辑大意、自叙、自订年表、彭士诗译、诗、杂录、附注、题词。全卷一百三十篇，五百一十首，“诸诗编至民国十七年春为止，顷一年来再返成都以后之诗，以时间太近概不列入”。正文题“吴芳吉碧柳写，白沙聚奎学校校史馆版权，成都美利利印刷公司印制”。是书主要收录作者的古体诗，五七言为多，也有不少自创歌行，句式长短不一。吴氏为五四时期著名的新诗代表人物，此集中就收录了不少新诗，如《婉容词》、《别上海》、《浴普陀海岸千步沙作》、《爱晚亭》、《独醒亭下作》等。《婉容词》当年一经发表即轰动一时，诗多用白描，句式长短不拘，一唱三叹，读来令人荡气回肠。吴氏为民国蜀中名学者，国学功底深厚，创作诗歌，无论新体旧体皆能熔铸古今，挥洒自如，典型的学人之诗。《杂录》收文五篇，末附题词为刘永济赠作者《鹧鸪天》词三首，亦为朱色排印。

吴白屋先生遗书二十卷　江津吴芳吉撰，民国二十三年长沙刻本。六册，半页十行二十一字，上下黑口，左右双边，无鱼尾。此集为吴芳吉逝世后，由挚友吴宓、门人周光午搜集所遗诗文杂作编印而成。柳诒徵题签，题“湖南省福胜街段文益堂承刊印，段文鉴季光写字”，扉页有吴芳吉小像。前有民国二十三年刘永济序、莫键立《吴白屋先生传》、刘咸炘《吴碧柳别传》、刘朴《白屋先生墓表》、莫石夫《题吴白屋先生遗书》、刘鹏年《玉漏迟》、卢冀野《奉题白屋先生遗书》。后有民国二十三年周光午跋、周光午辑录诸人挽诗、挽词、挽联、赠诗。卷一至卷八为自订诗集，按照编年依次编排。卷九至卷十二为诗续集，由友人泾阳吴宓编订、弟子宁乡周光午参校，也为编年诗。卷十三为歌剧《二妃》，民国十年客居长沙作，只剩第一部《森林雁意》，缺第二部《江天梦痕》、第三部《竹纸血泪》。卷十四至卷十六为书札，其中与吴宓四十通、与邓绍勤十二通。卷十七为书札补遗，收录与吴宓五通。卷十八为家书。卷十九、卷二十为杂稿，收录各类文章。是书几囊括吴芳吉所有著述，巴蜀书社出版之

《吴芳吉集》即以此书为蓝本整理而成。

稚荃三十以前诗一卷 江安黄稚荃撰，民国三十一年成都茹古书局刻本。一册，半页九行二十一字，白口，左右双边，单鱼尾。黄稚荃，又名先泽，笔名杜邻，江安人。生于光绪三十四年，卒于一九九三年。早年毕业于成都高等师范国文系，民国二十年以全国前四名考取北京师范大学研究院。后任成都第一女子师范、四川大学文学院教授等职。黄氏长于诗、书、画，号称三绝，有蜀中才女之誉。曾数十年潜心描摹书法，于篆、隶、真、行、草诸体皆工，并善画墨梅，尤工于诗。名重士林，声望极高。是书前有民国三十一年谢无量序、民国三十一年曹经沅序、民国三十一年黄稚荃自序。谢氏序云："稚荃之为诗，早则向慕西昆，继而好有清梅村、渔洋诸集。及见晦闻，益摆落浮艳，质而不滞，华而不靡。晦闻晚以诗教，尝喟然以为学者罕有其俦焉，故虽三十以前之作已熨贴而深秀如此。所谓卓然大雅之音，亦其材性之敏，有过人者矣。近年喜颂杜诗，集中丁丑避寇诸章，骎骎摩少陵之垒。"基本上道出黄诗特色，洵为的评。集中效仿吴梅村、王士禛二家诗颇多，卷中《秋柳四首》、《拟杨柳枝》十二首，在意境、遣词上无不受渔洋影响；《以诗代书寄筱荃》、《明孝陵二十二韵》、《丁丑秋避寇还蜀杂诗》等长篇五古，在结构、议论上明显学习杜诗。黄氏为一代才女，交游颇广，与当时名流具有来往，反映在集中的这类主题不少，不例举。

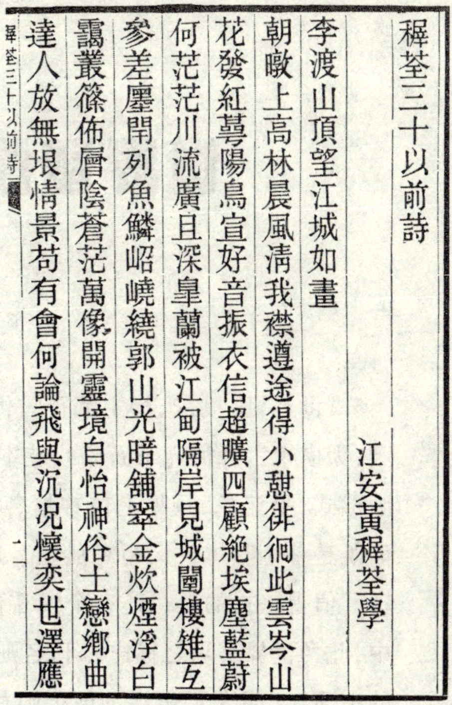
稺荃三十以前詩
江安黃稺荃學
李渡山頂望江城如畫
朝暾上高林晨風清我襟遵途得小憩徘徊此雲岑山花發紅蔫陽鳥宣好音振衣信超曠四顧絕埃塵藍蔚何茫茫川流廣且深臯蘭被江甸隔岸見城闉樓雉互參差廛閈列魚鱗岧嶢繞郭山光暗舖翠金炊煙浮白靄叢篠佈層陰蒼茫萬像開靈境自怡神俗士戀鄉曲達人放無垠情景苟有會何論飛與沉況懷奕世澤應
稺荃三十以前詩 一

世界留住名画痕

虎 闹

《世界》画报,执行主编孙雪泥,上海世界书局1921年7月创刊,为横十六开油光纸石印线装本,仅出一期。卦面图案采用剪纸画形式,呈蓝色,只见七位神情各异的男女老少自顾自看书,那画面既是一个整体,又相对独立。画面两边及上端的松针亦静中有动。值得一提的是,还有个浅雪青的地球仪隐藏在松针与人物之中,此乃世界书局之标志。刊名则是饱满的毛笔书法,色彩取醒目的中国红。此封面鲜活的剪纸画及精美装帧均出自孙雪泥之手笔。

该刊为世界书局创建开幕时的纪念特辑,属艺术类杂志。刊物

设美术画、表情画、时事画、历史画、风景画、寓意画、讽刺画、小说画、笔记画、滑稽画、游戏画等栏目。其绘画技法宽泛随意,有白描、速写、素描,也有工笔,绘图工具亦是毛笔、铅笔、钢笔一并上阵。再看刊内画家群之名气:谢之光、丁讷、但杜宇、吴待、万古蟾、开铭、青青、杨清磐、张光宇,连同孙雪泥本人,他们个个如雷贯耳。另有郑逸梅、吴虞公、冯秋农、痴蝶等大家前往捧场,为画配文。无怪这份特刊,不仅替世界书局开张带来亮点,而且刊物本身的销售,亦好生生轰动抢手。因此,无可争议在民国时期众多美术刊物中雄占一席之地。同样,也为今日留下珍贵艺术资料。

该刊物延用《点石斋画报》图文并茂之格调,定格住时代痕迹。其中《沪道之难行》记录了当年市民,不适应汽车,常有交通事故发生。《时装图》、《外衣初解》等可留下那时段的时髦女性服饰。《英日联盟》、《诈伪之亲善》均是日侵华前奏之罪证。《湘鄂风云中之海军》、《粤桂大战争》、《武汉大兵变》等客观反映出昔日军伐混战、国人受难之状况。尤其是《交易所之将来》,此图文,居然将当今证券市场之黑幕有幸言中。

编辑孙雪泥是位传奇式人物。他1889年出生,上海松江人,家虽贫穷但自幼聪明,五岁时便会剪纸,且维妙维肖,显露艺术天赋。他志向高远,少年阶段便刻苦打下诗书功底。十六岁时又染指中国画,并悟性超人地很快掌握画学真谛。他擅长山水,花卉蔬果亦无一不精,画梅尤为出众。孙雪泥还是位南社社友,他热衷于南社雅集和社友间思想交流。南社也以有该优秀社友为傲。孙雪泥的诗作多咏景、咏物,不仅用词清新,而且意境脱俗。郑逸梅在《南社诗选简注》中,共收三百零三名才气横溢的南社诗人之作品内,他当之无愧入选十三首,名列第十,比排名第二的柳亚子仅少四首。孙雪泥能于人材济济、藏龙卧虎的南社群体中脱颖而出,可见其实力。

孙雪泥早年曾替各类报刊画插图以谋生,后又考入上海冠生园食品公司,得心应手当起广告宣传员。自此,为人谦虚、处世平和的他,不仅渐渐在沪上各界获取到广泛人脉,而且在卖画积聚资金之同时，还提升了自身艺术休养。经过多年潜心修炼，他终于稳稳当当创办起属自己的生生美术公司，出版了不少美术书刊，名声亦随之大噪。另一方面，孙雪泥的漫画才气，也在办刊过程中凸现。让人记忆犹新的是，他在 1935 年所编的《俱乐部》杂志中，载出一幅《树倒猢狲散》，画中有一穿和服木屐的日本人在抡斧砍树，树上众多枝条布满猴样人物，这些人物各自分别作持枪、架炮、驱车、驶船诸状。夺人眼球的是大树叉上有个小亭，亭内所坐的一对男女探出头来，让人一见便知，他俩酷似蒋介石夫妇。不意，此漫画被当局指控为“诬辱党国要人”。这事给孙雪泥惹了大麻烦，被封了刊、罚了钱尚不算，还得央人礼财打点，才提心吊胆躲过大劫难。直至新中国成立后，他终于扬眉吐气，任职上海中国画院，画艺亦有所飞跃，晚午还受聘上海文史馆馆员。1965 年 7 月 4 日孙雪泥病逝后，在上海万国殡仪馆大殓时，吊客盈门,场面相当壮观。

该杂志的出版者世界书局，创办人沈知方原也是中华书局的创建者之一。他 1917 年脱离中华书局后，开始筹划自己开设书店，还试探用世界书局名义刊出一些书籍，并不断陆续挖取商务、中华两家书局之人材。待 1921 年条件完全成熟，便挂牌亮相社会。由于起步高、准备充分，故刚一出山已可与中华和商务抗衡，成为沪上排位第三的大书商。反观，沈知方开盘时出版了《世界》画报，也许是来自偶然，但《世界》稍稍露头就受读者青睐，使他觉察到了普及类美术书刊之商机。所以，数年后他接二连三推出《连环图画三国志》、《连环图画水浒》、《连环图画西游记》、《连环图画封神榜》、《连环图画岳传》等一系列面向大众的美术读物。殊不知，原本这些图文兼蓄为低层次读者准备的东西，不仅大获老幼妇孺、码头工人、三轮车夫等群落欢迎，而且还引起鲁迅、郑振铎等一些文化名流之关注。更不可思议的是，据当今连环画研究者考据，“连环图画”之名称，应是世界书局在出版《三国志》、《水浒》等连环画时首创。或许，世界书局在艺术领域里的出版贡献，乃《世界》画报惹的“祸”。

我所藏石印善本胜录

谭彦翘

石印本是用石印术印刷的一种图书。这种技术是捷克人亚罗·桑纳菲尔德发明的。此法早在十九世纪三十年代就传入到我国。当时,广州、澳门均有外国传教士开办的石印所。其后,上海徐家汇天主堂也附设了土山湾印书局。这些印刷部门主要是印一些有关宗教的宣传品。至光绪五年(1879),英国人安纳斯托·美查在上海开办了点石斋印书局,始大量印刷中文图书。稍后,我国商人受其影响,也纷纷开办起石印印刷机构。有名的同文书局、扫叶山房、蜚英馆、文明书局、有正书局以及商务印书馆、中华书局都用石印技术影印珍本古籍。所谓影印本,则是先将原书逐叶照像,将所照玻璃版晒印在黄胶纸上,再把黄胶纸上的像落到石版,然后用普通石印法印刷。如此,一般提到的影印本,多数为石印本(另外还有珂瑡版本、铜版本)。石印本不仅数量大而且流传广,对文化传播起到了重要作用。

我喜爱书,书是我的精神所寄。在我的藏书中也有些较有价值的石印善本,兹胜录概要。

古史新证 王国维(字静安)著。民国二十四(1935)北平来薰阁影印,白纸,一册。扉叶正中篆文题书名,右书王静安先生遗著之一,左书马衡署检,下钤篆书马衡白文方印一方。全书统按手稿影印。书前有唐兰序三叶,每半面十二行,行二十三四字不等。静安先生的《新证》共二十八叶,每半面十二行,行二十七八字或三十二三字不等。首叶第一行题古史新证,下端钤观堂白文小方印一方。依

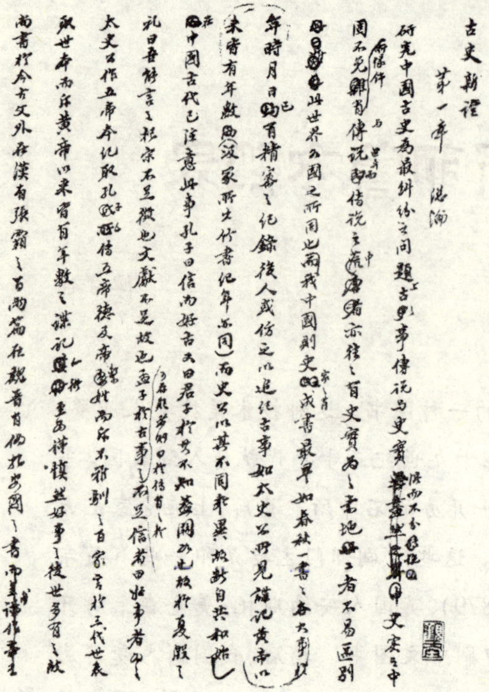
古史新證
第一章 總論
研究中國古史為最糾紛之問題。上古之事，傳說與史實混而不分，史實之中
固不免有所緣飾，與傳說無異；而傳說之中，亦往往有史實為之素地。二者不易區別
此世界各國之所同也。而我中國則史之成書最早，如春秋一書，大事[illegible]
年時月日，有精密之紀錄，後人或仿之以追紀古事，如太史公所見諜記黃帝以
來皆有年數（汲冢所出竹書紀年亦同），而史公以其不同乖異，故斷自共和。
在中國古代已注意此事。孔子曰信而好古，又曰君子於其所不知，蓋闕如也，故於夏殷之
禮曰吾能言之，杞宋不足徵也，文獻不足故也。孟子於古事之可存疑者，則曰於傳有之；於不足信者，曰好事者為之。
太史公作五帝本紀，取孔子所傳五帝德及帝系姓，而斥不雅馴之百家言；於三代世表
取世本，而斥黃帝以來皆有年數之諜記。其術至為謹慎。然好事之徒，世多有之，故
尚書於今古文外，在漢有張霸之百兩篇，在魏晉有偽孔安國之書。

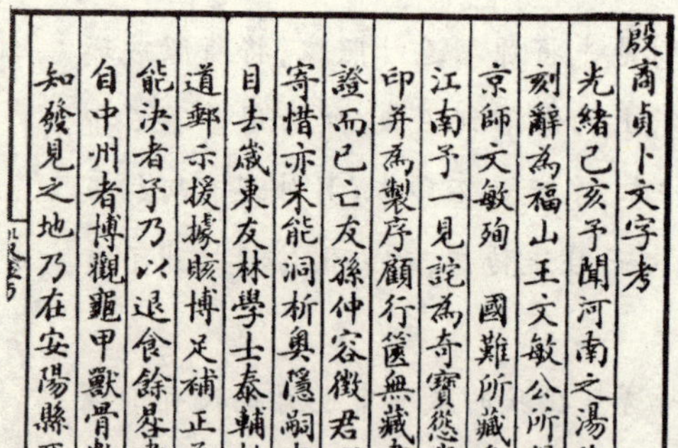
殷商貞卜文字考
光緒己亥予聞河南之湯陰發見古龜甲獸骨其上皆有
刻辭為福山王文敏公所得恨不得遽見也翌年拳匪起
京師文敏殉國難所藏悉歸丹徒劉氏又翌年始傳至
江南予一見詫為奇寶慫恿劉君亟拓墨為選千紙付影
印并為製序顧行篋無藏書第就周禮史記所載畧加考
證而已亡友孫仲容徵君詒讓亦考究其文字以手稾見
寄惜亦未能洞析奧隱嗣南朔奔走五六年來都不復寓
目去歲東友林學士泰輔始為詳考揭之史學雜志且遠
道郵示援據賅博足補正予曩序之疏畧顧尚有褁疑不
能決者予乃以退食餘晷盡發所藏拓墨又從估人之來
自中州者博觀龜甲獸骨數千枚選其尤殊者七百并詢
知發見之地乃在安陽縣西五里之小屯而非湯陰其地

次为“总论”、“禹”、“殷之先公先王”、“商诸臣”、“商之都邑及诸侯”五章。阅唐序知此为王国维昔执教清华大学研究院时所辑之讲义。时先生为院中导师，赵斐云为助教。先生每发一稿，赵为录副后，交抄者誊写印行而藏其手迹。先生殁后，先有《王忠慤公遗书》印行，后经增补未刊之作编为全集名曰《王静安先生遗书》，但独缺此篇，时人重惜之，乃有此《古史新证》印行。

殷商贞卜文字考 罗振玉著。宣统二年(1910)玉简斋印，白纸，一册。三十二叶，黑栏，有行格，版心中书“殷考”，下标叶数，每半面十三行，行二十三字。扉叶楷书分三行题殷商贞卜文字考，后有“宣统元年玉简斋印”八字。第一叶顶格题殷商贞卜文字考，以下低一字为题记，后署“宣统二年岁在庚戌仲夏上虞罗振玉记”。以下正文，低一字书“考史第一”，依次为“正名第二”、“卜法第三”、“馀说

第四”，最后有作者的后记。尽管考释简单，但在发现甲骨文仅十馀年，就作出研究论著，筚路蓝缕，实很不易。

龟甲兽骨文字　日本人林泰辅据榷古斋、听冰阁、继古堂各家所藏甲骨文拓本编为此书并由商周遗文会于大正六年(民国六年)出版。民国十九年(1930)北平富晋书社翻印。白纸，共二册。前有林泰辅叙，并抄释字体明白无疑者附于卷末。

簠室殷契征文、簠室殷契考释、簠室殷契类纂(以下简称征文、考释、类纂)　以上三书均为王襄著。前二种由天津博物院于民国十四年（1925）石印出版，后者为河北第一博物院于民国十八年(1929)石印出版。《类纂》共收可识之甲骨文八百七十三字，重文二千一百十七字为《正编》；集《说文》所无及难确识之字一千八百五十二字为《存疑》；不能收入存疑者一百四十二字为《待考》。《正编》为上册，《存疑》、《待考》为下册。《征文》的印刷不精，所以此书刚刚印行，研究者见而多疑材料不真，因以摒之不用。当年郭沫若研究卜辞时曾借阅此书，因其文字多有毛笔痕迹，遂疑为伪品，在著《卜辞通纂》之际，亦摒诸视顾之外。后读董作宾之文，乃急索此书重加检阅，始不能不承认昔日所见之为诬。盖其书所用拓片本不甚精，石印亦不良，文字多以粉笔加工，全失真意，故招疑惑。

愙斋集古录附释文賸稿　吴大澂著。民国七年(1918)上海涵芬楼影印，宣纸本，共二十八册(附《释文賸稿》二册)。前有吴昌硕题“愙斋集古录”大篆五字，次为罗振玉、叶昌炽手书序文和吴氏亲笔自序，继之为姚华书写的总目。全书共收钟、鼎、敦、尊等古代铜器一千一百四十四器拓本，印刷十分精良。自序云：“吉金文字自宋以来，吕大临、薛尚功、王俅各有专书，而吕刻、薛刻均不甚精……陈簠斋丈曾欲以拓本上板，迄未成书，而簠丈已归道山矣。余所集拓本千数种，又益以川沙沈韵初内翰所贻旧拓数十种编辑商周吉金文十一卷，秦、汉各一卷，又汉以后吉金拓本一卷，共成十四卷，详加考释，付之石印，几与原拓本无异。”作者精于古文字学和金石学，除是书外，还著有《说文古籀补》，为古文字学的重要著作。是书

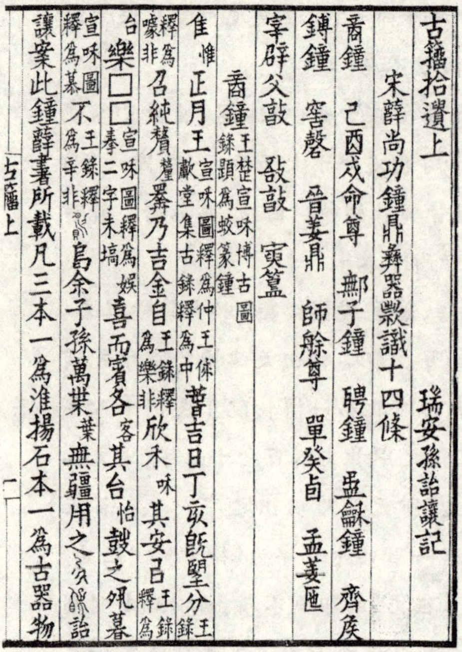
古籀拾遺上　瑞安孫詒讓記
宋薛尚功鐘鼎彝器款識十四條
商鐘　己酉戌命尊　鄦子鐘　聘鐘　盄龢鐘　齊侯
鎛鐘　寶磬　晉姜鼎　師艅尊　單癸卣　孟姜匜
寏辟父敦　敔敦　寏簋
商鐘王楚宣咊博古圖錄題爲蚊篆鐘
隹惟正月王宣咊圖釋爲仲王俅嘯堂集古錄釋爲中䜭吉日丁亥既望分王錄釋爲嚛非召純贊釐𠷎彝乃吉金自王錄釋爲樂非欣禾咊其安吕王錄釋爲台樂□□宣咊圖釋爲奉二字未塙娛喜而賓各客其台怡鼓之舛暮宣咊圖釋爲慕不王錄釋爲辛非鳥余子孫萬枼葉無疆用之詒
讓案此鐘薛書所載凡三本一爲淮揚石本一爲古器物
古籀上　二

在其殁后十六年，始由其后人付印。

古籀拾遗　孙诒让著。民国十七年(1928)上海扫叶山房据光绪十六年(1890)刊成的本子上石印刷。是书共四册，分别为上、中、下三卷，别附《宋政和礼器文字考》单独为一册。作者孙诒让自言：“端居讽字，颇涉薛(尚功)、阮(元)、吴(荣光)三家之书，展卷思误，每滋疑滞，闲用字书互相斠覆，略有所悟，辄依高邮王氏《汉隶拾遗》例，为发疑正读，成书三卷。”是书版心只标“古籀”“上”、“中”、“下”，其下为叶数，每半面十一行，行二十二字，小字双行，行亦各二十二字。是书原版非常精细，正文仿宋版书体，多用古字，序文为篆书。上卷为论证薛尚功《钟鼎彝器款识》十四条，中卷为论证《阮元积古斋钟鼎彝器款识》三十条，下卷为论证吴荣光《筠清馆金石录》二十三条。有的专家谓“有清一代关于礼仪注疏与文字考释两事，甚为发达，孙氏最后出而贡献最大。他所作《周礼正义》和《古籀拾遗》、《古籀馀论》都是极有价值的著作，而尤以后两书推进了金文研究的方法”。

说文古籀补补　丁佛言著。民国十九年(1930)北平富晋书社印行，共四册。白纸，黑边栏，黑鱼尾，上为书名，中书篇次、下标叶数。扉叶篆书题说文古籀补补，背面篆书夏历甲子冬十一月付印。其后有李汝谦序、自叙、姚华序和凡例。是书为作者就吴大澂之《说文古籀补》(是吴氏将金文、石鼓文、古币文、古玺文、古匋文等古文字资料依《说文解字》次序编成并附有考释的一部用出土古文字补充《说文解字》的著作,资料价值很高)逐字增辑,为吴著所未及者补三千八百馀字,至文义释辨为本篇不能详及者,亦仿吴著之例,别作附录于编后。

六书解例 马叙伦撰。民国二十年(1931)商务印书馆发行,白色有光纸印刷,一册,共四十九叶。版面有黑边栏,无行格,版心题书名、叶数,每半面十行,行二十二字,正楷书写。前有作者题辞,正文分"六书原始"、"名号次第"、"象形解例"、"指事解例"。将指事、象形、形声、会意、转注、假借之义,条疏缕叙,剖析得当。

字学举隅 赵绍庭著。成书于光绪十八年(1892),民国三年(1914)江苏省第二工校石印,白纸一册。有边栏行格,每半面九行,行二十六字。前有自叙、凡例,后有作者从兄赵光荣的跋和其子宗掖的后记。是书为据手稿上石影印,内分上、下二卷,上卷含"洗谬"、"舍新"、"补偏"三篇;下卷含"劈溷"、"观通"、"审变"、"明微"、"谈盾"五篇。作者有感于过去被奉为正字之金科玉律的《字学举隅》只就通用楷书笔画,胪列厘定,而于六书之恉毫无发明,乃独出己见,析疑抉奥,撰述此书。时隔二十二年,其子谋梓是书,因内多古字恐雕刻不精,遂摹原稿石印。

曾文正公日记 曾国藩著。宣统元年(1909)上海图书公司印行,白纸,四十册,据其手书日记石印。前有王闿运、唐文治二人的序。日记始于道光二十一年(1841)正月初一日,止于同治十一年(1872)二月初三日。日记简记其任京官至殁前之主要经历(包括镇压太平军、捻军和查办天津教案事件等),保持原始资料较多。

翁文恭公日记 翁同龢著。民国十四年(1925)上海涵芬楼影印,白纸,四十四册,系翁氏门生张元济商请翁之从孙克斋,将其先祖手书日记交由上海商务印书馆影印出版。日记始于咸丰八年(1858)六日二十一日,迄光绪三十年(1904)五月十四日,即翁氏逝世前六日,日记间有缺失,约计四十六年。翁氏一生身膺重任,所记反映了同、光两朝的一些重大史实及其思想演变。百日维新中,翁氏被黜后,曾将日记中有关戊戌变法的相关部分自行改缮,然仍不失为研究晚清史之重要史料。

翁文恭公军机处日记 翁同龢著。民国二十八年(1939)燕京大学影印,白纸,二册。翁氏于光绪八年(1882)由工部尚书入值军机处是为军机大臣,至光绪二十三年(1897)又由户部尚书授协办大学士。此日记始于光绪九年(1883)二月初一日,迄光绪十年三月十一日。记各日所接各地奏折和所发谕旨,提纲挈领,言简意赅。如:光绪九年二月初六日记中有英煦折奏一条。下用小字注出"八旗积弊、混入旗籍、尅扣俸饷、顶替挑缺、私卖甲米"数端。其次有旨为"英煦奏旗务积弊四条,著八旗都统严定章程,妥议具奏",颇与当今工作日记相类。

越缦堂日记 李慈铭著。日记起自咸丰三年(1853)止于光绪十五年(1889),历三十七年逐日记事。它是日常生活和社会活动的记录,是阅读经史的心得,是诗词创作的原稿,是上谕、邸钞的摘录,内容广泛,涉及面宽,有较高的文学价值和史料价值,向为学者所重。顺便说个故事,当年鲁迅受其弟种种诬蔑委屈,搬出了八道湾住宅,买了西三条新宅后,独自回大宅取书。在取书的翌日,知己老友许寿裳问他:你的书全部都已取出了吗?他答道:未必。又问我所赠的《越缦堂日记》拿出了吗?他答道:不,被没收了。如此可见此日记在学者心中的地位。

瓶庐丛稿 翁同龢著。民国二十六年(1937)商务印书馆影印,共十册,内分十卷。前有瓶庐丛稿目录,一卷至四卷为文、序跋,五卷为书札、传状,六卷为墓志、杂记、题赞、哀诔,七卷至十卷为诗词、联语。统览全书,内多涂改钩乙,想是写作之草稿,后被后人收检庋藏者。阅此,一者可见作者属文时之用心,二者可赏一代书法名家行笔挥洒的馀韵。

贞松老人遗稿甲集 罗振玉著。民国三十年(1941)其子罗福颐主持付印,有光白纸,共六册,收入著作八种,中有二种三册,为石印者,其第三册中之《干禄字书笺证》,此书为唐代正字著作,是楷书字形的标准。只一卷,双边栏,有行格,每半面十三行,行二十三字，鱼尾下书“字笺”二字，下标叶数。第四、五册为《石交录》，是记述石刻轶闻的，共四卷，单边栏，有行格，每半面十二行，行二十三字。鱼尾下书“石一”、“石二”等，下标叶数。据其孙继祖言：“八种中《后丁戊稿》、《辽海续吟》、《石交录》、《庐山记校勘记》校刊记皆经手订待刊，……《干禄字书笺证》、《俗说》著于早岁，久扃箧衍”，是知这些书都是罗振玉殁后由其后人荟集合刊的。

篆文孝经 吴大澂书。光绪十一年(1885)上海同文书局石印，一册，单边栏，有行格，每半面六行，行九字。扉叶篆书“孝经”二字，后有吴氏亲笔题识。是书用白纸精印，封面以青色绢装裱，用丝线六孔订，书套以青色细布做成，十分典雅。

篆文论语 吴大澂书。民国十三年(1924)苏州振新书社重印。封面有“吴大澂篆书论语南溟书签”，扉叶正中楷书“吴篆论语”四大字，右书“清卿中丞原本”，左书“杭州邹寿署耑”，继为光绪十二年(1886)吴氏亲笔题识，后附许氏《说文》引《论语》三十六条。再后便是正文。查上述吴书《孝经》既书于光绪十一年，并于同年石印，而此《论语》书于光绪十二年，或亦于同年付印。振新书社所谓“重印”当有自矣。

明两大儒手帖 王守仁、高攀龙尺牍。光绪三十二年(1906)国学保存会影印。扉叶正中题“明王守仁、高攀龙两大儒手帖”(王、高二人名并列)右书“彭尺木(名绍升)先生鉴定”，“江曲书庄所藏”、“明人尺牍之一”。左书“国学保存会用石影印”。次有“风雨鸡鸣”题字，尾钤“黄史士黄节章”朱文方印，又有彭尺木题“高山仰止”署名绍升，引首钤“一行居”长椭圆朱文印，后钤“知归学人”白文方印。其后便是王、高二人尺牍各二通。尺牍后有彭绍升题跋，评王书“如踞泰山之顶，挹东海之波，蘸墨于太虚空中，掷笔于阎浮界外。一戈一磔具有化机。”说高书“因规折矩，中流自在，往往得锺太傅遗意”。继为潘奕隽跋。迨至晚清，由沈梧旭收藏，于光绪三十二年付诸石印，以公于世。

明清名人尺牍墨宝 上海文明书局民国十年(1921)发行。共三集，每集各六卷，计十八册。第一集全部是明人尺牍，内有李东阳、祝允明、文徵明、倪元璐、侯峒曾、王铎等人的手迹；第二、三集尽为清人尺牍，其中有袁枚、纪昀、刘墉、孙星衍、伊秉绶、翁方纲、梁同书等的书信。总计收入明、清两代一百四十五人的二百六十七通尺牍。

快雪堂诗稿 王文治书。民国三年(1914)上海文明书局发行。是王文治于清乾隆五十六年(1791)从湖北返回镇江时所书之诗。

松禅老人遗墨 翁同龢(晚号松禅)书。光绪十二年(1886)由邹王宾编辑石印。内有翁氏书杜甫秦中杂诗、题邹王宾绘兰花册、与俞钟銮赠答诗札等，后有汪洵题跋。共二册。

翁松禅相国尺牍真迹 翁同龢书。民国九年(1920)由中华书局影印发行。内收致阎敬铭(字丹初)、谭钟麟(字云觐，号云卿)、汪鸣銮(字柳门)信札，内容涉及面较广，书法至佳。共十二册，白纸精印，墨色如新。

吴愙斋尺牍 吴大澂书。民国八年(1919)商务印书馆发行。一册，白纸，有衬叶。是吴氏与王懿荣(字廉生)讨论金石的信札，计四十件。从内容考核吴、王二人关系至为密切，他们互相探究铜器的收藏、传拓，石刻拓本的搜救。互通有无，执着之至。

李梅庵临周散氏盘铭真迹 李瑞清(梅庵是其号)书。民国十年(1921)中华书局印刷发行。首有自题"周散氏盘"四字，每半叶一字。盘铭每半叶六字，写在细线界格中，共二十叶又半叶。后有李瑞清题记，中钤"阿梅"、"清道人"、"玉梅花庵主摹拓三代两汉六朝文字"三方篆书朱文印。最后曾熙(号农髯)题之云"自宋以来，士大夫始言钟鼎文字……道州猿叟固尝为之，迫以髦年未竟其志。吴尚书可谓一志专力，几数十年矣，但习其体未窥其奥。以晚近之笔高语三代，宜其卑弱不能入古也。阿梅生有古癖，于三代两汉六朝，自幼习之，勤苦过人，所造多成绝学，于大篆索求探幽，殆斯文之中兴乎！"可见对李书之推重。

文集自印亦风流

——谈谈我收藏的自印本

阿　滢

一部《镇江沦陷记》手稿，在2007年北京秋季拍卖会上以一百一十九万元高价成交，成为收藏界引人瞩目的话题。该书作者是1937年镇江沦陷时一家工厂的经理。他把日军种种罪行记录成稿，计十二馀万字。1938年，他自印了四千册分寄各地，以揭露日寇罪行。1946年，他根据自印本又誊抄了一份，并加入了一些抗战后期的所见所闻。1998年，扬州古籍书店职工清理仓库时，发现了这部手稿。历经数十年战火动荡，《镇江沦陷记》自印本几乎全部流失，最初的四千册自印本目前所知仅存世两册，成为极具史料价值的一部重要文献。

自印本大多是作者自己出资印制，一般不公开出售，主要用于同人间的交流。过去文人有"刻一部稿"，之说，刊刻自己的文集，分送同好，即属自印本。后来，世间陆续出现一些刊刻、经营书籍的民间书坊，也就相当于当下的出版社了。建国后，新闻出版逐步规范。自印本更显得弥足珍贵。

寒斋里珍藏了一些近些年师友相赠的自印本。我对这些自印本的珍爱超出了一般的版本。丁亥暮春，我在济南会晤了八十三岁的侯井天先生，侯先生是山东省委党史资料征集研究委员会离休干部，他以上下两卷《聂绀弩旧体诗全编》自印本签名相赠。该书是侯先生穷二十年之精力搜集、整理、句解、详注、集评而成，自费出版。1958年，侯先生因政治运动由总政治部文化部转业下放到北大

荒劳动，曾与聂绀弩在牡丹江农垦局政治部《北大荒文艺》编辑部的一个房间里住过一宿，当时侯先生是“中右”，聂绀弩是“极右”，互报姓名后，两人未敢再说一句话。聂头朝北靠东墙睡，侯头朝西靠北墙睡，翌晨，侯先生悄然离去。“一面之缘，于侯井天印象极深，于聂绀弩可能根本未记此事，却不知此乃身后第一知己也”。(舒芜语)

当侯井天第一次读到《散宜生诗》时，引起了强烈的共鸣。在1986年聂绀弩去世后第三个月，他便开始了搜集、点注聂诗的工作。为了搜集聂绀弩的作品，侯先生天南海北跑了很多地方，拜访了文怀沙、黄苗子、郁风、吕剑、曹辛之、周有光、尹瘦石、丁聪、吴祖光、舒芜、朱正等数百位老作家及聂绀弩的亲属，得到了他们的支持和帮助。侯先生于1990年12月在子侄资助下自费出版了《聂绀弩旧体诗全编》注解本第一版，印了六百册：以后每发现聂绀弩的佚作就再版一次。1992年4月《聂绀弩旧体诗全编》注解续册印了五百册；1993年12月《聂绀弩旧体诗全编句解、详注、集评》印了八百册；1996年3月出第四版，印了一千册；1999年第五版，印了一千册；至2005年9月已是第六版，也是最后的印本，故称之为“止印本”。编辑出版《聂绀弩旧体诗全编》是一项大工程，侯先生凭一人之力做成了这件功德无量的事情。现在有好多应该由国家来组织实施的事情，都由个人去做了，实在令人费解。《聂绀弩旧体诗全编》比人民文学版《散宜生诗》多收入四百馀首佚诗，不仅作了详注，而且还有句注、按语和集评。编成最全的《聂绀弩旧体诗全编》书后，附录了大量的有关通信摘编及研究文章。不但有文学价值，且有重要的史料价值。

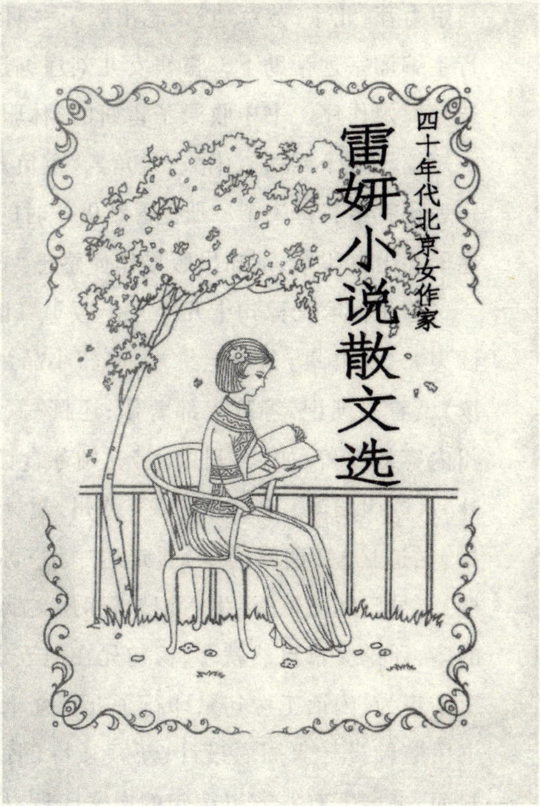

雷妍是上世纪四十年代北京女作家，是北方沦陷时期文坛最多产的才女之一。原名刘植莲，河北昌黎县人，曾用笔名芳田、刘萼、端木直、东方卉、田田等，生于1910年4月，曾出版有《良田》、《白马的骑者》、《奔流》、《少女湖》、《鹿鸣》、《凤凰》等作品集。解放后，雷妍生活拮据，女作家、与张爱玲齐名、有“南玲北梅”之称的梅娘与赵树理联系，推荐她的稿子，发表在赵树理主编的《说说唱唱》上，换取稿费度日。1952年6月，雷妍去世，她的名字逐渐被人们所遗忘。学者陈学勇在一篇文章中说：“她的中篇小说《良田》可与赛珍珠的《大地》媲美。雷妍盛年早逝，加之作品多发表于沦陷时期，因此她不仅在当今读者中湮没无闻，而且难以纳入现代文学史家的视野，连纵论百馀位女作家的皇皇巨著《二十世纪中国女性文学史》，上下两大卷，也不肯给个席位，只概述沦陷区创作时，以‘长于刻画传统妇女’一句话打发了之。用这短短八个字概括雷妍创作，既欠准确，更难揭示全貌，当然说不上公允地评价她在文学史上的地位。”有关学者向出版社推荐雷妍作品，可出版社编辑只盯着可以使他们稳赚银子的当红作家，根本无人理睬尘封在故纸堆里的作家作品。经

梅娘力荐，北京《芳草地》杂志出版了一期纪念专集。在《芳草地》执行主编谭宗远帮助下，雷妍女儿刘琤编选自印了《雷妍小说散文选》，梅娘作序。书中收录了雷妍的《林珊》、《幽灵》、《林二奶奶》等中短篇小说十四篇，《雨》、《号角》、《重负》等散文五篇。出书后，谭宗远兄就给我寄来了一册。曾红极一时的女作家作品竟无人问津，靠子女出自印本，不知出版界作何感想。

苏州作家王稼句十几年来出版了《谈书小笺》、《笔桨集》、《补读集》、《枕书集》、《砚尘集》、《煎药小品》、《栎下居书话》、《秋水夜读》、《看书琐记》等数十部著作；还撰写、编纂、点校了多部有关苏州内容的专著，如《苏州山水》、《姑苏食话》、《古保圣寺》、《苏州旧梦》、《苏州旧闻》、《三生花草梦苏州》、《吴门烟花》、《消逝的苏州风景》、《追忆》、《烟雨同里》、《走遍中国·苏州》、《姑苏斜阳》、《吴门柳》、《吴门四家》、《浮生六记》、《苏州文献丛钞初编》等。作品出版的多，评论文章自然就多，稼句兄在他五十寿辰之际把朋友们的文章结集为《闲话王稼句》，印行了九百九十九册，分赠各地朋友。该书由装帧设计家周晨设计，新颖独特，书名字体无任何颜色，凹入封面，书名下有一方王稼句的白文印章，格外醒目。封面上方比内文短一厘米多些，呈锯齿型。扉页前贴有王稼句藏书票，环衬为稼句兄书房图片。内文版式疏朗，并钤有多枚王稼句用印。书中收入了拙作《江南才子王稼句》。该书无论设计、编排还是印刷都是上乘的。

高振兴是我的老领导，从领导岗位上退下来后，我鼓动他写点回忆文章，以教育后代。本是戏言，他却认真，半年时间写出了几十篇回忆文章，结集为《深秋回眸》，想出书分送亲友留存。我劝他没必要买书号出书，现在书号的真假也成问题，有好多急于出书又无经验的作者，都买了假书号出书。造假者根本不懂书号的含义，不知什么是“流水号”、“组号”、“出版者号”、“书名号”、“校验位”，伪造的书号不伦不类，第二部分的“图书分类次号”错误百出。造假者糊涂，出书者也不明白，且沾沾自喜。更有甚者，为了晋级、评职称，即使心存疑惑，还要出书，是当前的出版制度造成的特殊产物。遂将其《深秋回眸》以自己主编的《泰山书院》之名印行，出书后，在社会上颇有影响。书院本来就是学者讲学研究之所，以书院之名编纂图书也是书院职责所在。

由流沙河题签的《书外杂写》自印本是湖北胡荣茂先生的作品集，作者曾任文化官员，退休后受聘编辑在读书界颇有影响的《书友》报，书中文章是在编报之馀的收获。该书以书友工作室之名印行三百册，其中三十册毛边本。书后别出心裁地有个《本书拟赠书师、书友名录》，按省份排列了一个赠书名单，我也在受赠之列。胡荣茂在给我寄赠的毛边本题跋道："郭伟君：业馀'书外'，聊供哂正。兼祝康宁！圈外友胡荣茂，丁亥中秋谨字。"这位谦虚的"圈外人"，谈的却是圈内事。

自印本由于印数少，成本偏高。现在有了一种新型印业，为出版自印本提供了方便，网上有印客网专门承接这种印刷业务。这种机器不用制版，成本低。一本书起印，而且印制质量要比一般胶印还要清晰。有些不便正式出版的文稿、书简、日记等，用这种方式印刷，最为方便。成书之后，便于收藏。低廉的价格可以满足很多作者的需求。浙江书友陈舒的书话作品集《向来痴　从此醉》就是交印客网印制，一共印刷十册，每册成本

十几元。书中收录了作者四十六篇关于读书、淘书及与书友交流的文章，是一部蠹鱼的淘读生活实录，全是书香文字。这种小册子比危襟正坐讲读书大道理的出版物更受读者欢迎。还有一本《读书消暑录》是江西书友易卫东的自印本，收录了自己的读书随笔，印行一百册，分送各地书友。等等。

自印本并不是达不到公开出版的水平，而是受各方面条件的制约，一时不能公开出版。其实，有很多自印本的文学及史学价值要超过一些正式出版物。老出版家钟叔河先生的老伴朱纯出过一本《悲欣小集》，也是自印本，只印了三百本，且编上号码，寄赠亲友，还特别注明“系非卖品”；王世襄先生出过《清代匠作则例汇编·佛作·门神作》自印本；王元化先生也曾出过线装一函十册《清园文稿类编》自印本。作家杨黎创作了长篇小说《向毛主席保证》，在联系出版时，书名不能通过。他自印了三百册，还为每本编上了号、签上名字，并保证大陆汉语简化字版仅此一版，并永不再版。在他的博客上打出了“自己写，自己印，自己卖。反对出版垄断！”的口号，叫卖三百元一册，一个月时间订出了七十馀册。

自印本印数少，只在民间流传，颇具收藏价值。版本学家陈子善先生非常看重自印本，在他任华东师范大学图书馆馆长时，就叮嘱部下要注意民办报刊及自印本的收集工作。随着时间的推移，自印本的价值将逐步显现出来，并愈来愈受到收藏者、研究者的青睐。

关于"限定本"

王 岩

限定本(Limited Edition),或称限量版书籍,是指限定印制数量的书籍。由于其印数的稀少,并且此类书籍的装帧,无论用纸、印刷还是装订,皆力求完美,因而历来是所有爱书家梦寐以求的珍本。相对于因时间久远而传本稀少的早期印本书籍而言,限定本可以说是"人为制造"的珍稀书籍。1829 年,法国人谢罗发明了纸型,1840 年后,欧洲开始用木纤维浆代替原先的亚麻破布作为造纸原料,这两者使得书籍得以大量出版。毫无疑问,限定本的出现当在此书籍被大量印制出版的十九世纪中叶以后,出版商为迎合"物以稀为贵"的大众心理而推出了此种商业行为,不过,这倒为后人留下了许多铭心的珍品。以下即是笔者平时阅读随手所做的一些关于限定本的札记。先看看英美等国的出版情况。

河畔印书馆,是美国一家著名的精致出版社,由亨利·奥斯卡·霍顿(Henry Oscar Houghton1823—1895)于 1852 年在马萨诸塞州的剑桥创立,至 1911 年歇业为止,共约出版了六十种限定本书籍。该出版社后来并入了米夫林出版公司,成为霍顿—米夫林出版公司。

凯尔姆斯科特出版社,由英国"工艺美术运动"的主将威廉·莫里斯(William Morris1834—1896)于 1891 年在位于哈默史密斯的自宅创立,当年即出版了莫里斯自著的《金光闪闪之平野阡陌,或长生不老之国度》,限印二百部。至 1898 年共出版五十三部限定本书籍。《乔叟作品集》于 1896 年出版,全书由著名画家爱德华·伯恩—琼斯(Edward Burne Jones1833—1898)设计插图和装帧,仅印四百二十五部，其中四十八部以白色猪皮装帧，被称为“史上最美的书”。该社的最后一部出版品为《凯尔姆斯科特出版社成立宗旨》于1898年出版，限印五百二十五部。

马里恩印书馆，是由弗兰克·E·霍普金斯 (Frank E Hopkins 1863—?) 创立于纽约州牙买加市的私人印刷出版社，1901年曾出版一部《威廉·哈里斯·阿诺德所藏书籍、尺牍交易帐》，为美国著名藏书家阿诺德的卖书记录，手工纸限印一百十六部，日本皮纸限印四十九部。1981年，美国橡树丘书屋曾专门出版了一部马里恩印书馆印书总目。限定本俱乐部，由乔治·麦西(George Macy1900—1956)于1929年创立于纽约，致力于限量书的出版，麦西家族经营至1970年，后由其他公司收购。1934年，曾限量出版英译六卷本《天方夜谭》，由安吉洛(Valenti Angelo)作单线勾勒插图一千零一幅，成为书史经典之作，纽约遗产出版社于1962年特又将其合订为三卷，重印出版。也是在1934年，该社出版了古希腊诗人阿里斯托芬的喜剧《利西翠坦》由毕加索(Picasso1881—1973)作插图，限印一千五百部，其中一百五十部又另附文件夹，内装毕加索亲笔签名的六幅铜版画。叶灵凤书话中曾提及该社的限定本王尔德(Oscar Wilde1854—1900)的《莎乐美》，为英法文对照，附原作插图十六幅，另又请名画家特朗作水彩插图，纸墨精良。

兰登书屋，由贝内特·瑟夫(Bennett Cerf1898—1971)与唐纳德·克劳弗尔(Donald Klopfer)于1927年在纽约创立，当年即与英国诺萨其出版社合作，出版七种限量版图书。其中最好的是但丁的《神曲》，意英文对照，有约八十页的波提切利插图，真皮装帧，限印四百七十五部，却收到了约五千份订单。1928年，瑟夫去意大利，在佛罗伦萨订购了一本限量初版的《查泰莱夫人的情人》，支票是直接汇给劳伦斯(D.H.Lawrence1885—1930)的，劳伦斯寄回了亲笔签名的收据，瑟夫就将此收据贴在了限量初版本《查泰莱夫人的情人》上。1928年，兰登书屋又与美国著名插画家洛克威尔·肯特(Rockwell Kent1882—1971)合作，出版了伏尔泰的小说《老实人》的插图本，限印一千三百部，有肯特签名，其中有九十五部在肯特的工作室手工上色。兰登又请旧金山一家著名印刷商印制惠特曼(Walter Whitman1819—1892)的《草叶集》，是印在手工纸上的限定本，定价高达一百美元。1934 年，兰登书屋曾计划出版《喧哗与骚动》的特别限量版，书的第一部分将用不同的颜色标明不同的时间阶段，后因印刷机达不到设计要求而放弃，最后连福克纳(William Faulkner1897—1962)亲笔标明颜色的原书也给弄丢了。法国作家纪德(Andre Gide1869—1951)的自传《如果一粒种子不死》，英译本名为《如果它死了》，兰登曾出版一千五百部之限定本，叶灵凤当年曾求购而不得。他后来又买到纪德的《赝币犯》，是伦敦嘉赛尔书店奥勃郎氏的英译本，为限定本五百册之 317 号，薄薄六、七十页，售价高达三十先令。

湖畔出版社，本是芝加哥一家印制电话簿、邮购目录的印刷公司，但为了满足个人的兴趣爱好，也印制少量的精本图书。1930 年，该社出版了梅尔维尔(Herman Melville1819—1891)的小说《白鲸》，由洛克威尔·肯特作近三百幅木刻插图，限印一千部，三卷本装在一个铝盒中，定价一百美元，如今早已成为书史珍品。

金鸡出版社，是伦敦一家著名的精本书籍出版社，英国著名插画家艾立克·吉尔(Eric Gill1882—1940)曾为该社多种限定本书籍作插图，如《四福音书》、中国小说《醒世恒言》的节译本《如胶似漆》等，图文皆印制精良。叶灵凤书话中曾提到黄永玉替人转赠给他的《书信大全》，即是该社 1948 年版，限定五百部之 126 号。

奥林匹亚出版社，是巴黎一家专出禁书的出版社。英国著名插画家比亚兹莱(Aubrey Beardsley1872—1898)生前创作的唯一一部散文《在山丘下》，因语涉猥亵，曾一直被当作禁书不能出版，1959 年，该社出版了这部书，是附原作插图的三千册的限定本。纳博科夫(Vladimir Nabokov1899—1977)的《洛丽踏》亦是在该社初版。

王尔德的《狱中记》，在正式出版前，曾于 1909 年在美国印十六本，这是美国版权法规定的最低印数。而通常最珍贵的限定本也要印二十六册，以A—Z为编号。詹姆斯·乔伊斯(James Joyce1882—1941)的《芬尼根守灵夜》1936年出版时，曾印二十六部限定本，作为赠送亲友的非卖品。美国当代诗人加里·史耐德(Gary Snyder)的译作《英译唐诗十六首》，附日本艺术家木刻插画，为纪念其师陈世骧教授，曾用手工印制一百二十六册，其中百册数字编号出售，另二十六册编号A—Z，为非卖品，台湾钟芳玲有幸获赠一本，编号为Q。钟女士还曾得旧金山某旧书店主赠其一本《生日书》，1931年初版限印一千八百五十部，有十五页肯特插图，并有签名。美国藏书家尤金·菲尔德(Eugene Field1850—1895)在其《书痴的爱情事件》一书中记载，他的朋友梅休因法官写的一本书，只限量印了两本，签名副本印在日本仿牛皮纸上，他俩各藏一本，可谓少有。

乔伊斯的巨著《尤利西斯》，初版于1922年2月2日，乔伊斯四十岁生日之际，由巴黎莎士比亚书店印成，初版共印一千册。恺蒂在《想像〈尤利西斯〉》一文中记述，1934年5月，纽约书商乔治·麦西出资五千美元邀请马蒂斯(Henri Mdtisse1869—1954)为《尤利西斯》画插图，马蒂斯打定主意要按荷马史诗来画，而非乔伊斯的文字，马蒂斯后来也承认未读过原著，原本是要用石版创作，因为印刷工匠的水准不够好，后改用铜版，马蒂斯共完成了六幅插图，另外二十来幅草图及未完成稿也收入了书中。此插图本于1935年由限定本俱乐部出版，限印一千五百部，乔伊斯为其中的二百五十部签了名。不过，马蒂斯对印出的书并不满意，以后在他的亲自监督下，这六幅插图在巴黎被印成一套，限定一百五十本。

台湾傅月庵某篇文中谈及，美国作家埃德蒙·威尔逊(Edrnund Wilson1895—1972)写的童书《拉特兰农庄上的老鼠》，是专给孩子看的圣诞礼品书，由纽约高谈书屋初版，限印一千册，编号发售。

许地山曾藏有古印度《故事海》时英译本，是1924年伦敦某出版社限定本一千五百部的最后一部，现藏香港冯平山图书馆。孙大雨曾藏有一部二十四开本的莎翁全集限定本。施蛰存曾通过预订购得艾略特诗集限定本，后转赠一专门研究艾略特者。

香港董桥在其书话中曾提到其藏有的几部限定本书籍：艾略特(T.S.Eliot1888—1965)的诗集《荒原》1922年在美国初版，英国版则于次年由霍格斯出版社出版。该社为伦纳德·吴尔芙(Leonard Woolf1880—1969)开设，这本书更是由其妻子维吉尼亚·吴尔芙(Virginia Woolf1882—1941)亲手排版，手工印制四百六十本，封面为蓝天虎皮花纸装帧，真皮书盒，董先生藏有一部。“阿拉伯的劳伦斯”(T.E.Laurence1888—1935)的大著《智慧的七柱》是其1919年在牛津做研究员时写出的，1922年在牛津试印过八部，1925年修订后又试印过一百部，1926年大改动后又试印二百零二部，并印了美国版二十二部，1935年才正式出版。董桥即藏有1935年的特定限量版，作者亲自监督从封面到封底的编印和装帧，书中收插图四十七幅，限印七百五十部，编号出售。托马斯·马洛礼(Thomas Malory1391—1471)的《亚瑟王之死》，比亚兹莱插图装帧本于1893年由伦敦J.M.Dent初版，1909年第二次印刷限定一千五百部，其中一千部在英国发售，另五百部在美国发售，董桥藏有一部。伦敦有一家“初版书会”，1922年曾出了一种初版书展览书目，除详列各品目的出版史料，另附有插图数幅，装帧考究，限印五百部，董桥藏有第53号。曾任英国剑桥大学图书馆馆长的芒比(A.N.L.Munby)的一篇文章《一九三〇年代英国藏书谈屑》，1973年5月11日发表于《泰晤士报文学增刊》上，后美国加州一位印刷商又把它印成单行本，书共只二十三页，用花呢布纹纸印，线装，限定六百七十五册。董桥虽早有剪报，但爱其精致，特又购一册收藏。

在亚洲，现代日本的出版业紧随欧美，很是发达。在讲求书物趣味的日本，对待书物的工匠般的执着，加上日本人天生的搜集狂性格，因此，限定本的出版，亦时有惊人之作。海上著名藏书家陈子善在其第二本书话集《海上书声》中有诸多记载。

斋藤昌三，日本神奈川县人，毕生以搜集各种限定本、私印本、查禁本为己任，是日本近现代著名的“书物研究家”。他在1931年7月与庄司浅水、柳田泉等人合作创办了书物展望社，定期出版《书物展望》杂志，并出版各类文学和书话著作一百二十馀种，大多装帧精美典雅，被后人誉为日本出版史上的“书物展望时代”。斋藤昌三晚年还主持《书痴往来》杂志，一生主要著作有《藏书票之话》、《纸鱼供养》、《书斋随步》、《书痴散步》、《书国巡礼记》、《书淫行状录》、《银鱼部队》、《纸鱼地狱》、《书物志展望》、《东亚软书考》、《现代日本文学大年表》、《现代日本笔祸文献史》、《好色家三十六人》等。这些著作，大多皆为限量出版的书话珍品，其不愧为大正、昭和时代的三大书痴之一。《藏书票之话》，斋藤昌三著，东京文艺市场社 1929 年 8 月 6 日初版，全书用纸和装帧极为考究，分别选用纯云石(花纹)纸、奥地利黑色罗纱纸、西班牙安达鲁纸、英国和德国纯质厚纸及日本传统和纸精印合订，墨绿色小羊皮硬面精装，十六开本，书顶、书脊及书封文字烫金，封面且饰以彩纹。最为特别的是，书中述及的大正至昭和时期的二十七种藏书票皆以原票贴入，初版限印五百部，其中十二部为作者自存本，其馀四百七十八部编号出售，甫一上市，即遭抢购一空。鲁迅亦曾在内山书店购得一部该书，不过已是 1930 年 4 月由书物展望社出版的改版本，已没有了贴入的二十七种原票。《伊豆的舞女》，川端康成著，东京金星堂初版于 1927 年 3 月，吉田谦吉装帧的小三十二开精装本，已属难求之书，不过该书最难得的还是日本著名装帧插画家小穴隆一所作插图本，1932 年 6 月由江川书房印行，大三十二开方形本，毛边和纸精印，硬盒装(分花纹面与普通面两种)，原本限定一百八十部，因在装帧过程中破损五十部，实际传世者一百三十部。日本版本学家坂本一敏在其《旧书的乐趣》一书中称之为“第一级之限定本”。《春琴抄》，谷崎润一郎著，1933 年底由其私家出版，仅限印三部，和纸精印，烫金盒装，精美之极，罕见难求。

最后，再看看限定本书籍在国内的出版情况：《狂言十番》，周作人译，1926 年由北新书局初版，除普通平装本外，另有一种限定三十部的“赠送本”，重磅道林纸精印，毛边平装。姜德明曾淘得一册，此本扉页上印有限定说明“赠送本共印三十册，这一册是第十号”,“十”字系毛笔填写;另印有两行古希腊文,意思是“永远珍惜来自朋友的礼物”;此本为知堂赠与刘半农的,有其亲笔题赠。《兰生弟的日记》,徐祖正著,1926年7月北新书局初版,另有限定本仅印一百部,每部在版权页有编号,绿绸布面精装。此书唐弢曾藏有一部,为第32号。《肉与死》,法国比尔·路易著,原名为《爱神》,曾孟朴与其子曾虚白合译,1929年6月由其主持的真善美书店出版发行,除平装本及普通精装本外,另有一种限量编号的皮装本,并附插图二十三幅。《爱经》,古罗马奥维德原著,戴望舒从法译本以散文译出,1929年4月由上海水沫书店初版,1932年9月上海现代书局重版,限印二百部,木造纸印,硬布面精装,书名烫金。《花香街诗集》,朱维基著,1933年上海新月书店印行,扉页上注明“此书限印二百本”,硬面精装,书名烫金。《夜宴》,李长之著,1934年11月北平文学评论社初版,限印二百册,每册编号,此书唐弢曾藏第39册。《遥夜闺思引》,俞平伯著,1948年3月北平彩华印刷局影印手稿本,编号印行一百部。

现代文学史上,在书籍出版方面最为用心的无疑是鲁迅,其亲预其事的限定本书籍主要有以下几种:《北平笺谱》,鲁迅、郑振铎合编,1933年12月由北平荣宝斋初版,限印一百部,编号签名发售。《引玉集》,鲁迅编,1934年5月上海三闲书屋出版,书中序跋文字部分在上海排版打好纸型后,与五十九幅版面一起送往日本东京洪洋社,用珂L版精印,限定三百部,其中五十部为纪念本,皮脊布面,硬纸护封,不发售;另外二百五十部为平装本,编号发售。《海上述林》,瞿秋白著,鲁迅编订,分上下二册,1936年上海诸夏怀霜社出版,乃是鲁迅为纪念瞿秋白亲自编订并送往日本印装,限印五百部。其中一百部为墨绿色皮脊烫金,灰色麻布面精装,刷金顶,另四百部为深蓝色天鹅绒面精装,刷蓝顶,今皆绝世稀有。

鲁迅可以说是一位真正的爱书家,这也显示了先生诸多光环笼罩下作为一个真人的一个侧面,而且更富有人情味。天津刘运峰编订的《鲁迅全集补遗》一书中收有鲁迅亲手撰写的一份“限定版书目”(原为外文,由吴元忱等人翻译),这样一份书目,在中国现代藏书史上可谓绝无仅有,读者可以找来参阅。

1986年,人民美术出版社出版的《日本版画藏书票选集》为“限定纪念本”,限印一千部。1995 年,上海文汇出版社出版的“海上风”丛书,包括《欲望的城市》、《人文精神寻思录》和《作别张爱玲》三种,按陈子善的建议,分别特制了一百部的限定版签名本。萧乾、文洁若合译本《尤利西斯》在台湾出版时,也曾特制五百部限量签名本。2007 年,上海人民出版社出版了《追风筝的人》的布面精装本,封面束腰上标明为“限量典藏版”,但版权页上连印数多少都没有,不过印装还算精良。同年,上海译文出版社也推出了《挪威的森林》的“二十周年纪念版”,限印一万一百册,每本扉页左下角印有编号,布面精装,用纸精良。长江文艺出版社的《悲伤逆流成河》也推出了“限量版”,基于作者对未成年人的巨大号召力,此书“限印”六万六千六百六十六册,编号发行,限定本而印六万六千六百六十六册,亦真是创了“记录”了。2008 年初,上海书店出版社重版了王元化、张可夫妇合译的《读莎士比亚》,在普通精装本外又特制了二十三册限定本,为什么是二十三册,也许此书初版距今二十三年了。总体看来,目前国内很少有真正意义上的限定本书籍出版。

在年出新书十数万种的今天,常有爱书人慨叹无书可藏。确实,连民国旧书都已“登堂入室”,不进拍卖场则难睹其芳容,传统的线装古籍就更不用说了。新出之书,内外兼美值得珍藏者,少之又少,爱书家很难从新书中获得爱书的趣味。除不定期出版的《藏书家》外,国内竟然一直连一本专业的藏书期刊都没有,也与我国久远的藏书传统很不相称。讲求书物趣味如在下者,很期望有远见的出版人能早日注意到这样一个“细分市场”,依托出版社,发起成立一个“限定本爱好者俱乐部”,招募会员,进而有计划地推出中外文学经典作品的“限定本”。委托著名的书装设计师、著名的插画家,使用精良的纸张,精装精印,打造出真正的书籍精品。若干年后或如鲁迅先生所言,可与唐版媲美了。

高仿《赵城金藏·金刚经》诞生记

李阳泉

国宝级大藏经《赵城金藏》的整理和出版，是近几年来我直接参与的一项重大出版工程。数十万张图版，不停地整理和校对，工作一直持续了三年多。为了能够让读者看到《赵城金藏》的原始风貌，我们想到要原样制作一卷经典，提供给读者。而今，我们精心挑选并高仿的《赵城金藏·陈金刚卷》已经随《赵城金藏》精装书一同出版。把卷遐思，回顾这卷经典的面世过程，发觉竟有很多不可思议的因缘，于是，有了下面的文字——

《赵城金藏》全藏共六百八十二帙，千字文始“天”终“几”，总计约七千卷。而今保存在国家图书馆的尚有近四千九百卷。在卷帙浩繁的经典中，选取一卷，其难度可想而知。最关键之处在于，即便经典选出来，还要看其品相。历经了重重磨难的《赵城金藏》尽管已经修复，但是残损经典依然有不少，既然决定高仿一卷，自然是越圆满越好。

在众多备选的经典中，我们选择了最广为传诵的佛门智慧之母《金刚经》。《金刚经》全称《能断金刚般若波罗蜜经》，又称《金刚般若波罗蜜经》。“金刚”，为最刚硬的金属，是金中之精坚者，百炼不销，能断万物，以此比喻以大智慧断除人的贪欲恶习和种种颠倒虚妄之见。“般若”为音译，意思是明见一切事物及道理的高深智慧。“波罗蜜”也是音译，是“到彼岸”的意思。该经经名的全部含义就是说，以金刚般的无坚不摧、无障不破的般若智慧对治一切虚妄执著，达到对实相的理解，得到解脱，到达彼岸。保存在国家图书馆的《赵城金藏》中，共收有《金刚经》的三个译本卷子，分别为：姚秦天竺三藏鸠摩罗什译本，元魏天竺三藏菩提流志译本，陈天竺三藏真谛译本。非常遗憾的是，前两种译本都有不同程度的缺损，只有最末一种，也就是真谛法师的译本保存最为完整。

真谛法师(梵名波罗木陀)是西印度优禅尼婆罗门族，原名拘那罗陀(华言亲依)。少时博访众师，学通内外，尤精于大乘之说。他以弘道为怀，泛海南游，止于扶南国。后于梁武帝年间被请至我国，译经甚多。因此，真谛法师又被称为"陈真谛"，而他所翻译的《金刚经》亦被称为"陈金刚"。

国家图书馆对于馆藏善本的管理是非常严格的。约好拍摄那天，我们来到位于国家图书馆一楼的翻拍室。负责拍摄的赵老师见到我们，立即给管理善本的负责同志打电话，说明我们所需要的经典。她的表述非常专业，"金藏，千字文编号'羽'字号，陈金刚……"

过了大约十分钟，一位工作人员手捧着经卷来到翻拍室。那经卷——黄色的卷包背，微微露出的红色的轴心，透着古朴与庄严。我抑制不住激动，想接过经卷，好好欣赏一番，却被赵老师拦住：要戴上手套！她说话的声音很低，却有一种震撼力。我戴上她递过来的雪白的手套，轻轻地开启这千年经典。那张熟悉的版画一下子展现在眼前，以前见到过很多次，但只是在图录上见到。如此面对面地观摩原物，还是第一次。再往下看，《金刚般若波罗蜜经》经文一点一点地显现出来，尽管与我平日所诵玄奘法师译本略有不同，但万法归一，况且只是翻译名义略有不同，还是很快收摄了我的身心。立在那里，一种欲哭无泪的感觉。很快进入了实际翻拍环节，赵老师很认真地测光、调光，我和我的同事很小心地配合，帮着把经卷一点点拉出来，轻轻地从另一头开始卷……总长十二米的经卷，足足拍摄了一个多小时才拍完。因为拍摄的是反转片，我们没有马上拿到底片。两天后，电分结果出来，我们看到了高清晰度的图片。接下来便进入了实质性地出片、打样阶段。

为了能够真实地再现经典的原貌。我们用不同的纸打了几套样子,并选定了一种比较满意的。可是拿到总编辑徐蜀先生那里的时候,却遭到了当头一棒——徐先生是古籍整理出版的大家,这几年负责“中华再造善本”工程,更是出神入化。这主要表现在对古籍善本自身特点的细微把握以及对光线和色彩的驾轻就熟上。我们自认为很满意的经卷,拿到他面前的时候,一下子被指出了很多问题。比如墨色太浅、纸色太深、旧味儿不足……

对于《赵城金藏》项目,作为总编辑的他极为重视。为了保证达到“下真迹一等”的效果,他亲自出马了。徐总编先是去国家图书馆再次调看了我们复制的《金刚经》原卷,然后针对我们电分的反转图片进行比照,在电脑前调出了一套接近真实的片子。

几天后,打样再次拿来,已经大不相同,有了质的飞跃。然而,徐总编依然觉得“味儿”不够,建议我们在纸张上多下功夫。

我们拿着调整好的打样去请教国家图书馆善本部主任张志清先生。张主任见的古籍多,经验丰富,给了我们很好的建议。他说,《赵城金藏》原卷用的是皮纸,但是那时候的墨比较好,有表现力。今天的印刷墨印出来的效果会比较“飘”,表现到白色皮纸上就会显得比较“突兀”,有“跳”的感觉。他建议我们多找几种不同的宣纸试一试。真是“行家伸伸手,便知有没有”。张主任几句话切中要害,接下来,我们便着手在纸上下功夫了。

故宫博物院图书馆的翁连溪先生,是古籍收藏和鉴定家,也是我们多年的朋友。他对宣纸也颇有研究。当我请教他有关宣纸的问题时,他介绍我认识了著名藏书家韦力先生。

韦力先生藏书甚丰,堪称中国民间古籍收藏第一人。在翁连溪先生的帮助下,我们见到了韦先生,韦先生的谦谦君子之风给我留下了很深的印象。谈起藏书,韦先生立刻显得有些兴奋,他的话总是那么容易感染人,让人也跟着兴奋起来。谈到宣纸,韦先生更是如数家珍。他说,古代很多藏书家看到好的书,习惯翻刻几部,使之得以流传,对宣纸的使用也极为讲究。他根据一些记载,仿制了一些不同工艺的宣纸,在南方的厂子里进行手工加工,而今,已经有了几十种样纸。他表示愿意把这些纸各提供两张给我们,进行印刷试验,找出最具有表现力的来。韦先生的行为让我们深受感动。

样纸拿到之后,我们更是赞叹不已——以前对宣纸的认识仅仅停留在生熟、单双、有色无色等一些基础层面上。而今,摆在我们面前的竟然有这么多不同的种类:云龙皮、佛教黄、瓷青、兰花皮、桂花皮、樱花皮、手工棉、手工麻……数日后,这些宝贵的宣纸上都印满了《金刚经》,再次回到我们的案头。

那一天,我们几乎眼花缭乱。翁连溪先生、韦力先生、著名古籍修复技师董书承先生以及我们的设计总监中央美术学院李洪波先生和我们齐聚一堂。大家开始在几十种宣纸印刷品中寻找感觉。最终,云龙皮、手工棉和手工麻脱颖而出。为了能够看起来更直观,董书承先生立刻拿到他的修书处,进行了快速装裱。一小时后,我们见到了裱好的效果——大家的观点惊人地一致:手工麻! 大藏经的古朴典雅和历经岁月磨蚀的沧桑在手工麻纸上表露无遗。《赵城金藏·陈金刚卷》的用纸终于浮出水面。

当我们把用手工麻纸印好的一卷样品拿到郭又陵社长、徐蜀总编面前时,他们都给予了高度评价。国图善本部张志清主任更是惊叹于我们在短时间内能够选定这么富有表现力的纸张,对我们的努力给予肯定。我们深知,如果没有翁连溪先生、韦力先生和董书承先生等的慷慨襄助,事情绝不会进展得如此顺利。

经过近一个月的漫长等待,印制"陈金刚"所需要的手工麻纸终于生产出来。又经过一个月的漫长等待,"陈金刚"的印刷工作宣告结束。接下来便是装裱,在董书承先生的指导下,我们对裱褙用纸、前衬纸、隔水、书别子、书签、锦盒、缥带等等都进行了精心地挑选和严格地把关。乃至于加盖"国家图书馆善本部监制"的印章时,我们对印泥的选择都煞费苦心——直到最终选定一款中规中矩的古色印泥,方才安心。

复制好的经卷摆在案头,我们百感交集。这个经卷的诞生,前后历经八个月。几乎牵涉了国内出版界、收藏界、古籍鉴定界、古籍修复界最顶尖级的专家。伴随着这卷经典复制工作的推进，专家们总是及时地出现在我们的视野中，并给我们最真诚和最专业的指导。这大概就是佛教界所说的“不可思议之缘”吧。

怀着忐忑的心情，我们向以前给予我们很多帮助的高僧大德、文博界朋友寄赠了第一批三十卷。禅门泰斗净慧老和尚接到我们的经卷，立刻亲自打来电话说：“随喜赞叹你们的功德！经卷做得实在太好了。”几天后，净慧老和尚将此经卷转送给了造访四祖禅寺(净慧老和尚为该寺院方丈)的贵宾湖北省委书记罗清泉一行，并于经卷前方留白处题诗一首，最末一句为：“此日双峰添锦绣，金刚一卷祝尧天。”中国佛学院副院长传印老和尚手捧经卷，连连赞叹：“如此庄严，如此质朴，我怎么敢受赠?!”中国佛教协会副会长、少林寺方丈永信大和尚说：“你们这是在为后人做文物，再造善本，做得如此用心，真是难得！”北京佛教协会副会长、广化寺方丈怡学大和尚说：“龙天庇佑，千年经卷以如此完美的状态再见天日，这是不可思议的因缘！”国学大师饶宗颐赞之曰：“下真迹一等。”国家图书馆善本部主任张志清说：“我们要向你们学习，学习你们做事的执著精神和一丝不苟的境界……”藏书家韦力先生说：“几十年前高仿的一些书籍，在今天，其价值已经翻了几番，甚至几十番。从收藏角度来讲，这卷高仿金刚经无疑具备很高的升值空间。”……

6月14日，国家珍贵古籍特展在国家图书馆古籍馆开幕。在展厅的一角，我们复制的《赵城金藏·陈金刚卷》引起了观众们的极大兴趣。大家把卷观赏、赞叹不已，纷纷解囊收藏。

《赵城金藏》之刻印缘于金代民间发心，民女崔法珍虔敬正法，为报佛恩，断臂募刻，感天动地，终至聚沙成塔，历三十载而功德圆满。故此部藏经也被誉为有史以来“第一大发心刊刻的大藏经”。如果说御用法宝《乾隆大藏经》是中国历史上清朝盛世所修的盛大典藏，那么，年代更久远、版本更珍奇、经历更曲折、发心更宏远的《赵城金藏》则是当今时代最有价值的盛世珍藏！

抄本的鉴赏和收藏

——古书版本知识

林　夕

抄本概说

抄本和写本　抄本跟写本这两个名称都有人使用，二者有时相同，有时又有些不同。从字义看，“抄”是誊写，“写”是书写：二者都是写，也都有传录的意思，本来不能截然分开。按今天日常的用法，大抵“抄”有原本，“写”没有原本，所以“抄书”跟“写书”意思完全不同。

有些情况是约定俗成，不一定能讲出多少道理。如果是卷子，我们一般说写卷，而不说抄卷，唐人抄写的书卷称为唐人写本。一般说写经，不说抄经，宋人抄写的经卷称为宋代写本。对于这些习惯的称呼，如果要细加分辨，那么“写”着重在书写，郑重一些，“抄”着重在传录，就随便一些。

抄本的类型　写本其实有多种类型，传统上也有各种名称。按照民国三十五年商务印书馆出版的《国立中央图书馆中文图书编目规则》，关乎抄本的有以下几种情况：

著者本人手写的书稿叫手稿本，他人誊清后经著者亲手改定的书稿叫清稿本。按：《中国古籍善本书目》则一律著录为稿本，不再区分。

出于名家手笔的抄本，称某人手写(或抄)本；藏书家请抄手传抄的本子，称某处某氏抄本，可以知道的，加上藏书家的斋室堂名。

写本卷子可题某代某年某处某人手写卷子本，传写人未详者，可称某代某年写卷子本，如年次不详，可以仅称唐人写卷子本或宋人写卷子本等。

不知何年何人所抄的本子，如果可以确定非近年所写，可称旧抄本；如果确定为近代所抄，可称传抄本，或仅称抄本。按：旧抄本是书林习惯称呼，含义比较模糊，《中国古籍善本书目》则按朝代分称明抄本、清抄本等。

凡据旧本影写，而行款无异者，称影抄或影写某某本，或影某某抄本或写本。按：这里看不出“抄”和“写”有什么区别。严格的影抄本是把纸蒙在书上照原书的样子一笔一笔地描摹，力求维妙维肖，分毫不爽，毛氏汲古阁影宋抄本就是以此著称。简单一些就只是照原书的样子临写一本而已。

抄本的来源　根据甲本抄成乙本，甲本就是乙本的底本。抄本的底本有以下几个来源：一部书稿从写草稿到定稿可以有一个撰写过程，在这个过程中，随时都可能由他人抄录出来，这样的抄本出自稿本。一部书印刷以后，流传不多，难以获得，就可能出现以印本为底本的抄本。一部抄本也可以作为底本再次抄录，甚至一传再传，这就出现了所谓传抄本。古往今来大量抄本就是这样产生的。

抄本跟底本的关系等同于原刻跟翻刻的关系，我们知道，按底本原样摹刻的本子叫影刻本，同样，按底本原样摹写的抄本叫作影抄本。从这个角度看，一部翻印本是原书的一个版本，一部抄本实质上也是原书的一个“版本”，只是它还没有经过刻版印刷而已。

抄本作为原书的一个版本，跟印本有不同之处。最大的不同是，同一个版本可以有若干印本流传，但是每一部抄本都是一个独立的版本，即使同一个人再抄一本，那也是另一个版本。

需要注意，“版本”或“板本”这样的名称原来是指印刷的本子，特别是雕版印刷的本子，现在抄本也包括在内。

抄本的价值

从一部书的一个抄本就是它的一个版本出发，我们就知道应该怎样去鉴赏和评价一个抄本。对于一部抄本来说,由于没有存世数量多少的问题,最重要的是它的文献价值。

抄本以内容重 一部古书有三个价值点:内容,形式,传本。对于抄本来说,内容这一项最为突出。因为抄书跟印书不同,抄一部书,本意就是抄来阅读,没有可读之处,就不会动这个念头。一旦打定主意去抄,不是印本难得,甚至未曾刊行,就是文本优异,迥出他本之上,抄本的文献价值就在这里。

在浩瀚的古代文献中,后世有印本流传的毕竟有限。有些书稿一直没有出版,后世所能见到的只有稿本和传抄本。有些书虽然印过,但是后世已经看不到印本,就只有依靠个人抄录流传。

历史上有很多书至今散佚无传,不复可见,令人扼腕兴叹。有些书幸运一些,长期湮没无闻,全仗抄本延命于一线,得以未绝于世,不妨举几个例子。我们都知道,宋词曾是宋代文坛的骄子,可是金元曲子兴起以后,词乐失坠,宋人的词集也随之零落。如今我们看到的宋人词集宋元本寥寥无几，几乎都来自元明两代人的传抄本。典型的例子是南宋著名词人姜夔的《白石道人歌曲》和张炎的《山中白云》,这么重要的词集却是久久无传,甚至连名目也无人提起。直到清初,藏家有幸获见元陶宗仪抄本,相继刊刻行世,两部词集才重现人间。但是刻本经过后人重校,有失原貌。如今陶氏抄本久已不知下落,只能从清初藏家的传抄本中尝试纠正刻本的讹误。像《白石道人歌曲》,其中有十七首词注有歌谱,是极为珍贵的燕乐研究资料,几个刻本互有异同,所见的几个抄本就极具参考价值。

宋陆游的《家世旧闻》从明初以后就不见流传,从毛氏汲古阁刻陆游著作以来,只能从《说郛》节录的寥寥几条文字中尝鼎一脔。直到近年,藏家发现了明穴研斋抄本,全书才复现于世。再如《宋史艺文志》著录有宋程大昌撰《考古编》和《续考古编》各十卷,《考古编》流传很广,可是《续考古编》则沉湮不显。同样是近年藏家搜剔孑遗,发现有明抄本。往年参与古籍整理出版时,挽友人从国家图书馆藏本抄出,得以收入《新世纪万有文库》,珍本秘籍重见于世,颇以为幸。

这样的例子很多。宋人别集中,方夔的《青溪富山先生遗稿》十卷,一向未见刻本,民国初年珍重影印收入《四库全书珍本初集》之中。陈杰的《自堂存稿》也是久已无闻的一部宋人别集,《郎园读书志》著录宋刊元明补修本,今已不知下落,仅见抄本。

稗史杂记等随笔纂录的文稿往往只有抄本传世,明季野史就是众所周知的大宗未刊文献。往年无意间在冷摊捡得抄本《盘餐录》一册,记明末蜀中人在战乱中的遭遇,诧为未见,《中国古籍善本书目》载中国科学院图书馆所藏也是抄本。

有些书虽然后世有印本流传,但是以抄本对校,发现印本文本不佳,讹误较多,甚至不堪卒读。若获见旧抄本,据以雠勘,往往可以一扫榛芜,还其真面。

宋许洞的《虎钤经》是一部兵家要籍,宋元本不传,明刻本有大段缺文。清刻本未补缺文,但补《回兵》一篇,《郎园读书志》以为清刻可补明刻之缺。王重民先生的《中国善本书提要》记有明抄本,不仅可补缺文及明刻原书缺叶,而且《回兵》篇与清刻不同,可知清刻为妄人所增。清康熙曹寅的一些写刻本十分精美,但是版本往往不佳。其中的《法书考》以旧抄本校,可以看到脱讹满纸,参看傅增湘《藏园群书题记》;《梅苑》同样谬误很多,参看民国初年李祖年圣译楼刻本所附的校勘记。

特别是明末清初的一些书,刊本往往有所删改。像清康熙刻《日知录》有许多避讳删略之处,黄侃得清初抄本作了大量校补,见黄侃的《日知录校记》。这样的例子俯拾皆是。

说起抄本的内容文字往往多有胜处,非通行习见之本所能及,我们不能不说一说影抄本。因为影抄工作费时费工,不是珍贵的本子轻易不会动手。古人留下来的影抄本极其罕见，它们的底本都是珍稀难得，文字优胜，两擅其美，值得花大力气去描摹下来。影抄旧本的风气开始于明代末年，极盛于清代，今天我们所见的多为影宋抄本和影元抄本，影明抄本已经不多，清刻本就更少有人去影抄，这个道理不言而喻。

一般抄本中，以明抄本最值得重视，因为明抄本的底本往往是宋元旧本，后世未必能够看到。像《水经注》一书，如今最早的宋本存卷不足三之一。其次是明嘉靖黄省曾刻本，可惜底本不佳，有严重的脱漏和错叶，连郦道元的自序也不存。如今恃以为善本秘笈的只有几部明抄本，最为学者珍视的就是《永乐大典》写本，源出宋本，郦道元序完整无缺。

马令的《南唐书》是一部重要的史书，今有明嘉靖二十九年顾汝达刻本，从空格提行的格式看，出自宋本。可是《四部丛刊》影印时以明嘉靖茶梦斋主人姚咨抄本校，文字多有异同，不得不据姚本附上校勘记。姚氏所抄的书版心下面有“茶梦斋钞”四字，写于明正德、嘉靖之际，多出自宋元旧本，历来推为名抄。

宋岳珂的《愧郯录》如今犹有宋本存世，可说是难能可贵。然而修补后印，脱文缺叶累累，明清刻本有十叶一直未能补足。当年商务印书馆辑印《四部丛刊续编》时，得见周越然藏明淡生堂抄本，虽仅存半部，却得以补上缺叶，张元济后跋诧为幸事。

唐封演的《封氏闻见记》一书，富有唐代史料，从明以来只有递相传抄的几个抄本流传。清乾隆卢氏雅雨堂觅得抄本刊刻行世，可惜底本不佳，讹字缺文甚多。前人根据传世的明清抄本一再校勘，校误补脱，很有收获。赵贞信先生撰有《封氏闻见记校证》，详细记载各本的异同，对我们了解抄刻各本的关系和异同很有帮助。

毛氏汲古阁刻宋龚明之撰《中吴纪闻》，虽然所据也是明前期旧刻本，但是错误仍然很多。毛斧季心有不慊，借得昆山叶氏菉竹堂藏绵纸旧抄本，改正竟至一百三十多处，而且补录一则文字。

此外，清修《四库全书》时从《永乐大典》辑出不少当时已经无传的古书,有些书后来收入《四库全书》,可是跟当时翰林院原写本核对一下,可以发现《四库全书》本有许多讹误和有意的删削——参看《藏园群书题记》有关题跋。如今《永乐大典》大部分已经毁失,不仅这些写本,包括嘉道甚至光绪时期的学者从中抄出的资料,都有极其珍贵的文献价值。

总起来看,抄本的长处是照底本直抄,很少像一些刻本那样自作聪明擅改古书。短处在于忙中出错,难免笔误,甚至大段漏略。如果抄成之后没有覆校,就会有讹误和脱漏。影抄本被称为下原书一等的好本子,也免不了会有些出入。像汲古阁影宋抄本就有据别的本子涂改的情况,影宋抄本《集韵》就是个例子,并不尽同底本原貌。

抄本的文献价值依赖于底本,如果底本没有特色,那就不一定胜于刻本。曩年郑振铎先生见到清汪有典撰《史外》旧抄本,携归与刻本对勘,讹字触目皆是,绝少胜处,废然舍抄而取刻。而清末宁波沈氏误以抄本为贵,雇人抄录通行刻本,以为珍藏。沈氏抄本制作精工,流入市场需要明辨,不可为华丽其表所误。

抄本以名人重 有些抄本出历代名家之手，这就在内容之外还具备了名人墨迹的文物价值。文人雅士相互赠答书写的诗篇,学者著述的稿本,出自作者本人的手笔,物以人重,人人以亲近前辈手泽为幸，身价自然非一般抄本所能比拟。第一批国家珍本古籍中,有上海图书馆藏元郭畀手书日记、明祝允明手书《畅哉道人艳体诗》等都是书法妙品。

历代的学者闻人的书稿也都值得珍爱,像清代以来惠士奇、惠栋、戴震、钱大昕、段玉裁、张惠言、焦循、王筠、朱骏声、陈澧、孙诒让等人的稿本,都得到了应有的重视。晚近学者的书稿同样富有文献价值,可惜目前还没有引起更多人的注意。

这里特别要提到历代藏书名家的抄本，它们一向受到书林的重视。这里略举几个例子,像明代姚氏茶梦斋、范氏天一阁、钱氏悬罄室、祁氏淡生堂等,明末以来的毛氏汲古阁、钱氏述古堂、鲍氏知不足斋、赵氏星凤阁、吴氏古欢堂、黄氏士礼居、劳氏昆仲、瞿氏铁琴铜剑楼、陆氏十万卷楼等彪炳书史的大家，晚近乃至缪氏艺风堂、孙氏小绿天、周氏鸽峰草堂、冯氏景岫楼等藏家，都是经常抄书的名家。

藏书名家熟谙古书版本，收藏富，眼界宽，遇到珍稀的本子不能到手就要设法传抄，他们看得上眼的书肯定是版本名贵、传世稀少的好书。况且名家旧藏的书，本来就值得珍视。

抄本的赏鉴

一部抄本入手，最重要的是两件事：第一是辨明它的来源，确定它出于哪个时代，成于何人之手；第二是审定内容，判断它的文献价值。

考订抄本的来历，最简单、最直接的方法是看抄本的风格和形制，纸墨字体都是首先入目的观察对象。明清两代著名藏家的抄本多用自制格纸，版心或栏外有斋堂名号，可以帮助我们查考它们的出处。从《藏书纪事诗》以来，出版了许多记载历代藏书家的著作，也有已载斋堂名号的工具书，都可以帮助我们找到它们的主人。

藏家抄书大都有印章和题识，通过印章可以查考抄本的身世，题识则会告诉我们更多的信息，对鉴定一部抄本的来源极为重要。当然要注意看一下钤印是不是伪造，题识是不是录自底本，不能贸然执一而从。莫友芝当年得到的《封氏闻见记》有“隆庆戊辰借梁溪吴氏宋钞本录此并记”一行，莫氏据以定为明抄本，傅增湘先生则认为是清初传抄本，对题款就有不同的看法。

没有藏家名号可查的抄本中，明抄本多用白绵纸或黄绵纸，往往有蓝格、红格或黑格，书写随意，甚至笨拙，并不力求工整。清抄本多用竹纸，无格，初期抄白本字体自然而不拘束，中后期渐见整齐。从墨色新旧程度也可以大致判断抄本的年代。

行格款式也是一个要点，如果跟某一部古本一致，就可以看看它们有没有传嬗关系。即使不是正规的影抄,也要看看会不会是照原本格式仿写而成。根据行格推断版本来源,这是传统十分倚重的方法。清末民初著名目录版本学者曹元忠根据明清两部《乐府雅词》抄本寻绎阙文所在,考订它们应该同是十行十八字,断言必出宋椠,这个推理很有代表性。再如南宋杭州书籍铺刻过许多唐人诗集,十行十八字,习称书棚本。前人看到明刻和明抄十行十八字的唐人诗集,就会说它们出自书棚本。

从内容看讳字也是简单可行的手段。有些抄本保留宋本避讳样式,遇到宋帝名讳或提行空格,或缺笔,或注御名,这是十分重要的证据,足以说明它们源出宋本。可惜明代只有末年避光宗常洛、熹宗由校的讳有些用处,特别是天启以后"校"写作"较"。清初还有沿袭的例子,后来就看不到了。如果一部抄本把"校"写作"较",那么至少它的底本就可能出在那个时期。清康熙以后"玄"字缺笔,乾隆以后"弘"字缺笔或径改为"宏",道光以后"寧"字或缺笔或变形,这些都是最有用的避讳字。人名常用"弘"字,要是把陶弘景写作陶宏景,那十有八九是乾隆以后的写本。当然也要注意,讳字只能说明抄写的时代,底本也许远在其前。此外,避讳的事情也很多样,还有家讳等,而特殊情况也不在此例,这些情况都有赖博闻多识,有必要时可以参考有关的书籍或工具书。

对于抄本而言,较之鉴定它抄写于什么时期,审查内容如何和判断文字是否优胜,恐怕是更重要的事情。对于刻本,年代早的一般传本少,这是藏家关注的焦点。晚近的刻本不稀罕,即使影宋、影元,文本绝佳也不能列入善本书目。但是抄本就不然,每一部都是只此一本,哪怕同一个人再抄一次也是另一本而不是这一本了。如果它的文字比通行本优越,底本已经无存,那可真是喜从天降的好事。

确定一部抄本的文献价值需要审核内容,这是最麻烦的事情。如果已有刊本,自己又喜欢校书,抽时间坐下来翻开书研朱细勘,也是人生一乐。如果没有从容自得的时间,那就必须对书的文本事先预习一番，掌握书中关键之处各本的得失优劣，翻阅时就有判断的依据。闲来不妨翻翻各家的题跋或校记，如《藏园群书题记》，看看抄本会给我们怎样的惊喜。

审核抄本的内容时，先把书名、卷数、章节、篇次等大处看一下，也许会有事半功倍的作用。一旦发现它们跟通行本不同，进一步就可以分析一下何以如此。如果从未刊印，那就要评估它所提供的资料的价值，一般说来，这样的本子除非是妄人涂抹之作或杂抄之本，否则都值得重视，其中很可能有难得的史料。往年在乱纸中随手拣起一册挽联抄本，涉及民国初年的人物，录有吴昌绶的自撰赴告等，就不是毫无所用。

书中的题记款识也有助于我们判断抄本的文本价值。莫氏所得的《封氏闻见记》题款说录自梁溪吴氏宋钞本，这是过去的习惯说法，指的是抄宋本，就是抄自宋本的抄本。这行题字提示我们，它的传抄源头是宋本。上述姚氏抄本《南唐书》，姚氏题记说明传抄自宋本，较之明嘉靖刻本有不少胜处，不愧为名抄。毛扆所见的叶抄《中吴纪闻》有一行题记"洪武八年从卢公武假本录传"，卢氏是搜集整理此书的重要人物，从他的本子录出自然有胜人之处。

抄本的收藏

平心而论，不能不承认如今市场上古书抄本比较少见。这是因为，首先是抄书费事，抄本本来就不多；其次是从清末以来有一种风气，凡抄本不论新旧皆为善本，结果抄本身价陡增，一时被公私藏家搜罗殆尽，私家所藏后来大多也整批进入公库，难得流落在市廛。

检点一下古籍书目可以知道，宋人抄本除佛经外，稀如景星庆云，只有寥寥几部而已。元人抄本同样十分罕见，也是屈指可数。正经的宋元写本可以归入国宝级的文物，历代相传，著录在册。除了佛经以外，很难想像还会有新的发现。而且前人记载的东西也不一定可靠，像铁琴铜剑楼旧藏的《太玄集注》六卷《太玄解》四卷附《太玄历》一卷，宋讳缺笔，明清名家题识、藏印累累，相传为宋抄本，今在国家图书馆，已经改为明抄本。清初朱彝尊曾得抄本《典雅词》，笺皆罗纹，书法潦草，定为宋时胥史所抄南渡以后诸公词。可惜今日《典雅词》惟存传抄本，原本久已失传，不知朱氏鉴定是否可靠。

明人抄本略微多一些，底本大都是宋元旧本，版本价值极高。我们知道，明代刻书事业已很兴盛，一般古书大都有刻本行世，肯于花费人力物力去抄书，那不是没有刻本，就是得到了值得投入的宋元善本。可惜市场上并不多见。

目前经常见到的都是清抄本，清代初期距今已有三百多年，经过时间的筛选和淘汰，留下来的大多有相当的版本价值。清代的影宋抄本和名家传抄本，也有很多为今天已经散佚的旧本留下了嗣子，不过名声在外的大都早已归藏公库。只是一般的清抄本没有明显的卖点，不是人见人识，还是一个可以开发的角落。

在今天的古书市场上，煊赫一时的名家抄本如凤毛麟角，不仅难得一见，价格也扶摇直上。像毛氏汲古阁抄本、鲍氏知不足斋抄本、黄氏士礼居抄本、仁和劳氏抄本等，炙手可热，可以比之宋元精本，一般人已经不敢问津。学者闻人的写本，虽然不能跟上述名抄比美，社会认可程度也在上升。不过藏界看重的大都是它们的名气，倒不一定是内容，而实际上抄本更重要的是文献价值，所以这里还有相当的选择空间。特别是近人的稿本和抄本，还有必要从文献的角度给予公正的评价。

相对而言，抄本的价值评估更需要一定的眼力和知识。一些抄本之所以较受冷落，价值没有得到应有的重视，一个原因是，一般抄本都不是装帧华丽动人的尤物，它们的长处在文献价值，过去的买家都是仔细比对之后才决定去取。现在仅凭仓促的翻阅，除非有多年念兹在兹的功力，对书籍内容和不同版本的异同了如指掌，否则茫茫然而不辨美恶，即使有堕入风尘的佳品，也怕是难入伯乐的法眼，一般人自然更难以赏识。

抄本的着眼点最重要的是两点，一是底本源头要早，二是抄家资历要深。底本源头早，文字自然更为可靠。我们对明抄本给予特殊的关注，道理就在这里。清代的抄宋本、抄元本自然可贵，其实在明抄本难得见到或竟佚失的情况下，清代的传抄本仅下一等，也就同样可贵。

抄书之家资历深，见多识广，就有真知灼见。他们有伯乐的眼光，知道哪些书值得抄，他们下功夫抄成的书自然有特点。如果我们看看历代抄本的题记，不难发现他们抄的书大都传本少，价值高。

往年周越然先生曾列举抄本可贵之处，可以供我们参考：(一)名家手抄，为一般人所认定者。(二)有名人手跋，或收藏印记者。(三)经名手校正，其校正之字，又较刻本为胜者。(四)字句与刻本不同，其不同处，较刻本为佳者。(五)行格与通行本不同，但与宋元本或明刻本吻合，可决其为影抄者。(六)通行本之字句，有为抄本所缺者，而所缺之字句，反足以证明刻本中文字，有非撰著人原文之处者。(七)刊本久佚，存者仅此抄本，则此抄本之价值，实与孤本或稿本无异。(八)虽无收藏图记，或名人手跋，而纸色古雅，书法精工，与凡品不同者。共计八条，看起来很复杂，其实归并一下不外乎上文指出的几个要点。前三条是名家抄本或校本，重在名人的声望或学识。第四条是文字优异，第五条是影摹旧本。第七条是孤本仅存，不论抄刻，具备这个条件自然是佳本。第六条有些意思，这是说有些书流传到后世有缺字，刻书者不想留下遗憾，就擅作主张，填补空白，结果语意背谬，贻误读者，不如抄本保留原貌为是。顾千里说“宋本书虽无字处亦好”，就是这个意思。不过话说回来，判断文意的是非还要慎重，刻本也不可贸然否定，焉知刻本所据不是别有善本？第八条是从纸墨字迹审定，没有其他帮手，就只能如此，进一步的鉴定还是要仔细比对文字。

蒲坂藏书的前世今生

沈　迦

位于加拿大温哥华的英属哥伦比亚大学(简称UBC,当地华人亦称它为卑诗大学)为世界知名学府。旗下有亚洲研究中心,亦是北美汉学研究的重镇。亚洲研究中心的图书馆是座日式结构的三层建筑,亚洲文献收藏宏富,其镇馆之宝便是数量达四万五千册之巨的蒲坂藏书。

我经常去该馆看书,有幸接触到这批线装书。打开该馆为此批古籍特制的书盒,翻开那些发黄的书页,朱红色的藏书章赫然在目——蒲坂书楼、南州书楼、姚钧石藏书、钧石所藏金石书画印、姚钧石印、民国庚辰……

该馆在一张宣传页中这样介绍这批藏书:"蒲坂藏书原为澳门姚钧石所收藏,卑诗大学之亚洲图书馆于一九五九年获图书馆之友及宽纳博士(Dr.Waltter Koerner)捐款购入,计有线装古籍约三千二百种,册数四万五千馀,多半为广东著名之南州书楼旧藏,包括多种学科之丰富资料,堪称北美最卓越之中文藏书之一。在儒家典籍类内之古典语文学,半数(约有二百五十种)为文学理论、音韵学,尤以文字学为多。历史类内有最引注目之方志,包括广东省五十六个地区,以及中国境内约五十个著名山脉。哲学类收书不多,但具有趣味性之艺术、考古学、拓本,尤以印章为多。"

写这段简介的人是李直方教授,他原是香港中文大学图书馆的主任,也是国际汉学界知名的版本专家。从香港中文大学退休后他移居温哥华,受邀担任了蒲坂藏书的顾问。

据李直方教授更精确的统计：此批藏书共计三千一百零五种，其中元版一种，明版一百七十九种，清初(1644—1795)版本六百二十八种，清稿本一百二十一种，其它版本二千一百七十六种。如论册数，约计四万五千册。

国外汉籍收藏是中国藏书界既感兴趣又觉哀伤的一个话题。美国哈佛燕京社、美国国会图书馆、日本静嘉堂文库等都曾有人写过类似域外访书记的文章，而静静躺在温哥华的这批古籍却鲜受人关注。我向该馆工作人员索要书目，他们拿给我的是一册自行装订的手写复印本。于是我萌生了探访这批藏书由来的兴趣。

何炳棣教授的回忆

美国亚洲研究学会会长、史学界泰斗何炳棣教授(Ho Piflg-ti，1917—)曾于上世纪中叶在UBC担任教习。读他的回忆录《读史阅世六十年》(广西师范大学出版社，2005年)时，发现有几段文章与这批藏书有关："1958年秋冬之际哥大工作刚刚就绪，就接到UBC图书馆馆长Neal Harlow的信，说校长Norman Mckenzie已同意将近年捐募所得的大部投资于中文图书；叫我12月由纽约先回温哥华，然后再飞香港洽购包括五万本线装书，号称'蒲坂'的私人专藏。事缘UBC于五十年代后半已有意发展东亚研究，日本方面已请到英国日文杰出的社会学家Ronald Dore为副教授，日文及日本文学方面亦已请有知名的日本学人任教。Harlow本为洛杉矶加州大学图书馆副馆长，UBC就任后发展图书不遗馀力。"原来何教授就是当年的经办人。

现年九十一岁的何炳棣教授在加州大学第二次退休后，住在洛杉矶附近的一座叫鄂宛(Irvine)的美丽小城里。在今夏的一个下午，我有幸电话采访了他。事先我曾将采访提纲发给他。

老先生思路还很清晰，他在电话中向我介绍了当时买书的经过："1958年春天，我还在纽约，北京大学的严文郁先生寄来目录。

于是我将他转给了 UBC 大学。近五万册书,都是古籍,这样的机会不会多。”

何教授第一个提起的人名就是严文郁,他是我国老一辈的图书馆学专家,曾任北大图书馆馆长。时在美国。

我请何教授回忆当时购书时的情形,他说,过去这么长时间了,除了已写入《读史阅世六十年》书中的回忆外,更多的细节想不起来了。在那本《读史阅世六十年》里,当时四十岁出头的何炳棣,记下了这趟长达三个星期的远行中的若干片断:“生平旅行这是首次搭乘头等舱位。UBC 原向加拿大太平洋航空公司请打折扣,公司说经济舱向来不给折扣,头等舱可以给五成折扣,所以头等仓反较三等为廉。”“我旅游时一向极力避免发怀古之幽情,不过在澳门访问富有晚明闽南风光的望厦村时,我却要坐在 1843 年美使顾兴坐过的石凳上,签署《望厦条约》的石桌旁,拍一张照片以为多年讲授远东国际关系史的纪念。”“购书签约之夜,澳门书主姚老先生包下五洲饭店全部屋顶花园,请出八十三岁退休的首席厨师贡献专长,主客四人享用,男女四人环伺。我有幸,亦不能无憾地品尝和预测这种吃的文化的行将永逝。”

这位姚老先生就是姚钧石。另两位陪同的人士,一位姓张,一位姓刘,都是姚老先生的代表。“张先生,是个传统的商人,很开明。我在香港,都是他接待。还有一位刘先生,具体叫什么记不起了。刘先生古文底子好。”电话中,何先生对半个世纪前遇到那些人还有深刻的记忆。

归程的途中,何先生没有直飞温哥华,他转经台湾,并在台湾逗留了六日。那两天,他就住在大名鼎鼎的胡适先生家中。当时任中央研究院院长的胡先生刚迁居南港新家。

何炳棣自完成美国哥伦比亚大学英文史博士学位之后,长期从事中国史的研究工作。他是见证二战后西方中国学(China Studies)勃兴的第一代中国学人,因此他与胡适等人有良好的交往。何炳棣在另一篇回忆胡适的文章中,有如下的段落:“即使胡先生返台主持中央研究院院务期间，我也于1958年12月奉英属哥伦比亚大学校长之命，飞往港澳洽购一个五万多册线装书的私人收藏，返美途中曾在南港中院院长新居做客六日(12月20日至26日晨)。据胡先生面告，我是他的第二位海外留宿客人，第一位是半月前离开的第一届院士陈省身先生。第一天晚饭一桌三人，另位是前任院长朱骝先(家骅)先生。在这饭桌上我初次品尝了于景让先生成功育出的无子西瓜。"

我问何教授，当时您有无向胡适先生提及这批藏书。何教授说，没有功夫谈这点。

徐信符与南州书楼

在UBC我有幸翻阅了百馀册蒲坂藏书，几乎每本书的扉页上，都能看到"南州书楼"的藏书章。南州书楼是民国时中国知名的私家藏书楼。早年读《广东藏书纪事诗》，对南州书楼及楼主徐信符略知一二。

岭南近代藏书之风颇盛，知名藏书楼颇多。番禺潘仕成的"海仙山馆"、南海孔广陶的"三十三万卷楼"、康有为的"万木草堂"、伍崇曜的"粤雅堂"并称"粤省四家"。其它，如南海潘宗周的"宝礼堂"，东莞莫伯骥的"五十万卷楼"，番禺徐信符的"南州书楼"，亦为书林之巨擘。

徐信符(1879—1948)是中国近代著名的学者和藏书家，他名绍棨，字信符(也作舜符)，以字行。他原籍广东番禺，出生于广东英德。徐信符1898年进菊坡精舍，受业于陶春海之门下。陶春海字福祥，番禺人，曾任菊坡精舍学长，为岭南大儒陈澧的再传弟子。1903年，岑春煊将两广大学堂改为广东高等学堂，委派吴玉臣(道镕)为首任总理。吴聘请徐信符为中国文学教员，自此，徐信符开始长达数十年的教师生涯。他曾先后在广东高等学堂、广府中学、两广高等师范大学、岭南大学、广东法科学院、中山大学、勷勤大学、教忠学校，以及香港培英、执信中学和澳门教忠学校等十多所学校任教。主讲课程涉及文学、历史、古籍书目诸科。本文后面还要提到的人物，如解放后任广州市长的朱光、广东省文史馆副馆长冼玉清、中山图书馆馆长杜定友等，都是他的学生。

徐信符著述甚丰，先后编著了《中国文学史》、《历代文体辨别》、《中国书目学》、《中国版本学》、《西洋史要》、《亚洲各国史》、《汉书刑法志》、《古籍校读法》、《楚辞离骚》、《文选研究》以及《文学说略》等十多种教材。作为藏书家及版本学家，徐信符还担任过广东省立图书馆董事会董事、中山图书馆特藏部主任、广东编印局委员、广东文献馆理事和修志局编纂等职。同时负责编撰广雅丛书、学海堂丛书，并著有后来在藏书界流传甚广的《广东藏书纪事诗》一书。

徐信符的夫人是朱执信的姐姐。朱执信之父，也即徐信符的老丈人是琴学大家朱启连。朱启连又是"粤东三家"之一的汪瑔的门生及女婿。粤东汪氏是文化世家，汪兆铨、汪兆镛、汪兆铭均名满天下。汪兆铭，字季新，后名精卫。徐信符在年轻时，与朱执信、汪精卫都有往来，还曾结社于广州豪贤街之西庵书院。

南州书楼的旧址在广州市小北路120号，这里也是他的住所。1928年小北开筑马路，徐氏将居所前座拆建为二层楼以藏书，称"南州书楼"。今夏赴广州，我曾来到小北路，希望寻访南州书楼的旧影。可是，一无所获。南州书楼与中国很多知名的私家藏书楼一样，历经风雨，但终于没能躲过风雨。

今年已七十六岁高龄的高炳礼先生是广东中山图书馆的副研究馆员，在广东中山图书馆工作了五十年。因地域之便，他曾专题研究过南州书楼的聚散史。在《"南州书楼"聚散史述略》(原载《图书馆论坛》,2003年12月，第23卷第6期)的卷首摘要中，他即引用广东中山图书馆老馆长杜定友在1948年徐信符刚死时所作的预言："私人藏书，不出三代，纵观吾粤藏家，风流云散，幸南州书楼，泰半犹存，惜信符先生遽归道山，其能永保勿替，亦至堪虑。"

据高炳礼先生研究:“南州书楼的厄运开始于民国二十一年(1932年),广州淫雨成灾,徐家住宅后座倾塌,室内藏书不能及时搬走,以至四百多箱典籍的绝大部分受水浸化为纸浆。小部分幸免的也要雇请几位老太婆将书逐页翻开晒晾。这次遭天灾厄运,损毁典籍不少,徐氏因此卧病累月,十分痛心。”

比天灾更猛烈的是战事。七七事变后,抗日战争爆发,1937年8月31日中山大学首遭空袭,全校奉命疏散。当时,徐信符执教于中山,自感年近古稀,不想跟校迁移。于是全家转移香港避难。藏书家自然要带着书走,他将善本二百多箱计三百多种二千三百零六册运往香港,其中寄存于香港大学冯平山图书馆一百五十箱、跑马地寓所五十箱。这是南州书楼的藏书第一次飘洋过海。

徐信符全家到香港后,因家庭经济十分困难,他只能亲手从移港善本中选出一批出售,时得港币九千多元,以解燃眉之急。

1941年香港再度沦陷。沦陷前夕,徐信符又从存港典籍中选出一批善本(部分是丛书),分装为十箱,由其女儿分批运往澳门寓所,据说当时用机帆船运往澳门者被土匪所劫,由白银丸船运者又遭美机炸沉,损失不少。

香港沦陷后,徐信符全家于仓皇中又转回广州,广州这时也已沦陷,徐信符已是年迈之人,终日忧时感事,不幸又得重病,每日要花去很多医药费,经济不敷,于是再次以书易米。这次他卖出的书有陈澧著述稿本及批校本,还有十馀种方志,共计二百多册。得款数千元。他自已也说“垂老遇困难,又贫病交迫,幸得出籍以救厄”。嗜书如命的徐先生落到自己卖书的地步,表明他已山穷水尽。

“大病初逾的徐信符先生,再次踏上迁移的行程,他带领全家离开广州移居澳门,当时家庭仍十分困难,遂将由港运至澳门之书,除有关广东文献继续保存外,都卖给了当地一位姚姓巨商,得葡币四万元。至此,“南州书楼”的精华——善本已出售不少,可谓元气已大伤。其存广州寓所之书,也在徐氏全家避难澳门后,被当地流氓无赖掠去贱卖,损失不少。”已退休在家的高炳礼先生,对我说起这段往事，还是感慨万千。

这位姚姓巨商就是后来将藏书卖给UBC大学亚洲图书馆的姚钧石先生。但对姚钧石及其蒲坂书楼，我几乎没查到任何资料。我在民国著名印人冯康侯先生的印谱中，曾偶然看到一枚“姚钧石藏书”章。抗战时，冯先生也曾携眷避居澳门，估计在那时，与姚钧石先生相识。

高炳礼先生告诉我，他曾请与澳门图书馆界比较熟悉的中山大学资讯管理系教授骆伟查找姚氏资料。不过，至今也没有结果。

我也向何炳棣教授打听过姚先生的生平，已至耄耋之龄的何教授至今还称他为“姚老先生”。不过，他说自己对他的身世也不清楚，更不知道他是做什么生意的。他告诉我，按外国人的礼仪，人家不主动告诉你，你是不便打听的。莫非姚钧石真要成为一个谜？

据南开大学来新夏教授记载，1997年5月他访问UBC时，也曾见过这批蒲坂藏书。当时任亚洲研究中心图书馆馆长的周邝美筠馆长还把当年王伊同教授为这批善本书目所写的序言复印给他。“王序写于己亥六月，当是1959年7月。序中说这批书是广东因经商致富而成为藏书家的姚钧石在澳门的部分藏书。姚氏在广州藏书被毁于火灾后就集中精力经营澳门藏书近十年，方恢复旧观。因担心再遭覆辙，便求售于海外，而卑诗大学正谋求发展亚洲文化学术，遂由实业界人士宽纳筹资议购。并请何炳棣教授负责磋商议定，于1959年2月将这批书运抵卑诗大学。”(来新夏，《UBC的亚洲图书馆》，原载《生活时报》2001年11月2日)

这里提到的王伊同教授，也是享誉海外的著名学人，字斯大，生于1914年，毕业于燕京大学历史系。王伊同教授先后在芝加哥大学、威斯康辛大学、哈佛大学、加拿大英属哥伦比亚大学、美国匹兹堡大学以及台湾清华大学历史研究所从事学术研究与教学工作。

抗战胜利后，已近古稀之年的徐信符回到了广州，他拟将劫后存书整理编目，并将港澳书籍运回大陆，不过事未竟，徐氏于1948年10月30日因心脏病逝世于广州，终年六十九岁。

徐信符死后一年，广州解放。当时徐氏藏书已分散粤、港、澳三地。南州书楼归其儿子徐汤殷掌管，又一个藏家的后代，要开始变卖藏品了。

高炳礼至今称徐汤殷为“徐公子”。他说，徐公子首次卖书是在五十年代。当时岭南大学图书馆周连宽教授得悉徐家要出让其先父遗书的信息，于是前往洽购。“余第二次往访南州书楼时，即由其女公子接待，余为岭南大学图书馆选购广东文献一批。”(《羊城访书偶记》，中国科学院图书馆通讯，1958 年)当时岭南大学买入的书多为广东地方文献，有《粤大记》三十二卷，明万历刻；《乾隆广州府志》六十卷，乾隆廿四年刻；《粤秀书院志》十六卷，道光二十七年刻；《广州乡贤传》四卷，道光十九年刻；《温氏家集》十二卷，咸丰元年刻等，均属罕见之本。1953 年，全国高等院校调整，岭南大学并入中山大学，该批图书现藏于中山大学图书馆内。

1954 年 10 月，广东省人民图书馆也派专人去南州书楼与徐汤殷商议让书事，结果以二千元购得图书二千九百十九册。

1956 年，广州古籍书店开业，该店也经常派人去徐家商谈购书事宜。

1957 年初，冼玉清教授往澳门探亲，了解到徐家女公子在澳门仍保存部分古籍，并有意出让，即劝其将所藏广东文献全部让与广东省中山图书馆。后因对方坚持要港币现款，而国家那时又外汇紧张，此事没有谈成。周连宽曾见过该批书的书目：“冼君示余书目一纸，其中明刻多种，尚有可观。例如：《文恪公集》二十卷(明)韩日缵撰，(明)嘉靖刻；《六艺流别》二十卷(明)黄佐撰，嘉靖刻；《明音类选》十二卷(明)黄佐撰，嘉靖刻；《庸言》十二卷(明)黄佐撰，隆庆刻；《岭海名胜记》十六卷(明)郭棐撰，万历刻；《鹤汀集》九卷(明)李之世撰，万历刻；《瑶石山人诗稿》十六卷(明)黎明表撰，万历刻；《岭南文献》三十卷(明)张邦翼编，万历刻；《岭南文献轨范补遗》，六册(明)杨瞿崃编，明刻；《抱膝居集》二册(明)谢与思撰，万历刻；《罗司勋集》七册(明)罗虞臣撰，嘉靖刻；《海珠小志》，六册，万历刻。”(《羊城访书偶记》,中国科学院图书馆通讯,1958年)估计就是这批书,后来卖给了UBC。

1957年徐汤殷在广州又出售南州书楼词曲书一批,共八百馀种,按种计价得人民币八百元。

1963年8月,广东省委获悉徐信符解放前从广州移存香港的一批明代版本古籍及广东文献,其子徐汤殷要出售,定价为十万港币,现款在香港交易。省馆先将省文化局转来的书目查对后,认为省馆需要这批古籍入藏。省委领导为免这批珍贵古籍落入外国人手中,先委托港澳工委就近垫款购入,省馆遵照省委的指示,向省计委、省财政厅办理购买该批古籍所需的专款交还港澳工委、报销(因购私人藏书无正式发票)等手续。1963年9月27日,这批书从香港运回广州,28日在省馆开箱时,省文化局派出干部赵瑾良同志到场逐册验收。计有古籍图书共一百十九种一千零五十册。其中善本九十八种八百七十七册,广东文献二十一种一百七十三册。据版本学家、时任广东省馆副馆长的李易安先生鉴定:"认为此批图书应是徐氏所藏之精华,多是明代刻本,一部分为清代精刻本和清代毁禁本,不少属于海内罕见之书。例如《桂轩稿》十卷(明)江源著,在《明史·艺术志》、焦竑《国史经籍志》中俱未著录,此为海内仅存之本,殊足宝贵。《文山先生集杜诗》前后卷,(宋)文天祥集,元刻本,较台湾所藏明成化本尤早。《明音类选》十二卷,(明)黄佐编,此书国内仅存一部。《广东文选》四十卷,(清)屈大均编,乾隆悬为禁书,今日存本极少。其他都是较好善本和广东文献。"这份向省文化局报告的文稿,现还保存在省中山图书馆的档案室里。

因为这批古籍留存在香港,徐汤殷乘机提出赴港申请,当国家在港交付书款后,徐公子也留居香港了。1975年,徐汤殷突发急病,逝于香港。

高炳礼先生与徐公子有过交往。他说,当时他就以卖书为生。"六十年代初期,那时大家多穷啊,可我看到他家客厅里还有苹果。"

1982年5月21日，徐信符孙女、徐汤殷之女徐家凤继续将南州书楼最后保存下来的四十五种四百五十三册线装古籍卖给广州古籍书店。广东省中山图书馆按古籍书店要价人民币一万八千七百元全部购回入藏。

南州书楼藏书知多少

徐信符的南州书楼到底收藏了多少书？至今没有确切的答案。据说徐氏为人怪僻，他的藏书楼，一般人不能登楼，而想参阅借阅，那就更难了。他喜欢将一部古籍的前一、二册抽放别处，其目的是使人见到这部书时以为是残本，不再向他借阅。

由于没有一本完整的藏书目录，因此，其藏书数字记载比较混乱。黄荫普的《忆江南馆回忆》(香港广宇出版社，1989年)称曾达六十馀万卷，谢祖贤的《广东藏书纪事诗序》称“不下十馀万卷”，郑师许的《悼念广东藏书家徐信符先生》(稿本)则称“所藏约有二万馀册”。原广州大学图书馆主任何多源著《广东藏书家考》，其中有徐氏小传。他自称民国廿三年(1934)二月四日曾访问徐氏询及藏书数目。徐氏自答已达一千二百箱，计三百六十馀万卷。这在当时应该是个比较可靠的数字。徐信符之子徐汤殷在《南州书楼·叙传》中称其父藏书达六百多万卷(祝秀侠的《徐信符与南州书楼》称六百万册。此文载《粤海旧闻录》第135页，台北圣文书局股份有限公司，1987年。这估计是卷册之误)。从何多源造访，到徐氏殁于1948年，这十几年，南州书楼的藏书应继续增加。从三百六十万卷到六百万卷，应是有可能的。

徐氏嗜书如命，藏书秘不示人，唯有其学生、曾任广东省文史馆副馆长的冼玉清教授曾携带饭盒登楼观书一个多月，并将该楼所藏的广东文献四百三十二种录成《南州书楼所藏广东书目》，这部书目发表于1935年6月出版的《广州大学图书馆季刊》(第二卷第一期)，由此公开了徐氏部分秘藏。后来徐家凤在一篇纪念冼玉清教授的文章中提到这段往事："先祖父嗜书如命，家人未得其允许是不准随便踏进书楼，小孩子们更是楼梯也不准踏上，但先生(指冼玉清)却是除家人外唯一有书楼钥匙的人，可随时来看书抄书。南州书楼藏书虽多，但一直没有一个完整的书目，当时先生自告奋勇提出，先把有关广东的书目整理出来，其它的一步步再来校理。自此先生课暇即到书楼抄写书籍。有时披阅竟日，其间常拿一布包包着一些点心作为午餐。先祖父曾请她在家吃饭，不要客气。她与我祖父说鉴阅群书是其最大的乐趣，如果为吃饭而打断此雅兴则大煞风景也。因之她在南州书楼观书期间，佣人们开了大门就去泡茶，先生自己开门进书楼，佣人放下茶水就退出，剩下她一个人在书楼翻阅典籍，兴尽又悄悄地回家去了。在此数月时间内从没在我家吃过一顿饭，留宿过一天。1935年6月先生所撰的《南州书楼所藏广东书目》刊于广州大学《图书馆季刊》，以后先生因病，遂暂停至书楼看书了。"(《冼玉清与南州书楼二三事》)

冼玉清(1894—1965)也是个奇人，有粤中才女之称。这位自号"碧琅玕馆主"的才女，集诗人、画家、金石鉴赏家、收藏家于一身，为二十世纪广东不可多得的女学者和女诗人。她对岭南历史、风物、史志文物的发掘与整理，近百年来岭南巾帼无人能出其右。举凡前贤史实、掌故遗闻、金石书画、名胜古迹，靡不精心考证，为后世留下一笔弥足珍贵的文化遗产。

在《陈寅恪的最后二十年》一书中，我曾看到她的不少声影。她曾任岭南大学、中山大学教授，学贯中西，据说能以英语讲授"二十四史"。冼先生以治史为主，兼好辞章，她的诗既有"知有红妆称学士，乾坤清气此偏多"的豪迈，又有"绝俗孤标遗翠羽，高山情调依朱弦"的婉约。她于二十年代已有诗名，所著《碧琅玕馆诗稿》深为当时文人学士所赞赏。南社创始人之一的柳亚子曾有诗赠冼玉清云："才高咏絮簪花外，名轶搓脂滴粉群。珍重女权新史艳，书城艺海共论勋。"晚清京华"四公子"之一、陈寅恪的父亲陈三立对冼玉清的诗稿给予极高评价："澹雅疏朗，秀骨亭亭，不假雕饰，自饶机趣。”还亲笔为冼玉清的书斋“碧琅玕馆”题写一匾。陈寅恪亦赠冼玉清一副楹联:“春风桃李红争放;仙馆琅玕碧换新。”

在广东学界,冼玉清被人尊称为“冼子”,晚辈则亲切地称她为“冼姑”。为了她痴迷的学术研究,冼玉清终身不曾婚嫁,她发自肺腑之言“以事业为丈夫,以学校为家庭,以学生为儿女”,今闻之仍有惊世骇俗之感。

冼玉清出身于澳门富商之家,因其无后,父亲去世时则给她留下双份遗产,但她平素自奉甚俭,逝世前将这份遗产全部捐给了国家,金额据说达上百万港元。在六十年代,这不是一个小数目。为了这笔遗产,冼玉清还曾蒙受了不白之冤。1954 年,因每月定期到香港银行签收遗产利息,她竟被检举为经常往返香港递送情报,于是她被逼写“坦白书”,并于次年被迫提前退休。

因冼先生经常去中山图书馆特藏部阅览室看书,高炳礼先生亦与她熟稔。高先生告诉我,冼教授在阅览室看书常坐固定的座位,长此以往,她的座位都不会被占坐,大家对她都很敬重。她来看书时,大家经常向她请教,普通读者也不例外。

冼教授半个多世纪前登楼抄录的书目,刊登在 1935 年出版的《广州大学图书馆季刊》第二卷第一期上。这本旧杂志在今天的上海图书馆都已成为珍本秘藏,不轻易示人。经馆领导签字并办理手续,我终于借出了这册早已泛黄的杂志。该刊第 28–51 页收录了南州书楼四百三十二种广东文献书目。文前有一段何多源撰写的编者附记:“番禺徐信符先生笃学嗜书,雅好收藏乡贤文献,其藏书事迹曾志本刊一卷三期《广东藏书家考》一文之内。此书目原为岭南大学文学院冼玉清女士所编,余曾怂恿其出版以示公之同好,女士不允,但蒙借抄稿本,兹特将其重新编次,以飨学林,以实本刊。”可能是转抄的原因,此书目中排印错漏甚多。如将主修《番禺县志》的任果、常德误排为任果常等修,将修纂《广州府志》的瑞麟、史澄,误排为瑞麟史,陈恭尹误排为陈公尹,黎遂球误排为黎瑞球等。

广东中山图书馆地方文献部主任倪俊明曾为冼玉清此书目做过一次补遗，他根据《广东文物》卷一《广东文物展览会出品目录》、卷九陈德芸《广东未刻之书籍》、黄荫普编纂之《广东文献书目知见录》(附补篇)和《徐信符手稿》，列出了九十四种徐氏有关广东地方文献的遗书。(《徐信符与广东地方文献的搜集和整理》，原载《广东省立中山图书馆同人文选》，北京图书馆出版社，2002年)

1940年假座香港大学冯平山图书馆举行的广东文物展览会是上个世纪广东文化界的一盛事，会后曾出版《广东文物》一书。今夏在广州高炳礼先生府上，我们谈及这个大展时，高先生特地从屋顶的橱上翻出当年出版的《广东文物》一书给看。该书卷二有"出品摄影典籍"，五十三种珍贵的广东文献书影中，由徐信符南州书楼提供的就有十九种。

挖掘地方文化、搜罗地方文献是南州书楼藏书的一大特色。徐信符曾撰《广东藏书记略》，该文之末，提及自己的藏书："余素喜蓄书，自任大学暨高等专门学校教授，历三十馀年。馆谷所入，多为插架所储。一介寒儒，不敢以佞宋秘宋为职志。平居慕谭玉生、黄石溪两先生，保存乡邦文献，故南州书楼藏书，以粤东先哲所著述或评校，及关于粤东事实者为夥。粤省府州县地志，各省新旧通志，大致完备。次之则古今名人集部及丛书为多。书囊无底，慊然不能自足。及广州沦陷，事前虽将一部移置安全，然大部存亡莫卜，俟异日方能判决，天也，非人所能为也。"

高炳礼先生告诉我，建国后，南州书楼中这批广东地方文献基本上为中山图书馆所购藏。今天的中山图书馆以收藏广东地方文献宏富而称名全国图书馆界。搜集、整理并保存文化典籍和地方文献，是地方公共图书馆的责任与义务。

东塾藏书

在蒲坂藏书中，我见到多本陈澧著述。

陈澧,就是陈东塾,清末广东通儒,人称岭南文化的守护者。广东巡抚郭富焘曾说,到广东只要会晤过陈澧,便不枉此行了。

陈澧(1810—1882),字兰甫、兰浦,号东塾,出生于广州木排头。清道光十二年(1832)举人,先后受聘为学海堂学长、菊坡精舍山长。著述达一百二十馀种,是清代著名学者,人称东塾先生。《清史稿》有传。东塾先生工诗词,人评其词“文而又儒,粹然大师”,其诗“能于纸上跃起”,岭南诗若以学者论,自“白沙之后,当以东塾为最”。陈澧博学多才,对天文、地理、历史、数学、诗文、乐律、文字、书法均有造诣,与卢同柏、桂文耀、杨荣绪被誉为“四俊”。陈澧先后向张维屏学诗、向侯康学史、向梁汉鹏学数学。二十五岁起他转到以经史等为主的学术研究,迭出成果,声名遂著。

陈澧亦好藏书,其东塾藏书,四部悉备,并多有批评点校。陈氏擅书,因此所书评语,或朱或墨,皆庄重不苟。至民国,东塾遗书中的稿本及评校本多为徐信符所得。徐信符先生记载“观其手稿,又可知其治学方法,凡阅一书,继分某章、某句、某字,连缀为一,然后下以己见,评其得失,如司法官搜集证据,然后据以定案”。

UBC 亚洲图书馆二楼也收藏着一套陈澧的《说文声统》,其扉页贴了张该馆自制的藏书票,其上还特别注明,此书受赠于陈之迈先生。陈之迈(1908—1978)是陈澧的曾孙,台湾政学两界的名人,他早年毕业于清华大学、美国俄亥俄州立大学,获哥伦比亚大学哲学博士。先后任教于清华大学、北京大学、南开大学、西南联大及中央政治学校。曾与蒋廷黻等人创办《独立评论》社和《新经济》半月刊。历任台湾行政院参事兼第一组主任、台湾驻美大使馆参事、联合国粮农组织中国代表等职。陈之迈在此书后附了一篇写于民国六十年一月廿七日的跋,披露了一则与蒲坂藏书有关的故事:“先曾祖东塾公,讳澧,字兰甫,遗著中有《说文声表》一种,为公三十岁以前所作,初名《说文解字声类谱》,嗣更名为《说文声统》,最后定名为《说文声表》,共十七卷。初稿即成,原拟请桂星垣(文耀)先生检校一过,然后刻版,后因星垣先生有韶州之行,遂以底本送徐子远(灏)先生,并嘱其作笺,但无所成。咸丰三年,公循星垣先生之请,即付剞劂,乃于是年八月作自序一首,说明编著旨趣,但仍未即时刊刻。公殁后,是书誊本之一由公之门人廖泽群(廷相)先生保存,送广雅书局官刻,尚未着手,而先生遽归道山,先君(讳强和,字公睦)亦存有誊本一份,原拟在苏州付刻,又以北返未果,稿存上海中国信托公司保险柜中。民国二十六年,中日战启,干戈扰攘八年,该稿遂散佚无踪。先君于战后家书中,一再提起刊刻文《说文声表》之事,有'此稿非刻不可'、'此事非汝不能办也'、'先祖在天之灵当佑汝福寿也'之言。惟是时迈于役美京华盛顿,后调菲律宾马尼拉,对此事实不知从何下手,每一念及,焦急万分。其后大陆变色,更为绝望。民国五十七年,北大同事张佛泉先生,任教于加拿大温哥华英属哥伦比亚大学,曾以该大学新近购入之宋元明清及旧抄善本书目一册见赠。余时任职东京,展阅书目,则《说文声统》十七卷赫然在内,为之狂喜,遂即驰书佛泉先生,请为代洽全部景印,比蒙允诺,由该大学伍冬琼女士任其劳,数月后即全部寄来。据该大学王伊同先生考证,此稿原归徐信符(绍棨)先生之南州书楼,嗣转归姚钧石先生之蒲坂书楼,于民国四十八年由该大学购入。迈于获得景印本后,当即函商该大学图书馆馆长史图瓦-施托士(Basil Stuart-Stubbs)先生,请准景印发行。荷承于民国五十九年八月十日来函慨允,先人遗命,遂得完成,如此奇迹,冥冥中盖有呵护也。"

经陈之迈先生的努力,红色封面的三册本《说文声统》终于在民国六十年(1971)五月由台湾文海出版社有限公司出版。陈之迈当然没有忘记给UBC图书馆寄赠留念。该校图书馆也是个有心人,对于私人赠送的图书总是呵护有加,我在此书尾页看到馆方如下的注释:此三册由陈之迈博士寄赠,陈之迈为作者之曾孙。时年1971年11月18日。(注:原为英文,笔者译。)有趣的是其上还粘贴着陈之迈先生当年来信的地址。陈博士那时在意大利罗马城,出任台湾驻罗马教廷大使。

曾经擦肩而过

我洗印了几张蒲坂藏书的书影带给高炳礼先生，老先生拿了放大镜仔细端详。他告诉我，这批藏书，当年曾有可能卖给中山图书馆。广东省立中山图书馆业务档案室至今还保存着一封写于1957年的信："朱光同志：兹将何贤先生交来的《蒲坂书楼藏书精撮要》一本送上，澳门有人有这批藏书，说查看是否需要。如需要，可通知我们转告何贤先生设法代购。省委港澳工作委员会办公室1957.10.17"

1957年，广东省委港澳工作委员会办公室接到何贤先生送来的古籍书目一本，即写信给时任广州市市长的朱光先生。这位何贤就是现任澳门特区行政长官何厚铧的父亲，人称"澳门王"。

当时高炳礼先生任中山图书馆采购组组长。据他回忆，当时朱光市长将此信批转给广东市文化局办理，因广州没有设立市馆(1957年广州市中山图书馆已与广东省图书馆合并为广东省中山图书馆。两馆同在一条路即文德路，原市馆称北馆，原省馆称南馆)，所以市局将此信转省文化局再交省中山图书馆办理。当时省馆馆长叶得春同志即交采编部张世泰主任拟稿，郑纫宜副主任与他会稿，送省文化局转省委有关部门帮助了解该批书总价钱及书款支付等事宜。"那个文稿，实际我也参加了起草，后送省文化局审批，后来省文化局通知，书目及文稿已送省人民政府。至此，一直没有答复。""当时，正处于全国整风反右运动前夕，上级领导忙于开展运动无暇顾及此事。后有同志在《参考消息》看到消息，闻知该批书已卖给加拿大一间图书馆。冼玉清教授来馆看书时知悉此事，感到国家又失去一批珍贵文献"。高先生说自己见过那本书目，"是毛笔写的。不过，因当时没有复印机，没能保存下来。""后来，即反右后，据省文化局同志说，何贤先生准备找姚先生谈购书价钱，也有人说，可能何贤先生会出资购买赠给省馆。这些都是小道消息。当时，我馆的办馆经费才九万元人民币，购书经费也不超过五万元，若购买此书必然要申请专款。还有就是如要港币则要动用国家外汇。因此，该批书即便当时不遇到反右政治运动，就外汇交款也是头痛的事。所以传出何贤先生出资购买赠送也是有可能的事。因为当时何贤先生与广东省的官员关系很好。”

我特别问高炳礼先生，当时这批书开价多少？老人说不清楚，也无从查考。在当时的时代背景下，外汇与国家命运联系在一起。为国家节省外汇，在那时是一种高尚的爱国行为。由此，我不禁联想到今天中国全球最多的外汇储备及不得不推出的分流外汇之策，有不知今夕何夕之感叹。

UBC当年买下这批书，花了多少钱？我冒昧地向何炳棣教授打听。他说，以前这是不能说的，属商业秘密。“那时我们在香港谈定价钱，然后才去澳门。记得姚老先生的女儿也曾问我卖价多少，当时我都没有讲。不过，现在可以说了。你先猜猜，你觉得要卖多少钱？”我没想到，老先生还会让我猜猜这个谜。我说，这五十年，汇率、通涨变化这么大，我实在猜不出来了。“我告诉你吧，七万美金，UBC 拣了便宜，不过，在当时，七万美金是笔大钱。”

收藏在 UBC 大学亚洲图书馆的蒲坂藏书从到馆的那天起至今都向公众开放，任何人只要持借书证均可免费阅览。这所北美著名的图书馆像其它世界一流的图书馆一样，没有把善本秘藏，他们认为，让藏书在今天继续发挥价值，是图书馆的责任之一。

我拍了些书影的照片送给高炳礼先生，其中一张特意拍了 UBC 大学亚洲图书馆为蒲坂藏书特制的盒套。我在信中说：“卑诗大学对这批古籍保存甚佳，相当部分还定制了硬质封套。这是可以告慰爱书的中国人的。”

藏书之美

——参观美国图书馆四记

拓晓堂

我的英语极“烂”，以至于上中学的儿子也经常嘲笑我的发音，对于古拉丁文、古希腊文就更是“白丁”一位了。然而命运很会捉弄人，二十年前一个偶然的机会让我接触到了“西文(指欧洲文字)古籍善本”书。那是1987年，我在北京图书馆善本部工作，参与清点原北京西什库法国教堂(俗称“北堂”)旧藏西文善本书(统称“北堂书”)。通过大约半年的清点“北堂书”工作，我与西文善本书结下了“缘”，也对其产生了那么一点偏好。此后的日子里，不论我是在哪里工作，也不论是在作何工作，对于西文善本书总是时时关注，处处留意。2007年秋、2008年初我因公务两次去美国，分别参观了几座著名的图书馆，看到了几部渴望一见的古腾堡(1500年以前古腾堡发明活字印刷初期)《圣经》(也称“摇篮本”《圣经》)，真是令人兴奋陶醉，感想良多，难以忘怀。付之小记，以吐为快。

一记纽约公共图书馆

纽约公共图书馆，位于纽约曼哈顿第五大道，距离闻名世界的纽约时代广场非常近。以前我来纽约也曾经过此地，总觉得这是精神文化的圣地。我知道对于著名大图书馆来说没有行家里手带领引导，进去了也是瞎碰瞎转而已，况且我那烂英语也不足以对付如此专业的交流，所以，一直胆怯不敢唐突闯进去参观。对此我心存遗憾。

2007年秋，我与美国朋友约好，到纽约公共图书馆看书。时值金秋，风和日丽，天高气爽，我乘地铁到曼哈顿，于上午十点，准时到达纽约公共图书馆前门与朋友见面。而后，我们加入了进图书馆的人流，通过安全检查，直奔办理借阅证件的办证处。也许我的朋友对这里的环境太熟悉了而熟视无睹，然而，这里的一切对我这个来自大洋彼岸的陌生人来说，感觉就不一样了，它处处都具有异样的吸引力。

纽约公共图书馆从外表来看，是一座巨大庄重的花岗岩建筑，可是进入馆内，看到高大宽敞明亮的读者大厅时，还是令人感到了美国特有的那种“大”的震撼，时下里的说法就是“晕”。每经过一段走廊，廊顶上都有雕刻装潢，每经一座门，门楣门框都有繁复的刻花装饰，令人感到就像进入了一座宫殿，奢侈豪华。这种豪华我敢说第五大道(闻名世界的奢侈品商店聚集之地，位于美国纽约曼哈顿)上的任何一家世界级名品店的装饰与之相比，都只能得到一个“简约”的评价。我以为从外观到内饰，毫无疑问这是一座与纽约这个世界顶级大都会相匹配的公共图书馆。

不容我多随想，美国朋友带着我七转八转的来到办证处。为了我能进入此馆的藏书阅览室看书，必须先行办理借阅证件。办证的工作效率令人感到吃惊，从我将护照送进去注册，到照相制作借阅证，前后大概只有五分钟左右时间，就拿到了三年有效的纽约公共图书馆借阅证件。此外，不要其他任何证件，也不需花费一分钱，如此简便快捷，对于美国自己的纳税人来说来这种受宠也许理所应当，对我这个外国人来说就有点占便宜白享受的感觉了。

办好借阅证件，我与美国朋友转入另一座大厅，办理进入有关中国古籍善本阅览的手续。就在这座大厅的中央有一个一米五见方，高约两米的展柜，格外吸引人，里面陈列着一部古腾堡《圣经》。这是 1847 年来到美国的第一部古腾堡《圣经》，亨利·史帝芬斯捐赠。对于古腾堡印刷术发明初期的印刷品，即所谓的“摇篮本”，我在1987年清点“北堂书”看到过四部，2006年在拍卖所谓“一千部”时又见过两部，但始终没有见过闻名遐迩的“摇篮本”《圣经》。它究竟有多珍贵呢，不用形容词，用行家开出的市场价格也许会更让人有感觉。几年前，我曾与一位伦敦的书商谈及古腾堡《圣经》的市场价格，他告诉我，大约一千万到一千五百万英镑，合一亿五千万到二亿人民币。它太名贵了，以至于我有一次在波士顿的一家古旧书店，与店主谈起古腾堡《圣经》时，店主用怪怪的眼光看着我，憋了半天才说了一句：“那是有钱人的事”，接着怕我不明白又说了一个人的名字“比尔·盖茨”。所以，我知道别说拥有和过手古腾堡《圣经》了，能看到就是莫大的福气。我凑近展柜，上上下下仔细地盯着看这部“摇篮本”《圣经》，在柔和的灯光下，在一个特制的书架上展开，书口烫金，四十二行花体字，蓝色的羊皮封面，字迹清晰，书品崭新(由于不能翻看，据说此本首尾略有残损，我无法确定)，但现状就像昨天刚印刷装订好的一样。它就像一个睡美人，静静地躺在那里，虽然无声，却展开了让人细细的观赏。它原来是长的这个样子，我第一次看到和认识了它。它的珍贵和豪华之气逼人心扉，我不禁叹道：“太漂亮了，中国的古籍善本从印刷到装帧，即使是宋代皇宫收藏的《文苑英华》，与此相比也显得太简陋了。”美国朋友明白我在说什么，笑道：“味道不同。”但是，我觉得从外观上，只有文人行家才能体会到中国古籍善本珍贵，而看到西方的“摇篮本”《圣经》，不论你从那里来，是何等人物，从外观就能直接感受到它的珍贵。这也许就是中西方的差别，中国的文化更含蓄，而西方文化则更直白。怎么描述初次看到古腾堡《圣经》时的感觉呢，很难用语言道出，很难比喻，就好像林语堂先生发现“剥光国际会议上那些风度翩翩的代表们的衣服”，得到了真切的认识：“当今混乱的世界，原来是由一群猴子统治着”一样(林语堂《人生不过如此》第三篇“裸体的好处”)。这个看似简单的发现和认识，却会让人产生出不可抑制的快意和冲动。

之后，我们办理了有关手续，进入308号斯宾塞专藏阅览室看书。在这里我看了四种东方古籍书：

《御制避暑山庄三十六景诗图》，康熙铜板，MATTEO、RIPA 刻板，一册，羊皮西式装帧。此书内有十八世纪马格里尼、十八—十九世纪托马斯·菲利普藏书票。扉页前有雕版者 RIPA 手书信件，称送此书一本给教皇，一本给老师，共印七十部。此本就是给其老师者。此书的收藏家是马格里尼，这老兄非常有名，十八世纪曾经率领英国使团到中国，觐见乾隆皇帝。此书在中国流传极为少见。

《梵纲经菩萨戒上下卷》，日本宝治戊申年刻本。日本"宝玲书库"(英国人，曾任伦敦时报驻东京记者)旧藏。此书每叶五行十二字，大字如钱，字迹厚拙，为日本在五山版出现之前的翻刻中国佛经，而且翻刻的很不赖。

《宋代佛像雕版》，一块，高约二十厘米，宽约四十五厘米。上有冯汝玠题跋，称"此板出钜鹿"。

《阿荖未菩萨经卷》，宋刻碛砂藏本，八册。此本首有说法图，与一般所见者不同。纸厚，宋元间印本。

看完了书，已经中午时分了，美国人那简单的令人不可思议午餐，是不能与此豪华的书相佐的。我们出了纽约公共图书馆，直奔纽约颇有点名气的中餐"五粮液"川菜馆，饕餮之间，畅聊观书所获所感，那才叫一乐。

二记摩根图书馆

许多中国人知道 JP 摩根银行，特别是现在的 JP 摩根大通银行，这个全球历史最古老、规模最大的金融服务集团，它可以直接影响整个世界经济，但是知道摩根图书馆的人就可能没有多少了。

小 J.P 摩根(1867—1943)，美国金融大亨，著名藏书家，他与其父两代致力西文古籍善本的痴迷搜求，品位高古，资金雄厚，收藏成果傲人。对于摩根图书馆，我以前在文献中有一些零碎的闻知，关于他的收藏故事也略知一点，尤其是他收藏的摇篮本《圣经》，共有两部,一部是羊皮纸,一部是纸本。其纸本者是目前已知存世所有二十一部摇篮本《圣经》中版本最佳的。1924年小摩根为了纪念父亲,将位于纽约曼哈顿麦迪逊大道上的藏书楼改为摩根图书馆,对大众开放参观。

摩根图书馆从外表看并不高大宏伟，毕竟这里原来只是私家老宅,不可与纽约公共图书馆相比。这里是私人图书馆,参观一般要收费的。由于陪同的朋友是美国自然科学协会会员,所以只做了简单的登记后,我便得到一枚可以进入参观的长方形小标牌。我们进入馆内之后,没有多看有关摩根的生平起居陈设展览,直奔藏书室。藏书室约长宽十五米,高约六米,高大的书柜沿四壁矗立,整整齐齐排列。书架上插满了大大小小的书籍。虽然这里并没有像法国枫丹白露皇帝行宫里的拿破伦图书室富丽堂皇，但我知道这里有全世界最珍贵的藏书。看完藏书室,我们转进旁边的一座小厅,里面陈列着一部古腾堡《圣经》。看到这部古腾堡《圣经》,与纽约公共图书馆藏本版本不同，正是那部公认的存世版本最佳的纸本古腾堡《圣经》。它的字体优美,装潢考究,品相极佳,用一个字来形容的话就是“艳”。由于陈列展柜之中,我无法比较细部,据说纽约公共图书馆所藏者,略有残缺,而此本则完美无暇。但我也许是外行,在看过了纽约公共图书馆藏的那部摇篮本《圣经》之后,感觉都长的差不多,只是在审美观点上,人们更喜欢柔媚、干净、漂亮的罢了。无论怎样,我在一天之内,连续看到两部“摇篮本”《圣经》,可谓三生有幸。

有意思的是馆里正在举办一个特展，是摩根图书馆从梵蒂冈教皇图书馆借来的十四、十五世纪的手稿本展览,大开我等好书之人的眼界。这些手稿书写在白净柔软的羊皮上,字迹艺术工整,框栏多用金、蓝、绿色,手绘花卉图案,至今已有六七百年之龄,看上去仍然灿烂夺目。其中有几部羊皮书开本硕大无比,约有六、七十厘米高,五、六十厘米宽,比我所知道的中国最大的手抄本明《永乐大典》还要阔大。我在想,羊皮这么大,这羊该有多大呢?这个特展,着实令人见识到了西方善本书艺术,真是享受哪!

三记普林斯顿大学图书馆

2008年初,严冬之际,我第三次来到普林斯顿大学。普林斯顿大学是全美公认的最漂亮的大学,它古老的历史和建筑,久负盛名。记得第一次来时,只去了葛斯德东方图书馆,参观了书库,尤其是记得翻阅了当年胡适先生批阅的关外本《清实录》,胡先生用铅笔的眉批至今历历在目。第二次到普林斯顿大学,只与朋友吃了顿饭,没有住,匆匆一过。这次我们时间富裕,不仅细细的参观了校园,而且参观了学校的图书馆。

普林斯顿大学图书馆完全是一座现代建筑,与校园里的其他古老建筑完全不同。门前是一组让人看不太明白的现代雕塑,里面也完全是现代化的。我们到达时,正值学校放寒假,且天气异常寒冷,图书馆里的读者不多,显得十分安静。我知道普林斯顿大学图书馆也藏有一部"摇篮本"《圣经》,这部是美国著名书商罗森巴哈1926年以十万六千美元拍卖竞得,创造了当时的最高书价,可惜没有展出,到此未能一睹芳容很是遗憾。但我们在这里看到了一个非常有趣的西文善本书展览。它是一个以十六世纪到十八世纪印刷出版的有关欧洲古钱币考证书籍的专展。这类书籍有点类似中国古代的金石类著作,诸如《御制钱谱》之类。展出的书籍有百部之多,让人感到欧洲的这类书籍非常丰富。展览的独到之处是每一部精美著作中考证的内容,相应的都配有实物展出,西文古书籍与金灿灿银闪闪的古代希腊、罗马"金币"、"银币"交相辉映,两种西方古代文物的"绝配",形成了一个内容丰富、有趣引人的书籍展览。看了这个展览,给我的直接印象就是:书籍原来还可以这样展览的,不能不令人称奇。

这个有点另类的书展,钩起我一直关心的一个问题。在现代网络技术突飞猛进之时,传统的获取文献资料的方式已经有所变化,电脑和网络让读者足不出户就可以得到所需要的文献资料，那么，图书馆用什么来吸引读者呢？这就是我看到的进入纽约公共图书馆、摩根图书馆的人流尽管熙熙攘攘，然而在读者大厅里真正坐下来读书的人并不多，绝大多数人只是参观其建筑陈设和图书展览，诸如普林斯顿大学图书馆的有关欧洲古钱币考证书籍的专展之类。这也许与中国的目前情况不同，但这终究将是一个不可回避的问题，图书馆将来的地位恐怕不仅仅是文献资料的中心，它更重要的是在将来起到对国民文化素质的培养作用，谁知道呢？

四记杭廷顿图书馆

约在十几年前，就有一位朋友告诉我，美国加州有座杭廷顿图书馆，它有两部古腾堡《圣经》，每年定期轮换展览，所以一般人只去一次的话，就会留下终生遗憾，因为他只看到其中的一部。亨利·E·杭廷顿(1850—1927)是二十世纪初美国的铁路大王，他的藏书足以和世界上任何一座出名的公共图书馆媲美，他拥有古腾堡《圣经》两部，摇篮本五千四百部，两万部英文首版书，包括几部第一对开本《莎翁全集》，以及五万五千多种美国学著作。

我们逃离了美国今年异常的寒冷，来到天蓝云白、阳光灿烂的加州，心情也舒畅了许多，遵朋友提议参观杭廷顿图书馆。该馆位于加州的圣马力诺，这是一座安静漂亮、干净清新的小城，大树林立，绿地茵茵，看得出是洛杉矶附近出名的富人区，而杭廷顿图书馆原来就是这座小城里的“名宅”。这里完全与位于拥挤的纽约曼哈顿摩根图书馆不同，杭廷顿图书馆实际上是一座庞大的园林群，包括图书馆、绘画馆、热带植物馆、日本园林、沙漠植物园林以及正在兴建的中国苏州园林等组成。这里过去是杭廷顿的私家住宅，后来捐献给美国政府，改成了对公众开放的图书馆。

当我们进入杭廷顿图书馆时，直入眼帘的就是一部陈列在玻璃柜中的古腾堡《圣经》。这部《圣经》是我见到最豪华的一部，它的每节标题,都是用金箔烫压图案。看到这里,我的脑海里浮现出一段很久以前的故事,那是 1911 年 4 月 24 日晚上,在纽约安德逊廊举办的赫氏藏品拍卖会上(罗勃特·赫,1839—1909,美国印刷机械制造商,著名的藏书家,他的藏书在 1911 年—1912 年在安德逊艺廊陆续拍卖),杭廷顿、摩根等藏书家麇集拍场,当杭廷顿与他的代理史密斯以五万美元购得古腾堡《圣经》,群情为之震惊的情形,犹在眼前,我完全能想象到拍卖场上,一个创出世界纪录诞生时,人头攒动、群情鼎沸的场面。我已经沉浸在那令人激动的故事里了,痴痴地盯着橱柜里的古腾堡《圣经》。这时一位佩带着"请问我"工作牌的女士,从她六十开外的年纪,我想她应该是在图书馆里工作的义工,极为热情地凑过来,向我们解释这本古腾堡《圣经》的印刷装帧制作过程,仅制金箔,到贴成标题和图案,就用了三年时间。她那自豪和得意之情,溢于言表。之后,她问我们是不是从事艺术的,我笑着说,不是,是喜欢西方古籍书。她愕然,REALY?(真的吗?)我认为她绝对想不到在大洋彼岸的东方国度里黑发人,也会有人喜好西方善本书的。

亨利·E·杭廷顿在这场赫氏藏品拍卖会上一炮走红,成为全球首屈一指的藏书家。其实,杭廷顿的代理史密斯以五万美元购得古腾堡《圣经》震惊世界,是因为世上没有几个人能想到一部印刷的古书会有这么贵,可当时就有一位在场的藏书家认为杭廷顿捞到了便宜,他就是美国藏书家爱德华·纽顿。他是一位不如杭廷顿那么有钱,但又绝对不让欠了一屁股债的书进书房的人,所以他只能望书兴叹了。只有他在当时就认定了杭廷顿捡到了一个便宜,何尝不是呢。我所知道的零碎的资料,告诉了它在此后的六、七十年间的价格变化,后人才能理解这个便宜究竟有多大:1926 年 2 月 15 日晚上 10 点安德逊廊举办的 R.B.亚当藏品拍卖会古腾堡《圣经》,罗森巴哈以十万六千美元购得;1978 年 4 月 7 日在克里司蒂拍卖会上古腾堡《圣经》纸本两卷本,以二千二百万美元成交;同年美国德州大学以二千四百万美元购得卡尔·福默泽旧藏的纸本两卷本古腾堡《圣经》;1987年10月22日日本丸善书店在克里司蒂拍卖会上以四百九十万竞得半部古腾堡《圣经》残本,并于1996年3月转让给庆应大学。

事实上在西方,是否拥有古腾堡《圣经》,就是能否挤身著名图书馆的标志。很可惜,现在所知的古腾堡《圣经》,存世仅有四十八部,其中完整的仅有二十一部。世界上今天还有多少图书馆,想跻身著名图书馆呢?我想一定比存世完整的古腾堡《圣经》多。我不能不赞叹这部人类印刷最多的最伟大的书,也一直是最贵的书,需求决定书的价格,藏书家虽然都牢记这个真谛,可这毕竟还要有魄力和机遇。要知道书价在世界上是这样增长的,砸锅卖铁我都想要藏书了,去做藏书家了。

在杭廷顿图书馆里,我们还看到了一部极为干净完美的第一对开本《莎翁全集》;美国开国总统华盛顿的手稿;有关美国独立战争时期的著作,以及有关美国土著文化的著作,其中许多是著者的手稿。

这真是美好的一天,在我离开杭廷顿图书馆时,我心存惆怅,不由得在想什么时候我还会再来呢?那一定是在展出那本羊皮本古腾堡《圣经》的时候。

附记哈佛大学图书馆 走访了美国东西海岸上述的图书馆外,我曾途经哈佛大学图书馆,只在外边看了看,照了像,留了影,并没有进去。不是我不想进去,而是我不想随随便便的进去,一定要碰到机会时才进去,因为有一个著名藏书家的藏书保存在这里。他的藏书故事是我知道的最令人闻之动容故事。那是1912年3月,这位藏书家到伦敦观看哈斯父子藏书拍卖会预展,为了买到他心仪的一部1598年版的《培根散文集》,他放弃了原本应该乘坐的"喀尔巴阡号"轮船返回美国,又为了及时赶回美国纽约参加最后一场赫氏藏品拍卖会,他临时改乘了1912年4月10日从南安普顿出发的那艘名叫"泰坦尼克"的英国轮船,不幸的是"泰坦尼克"号触礁,在大船即将沉没之时,他与"妇孺优先"登上救生艇的母亲诀别时，泰然遗言道：“母亲，那本培根的小书已被我塞进口袋，它将和我一起葬身海底。”生命与喜欢的书同在，如此痴迷藏书的人，如此爱书的感情，感人泣下。那时，这位令人尊敬的藏书家年仅二十七岁。我不知道“泰坦尼克”号上究竟有没有电影里讲述的“海洋之星”那颗大宝石，但我知道沉没的“泰坦尼克”号上一定有1598年版的《培根散文集》。为了纪念他，其母将他的藏书，包括第一对开本《莎翁全集》，捐赠给了哈佛大学图书馆，他不朽的名字就是哈利·爱尔金·威德拿(1885—1912)。我想迟早会来的，在这里不单单是参观看藏书，更重要的是向这位令人敬仰的藏书家致敬。

连续过访和参观了美国的这些著名图书馆，让我直接认识了JP摩根、E杭廷顿、HA威德拿等等大亨藏书家，是他们开创美国二十世纪初叶藏书家的辉煌时代，他们曾经的付出，为今天的美国留下了难以估价的珍贵遗产，谁说这不是又一个美国梦呢？是令吾辈神往的光荣与梦想。

编后记

《藏书家》创办以来,一直得到著名作家、老报人、藏书家黄裳先生的支持和帮助,其《来燕榭书跋》已连载十三期,几乎可以说是一直与《藏书家》相伴的专栏,深受读者的喜爱。责编本人也是位老"黄迷",不说"文革"前曾拜读他的《谈水浒戏及其他》、《西厢记与白蛇传》及校理的《玉簪记》等著作,只说自"文革"后改革开放之初,从新创刊的《读书》等报刊上又陆陆续续读到了黄先生书话、游记等类文章,其贯通古今、融会文史、纵横驰骋、挥洒自如的行文风格,读来目不暇接,大受裨益。1982年秋,本人因公南下,在上海古籍书店买到黄裳先生"文革"后第一本书话集《榆下说书》,迨到淮安参加一学术会时已读大半,适黄裳先生也与会,即有幸请他在书的扉页题字,从此开始了与黄先生从读者转到编辑与作者的交往。二十多年来,本人曾赴沪拜访黄裳先生,为本社组到并出版了他两本大作——《前尘梦影新录》、《清代版刻一隅》,并书信往来,受益良多。现在,黄裳先生已是望九老人,仍笔耕不辍,迭有新著面世,不断给黄迷们带来惊喜。《藏书家》从本辑起,开始刊载其庚戌(1970)年《来燕榭藏书簿记》。黄先生在本《簿记》的一则题记中叙及"庚戌二月杪归自奉贤,弄笔写此,……聊以遣日,记收书故事而已",即如他在《庚申(1980)以后所收书目序》中所说:"三十年前余日以买书为事,几无日不得书,书市亦最盛。挟册归来则读之,考索其源流及转徙踪迹,登之簿录,举凡纸墨行格印记之属,一一记之。"在本《簿记》中可以得到验证。至于有些书可能在已出版或发表的黄先生《书跋》中见之,但簿记与书跋相比还是别有旨趣,不妨参看。本《簿记》末黄先生还有一段题记:"……好春良日,阳光明丽,遍洒几案,研明光耀彩墨,书于来燕榭中。"佳日名书好心情,对正处风雨如晦的岁月，且在劳动改造中的黄先生，一定是难得的放松和享受。惜这种苦中作乐的时光短暂，两年后的春天，黄先生的藏书却被按“政策”“抄得一干二净”（《前尘梦影新录·前记》），真是水火两重天。值得庆幸的是浩劫后黄先生的藏书大多被保存下来，也庆幸我们今天能读到黄先生庚戌春写下的《来燕榭藏书簿记》，这简直是“劫中读书记”，从中我们不仅可以看到黄先生读书的淹博和执著，而且似乎也可以看到生活在苦难中的老一辈知识分子身处逆境却坚韧不拔的读书和治学精神，以及文字背后的故事。

顺便再说说《藏书家》的编辑工作。对不明底细的人来说，编辑工作大概就是剪刀糨糊、编编页码，或大笔一挥，任意删节，等等。其实不然，从编者已有二十多年古籍出版社编龄的能力和经验来看，深感编辑一辑十几万字的《藏书家》甚至比编辑一部几十万字的学术专著要更费精力。这里除编者缺乏编刊经验、某些领域较少涉猎外，影响编辑出书进度的很棘手的困难多是技术上的繁杂琐细业务，如每辑都要按规定的页码容量斟酌取舍来稿，出样超载后还要截长减版，几经改版，才能达到正式出版的要求，等等。当然还有更重要的文字加工和图版的编排工作，只要作者在来稿时未注明不允许删改，编者通常会按照《藏书家》的出版宗旨，根据版面容量，做一些力所能及的工作：对较长的论文性的文章精简其证据，删去一些冗长的引文资料；对文章素材动人，而行文欠佳者，帮助改写，调整润色；对文中不经见的人名、书名、篇名及相关引文发现有疑义者，尽量核查原书或有关资料，改正或减少讹误，等等。总之，在编辑过程中，对某些文章删繁就简，有的甚至移花接木，这些都是编辑应当履行的工作职责，这不仅为了每辑的适度规模，也是为了保持它的整体风格和应有的质量。当然有所删节的部分文章仍保持了原文的特点；也可能有的文章删节较多，那也完全是出于无奈。因为有对此不甚理解的作者曾有微词，所以在此还请有关作者鉴谅。编者认为，对每辑《藏书家》自己都真诚地为之付出了一定心血，诚然，也希望有一天会“放下屠刀，立地成佛”。

校样方讫，仰望窗外北山，见有红叶如丹，已是“霜叶红于二月花”的时节了。